Toussaint Louverture, le Napoléon noir

黒いナポレオン

――ハイチ独立の英雄
トゥサン・ルヴェルチュールの生涯

ジャン＝ルイ・ドナディウー 著

大嶋 厚 訳

えにし書房

傷つき、
しかし、いまでも愛おしい
ハイチのために

そして、ベナンの小学校教師、フェルディナン・アビシの思い出に

「ゆっくりと、遠くまで、そして忍耐は力となる」
（トゥサン・ルヴェルチュールのモットー）

ここに、本書刊行のアイデアを与えてくれた文化財主任学芸員ナタリー・ジュネ＝ルフィアックと、私を信頼してくれた「歴史的肖像」叢書の責任者、ティエリー・サルマンに、深い感謝の意を表したい。また、ジャック・ディオン、デイヴィッド・ゲッガス、フィリップ・ジラール、レオン＝フランソワ・オフマン、ジャック・ラパールとジャック・プティには、一次資料の提供、貴重な助言と、私のために時間を割いてくれたことにお礼を述べたい。

最後に、私を応援し、忍耐強く待っていてくれたイザベル、ポリーヌとニコラに、ありがとう。

序文

歴史上、スコットランドのフリーメーソンからケニアのマウマウに至るまで、いくつもの秘密結社が存在した。その会員たちは、秘密の合言葉か、握手によって互いを確認しあった。そのうちで最も閉ざされたサークルで、最も知られていないものの一つがルヴェルチュリアンの会である。

この会のメンバーは、いくつかの明確な標章により識別することができる。彼らは、普通はフランス人、英国人、米国人であり、そして当然だがハイチ人である。多くの場合高度な教育を受けており、世界に対して開かれていると同時に、情熱のうちに閉じこもり、薄暗くてほこりっぽい書斎にあって、アンティル諸島の海岸を夢見ている。「九一年」の出来事について語る時、彼らが話しているのは二十世紀のことなのか、それとも十八世紀のことなのか、判然としない。彼らには符牒のような単語（「バイヨン」、「イザーク」、「ラヴィーヌ＝ラ＝クルーヴル」）があり、巡礼地（オー＝デュ＝キャップ、ゴナイーヴ、ジュー城塞）がある。彼らは、古文書館で長い時間を過ごした人の青白い顔色で、パラレル・ワールドに住む人のようなぼんやりした目つきをしている。彼ら（大部分は男性である）には、共通のオブセッションがある。トゥサン・ブレダ、別名ルヴェルチュール。大西洋両岸における革命の時代の、トーマス・ジェファーソン、ナポレオン・ボナパルト、シモン・ボリバルを含む四人の大人物の一人である。

私がジャン＝ルイ・ドナディウーと知り合ったのは、こんにちでは研究者間でよくあるように、偶然メールのやり取りをしたことによる。我々は数多いやり取りの中で、互いに助言をし、質問をしたが、彼はトゥールーズに住み、私はルイジアナで暮らしているため、我々の関係は長いことコンピューターを媒介としていた。しかし、二〇一二年二月に初めて顔を合わせた時には、古い知人と再会したような、奇妙な感覚を覚えたものだ。理由は単純だった。彼を最初に見た時に、私と同様に、彼がルヴェルチュリアンだとわかったのだ。同じ会に属する仲間だと。

トゥサン・ルヴェルチュールについては、彼を称揚するものも、批判するものも含めて数多くの本が書かれた。彼は矛盾に満ち、捉えるのが困難な人物だ。精神分析学者が用いるロールシャッハ・テストのように、欲望や恐怖を投射するまっさらな一枚の紙のようだ。フランスの歴史家（近年ではピエール・プリュション）は、彼を日和見主義者、あるいはフランスを裏切った人物とさえ見なした。ヴィクトル・シュルシェールやエメ・セゼールのような人々は、彼を人類全体にとっての自由の使徒として描いた。ハイチ建国の父、クレオールのナショナリスト、ジャコバン派の黒人、ネグリチュードの祖、ベナンのディアスポラの著名な一員、フランスの将軍……。彼について書いた著者たちは、トゥサン・ルヴェルチュールの生涯から、自らに都合のよい要素だけを抜き出した。

トゥサン・ルヴェルチュールの身になって考えるのは、彼が謎めいた人物であり、いまだよく知られていないだけに困難なことだ。資料が少ないために、多くの著者はハイチ革命勃発によりトゥサン・ルヴェルチュールに関する資料が格段に多くなる一七九一年、あるいは一七九三年から叙述を始めている。しかし、ドナディウーはこの著書の半分以上を革命以前の時期に充てている。それは、トゥサン・ルヴェルチュールの生涯の最初の五十年ほどに相当し、広大な未知の大地とされている時期である。ドナディウーは、現存する資料にあたって神話と現実を区別しようと努力した。彼は、あまり歴史家が用いることのない率直な言葉を使っている。それは、「わからない」というものだ。激しい糾弾も、過度の賛辞も避けて、彼はトゥサン・ルヴェルチュールをあたたかく、しかし妥協せずに、そして何よりも予断なく理解し、彼が何者だったかをありのままに記述しようとしている。そして現れるのは、以前とは大きく異なるトゥサンの姿だ。人間的で、傷つきやすく、野心家で愛すべきトゥサンである。つまり、一人の人間である。

フィリップ・ジラール

フィリップ・ジラール
マクニース大学（米国ルイジアナ州）カリブ史教授
著書に『ナポレオンに勝った奴隷たち――トゥサン・ルヴェルチュールとハイチ独立戦争』*Ces Esclaves qui ont vaincu Napoléon : Toussaint Louverture et la guerre d'indépendance haïtienne*（Les Perséides, 2013）がある。

凡例

本書はJean-Louis Donnadieu, "Toussaint Louverture, le Napoléon noir", Belin, 2014の全訳である。

［ ］でくくってあるのは、原書中の注記である。

訳注は、本文中に〈 〉でくくって入れた。

原書にあるサン＝ドマングの地図を掲載した。

訳者による人物相関図および年表を掲載した。

黒いナポレオン《目　次》

《主要人物》
①トゥサン・ルヴェルチュール

②【家族】
デゲノンあるいはイポリート（トゥサンの父）
ポリーヌ（トゥサンの母）
ポール・ルヴェルチュール（トゥサンの弟、将軍）
ピエール・ルヴェルチュール（トゥサンの弟）
ジュヌヴィエーヴ（トゥサンの異母姉）
オーギュスタン（トゥサンの異母兄）
セシル（トゥサンの最初の妻）
シュザンヌ（トゥサンの２番目の妻）
プラシド（シュザンヌの連れ子、トゥサンの養子となる）
イザーク（トゥサンとシュザンヌの息子。後に『覚書と思い出』を執筆）
モイーズ（シュザンヌの甥。将軍。1801 年に反乱を起こしたため処刑）
シャルル・ベレール（トゥサンの甥）
ベルナール・シャンシー（ジュヌヴィエーヴの息子。トゥサンの副官となる）

③【ブレダ農園の人々】
パンタレオン・ド・ブレダ２世（農園主）
ジャン＝パンタレオン・ド・ノエ伯爵（パンタレオン・ド・ブレダ２世の甥、ブレダ農園を相続）
エリクール騎士（ノエ伯爵らとともに、ブレダ農園を相続）
フランソワ＝アントワーヌ・バイヨン・ド・リベルタ（ブレダ農園の支配人）

④【サン＝ドマングの行政・軍事責任者】
ブランシュランド（反乱開始時の総督）
ラヴォー将軍（総督）
デドゥヴィル将軍（総裁政府代表）
ミルベック（民政官）
サン＝レジェ（民政官）
ソントナクス（民政委員）
ポルヴレル（民政委員）
ルーム・ド・サン＝ローラン（旧スペイン領における仏政府代表）
ケルヴェルソー将軍（ルームの補佐役）

⑤【サン＝ドマング革命の主要人物】
ブクマン（奴隷の反乱の初期の指導者）
ジャン＝フランソワ（黒人指導者。後にトゥサンと対立）
ジョルジュ・ビアスー（黒人指導者。後にトゥサンと対立）
ジャン＝ジャック・デサリーヌ（トゥサンの部下。1804 年にハイチ独立を宣言）
アンリ・クリストフ（トゥサンの部下）
ヴァンサン・オジェ（ムラートの指導者。ムラートの権利承認を求めて反乱を起こすが、捕らえられて死刑となる）
ジュリアン・レイモン（ムラートの指導者）
アンドレ・リゴー（ムラートの将軍。トゥサンのライバル）

⑥【フランス政府】
ナポレオン・ボナパルト（執政政府第一執政）
カファレリ将軍（ボナパルトの命により、ジュー要塞にてトゥサンを尋問）

⑦【サン＝ドマング派遣軍】
ルクレール将軍（フランス派遣軍司令官。ボナパルトの義弟）
ラクロワ将軍（ルクレールの部下、後に『回想録』を執筆）

人物相関図

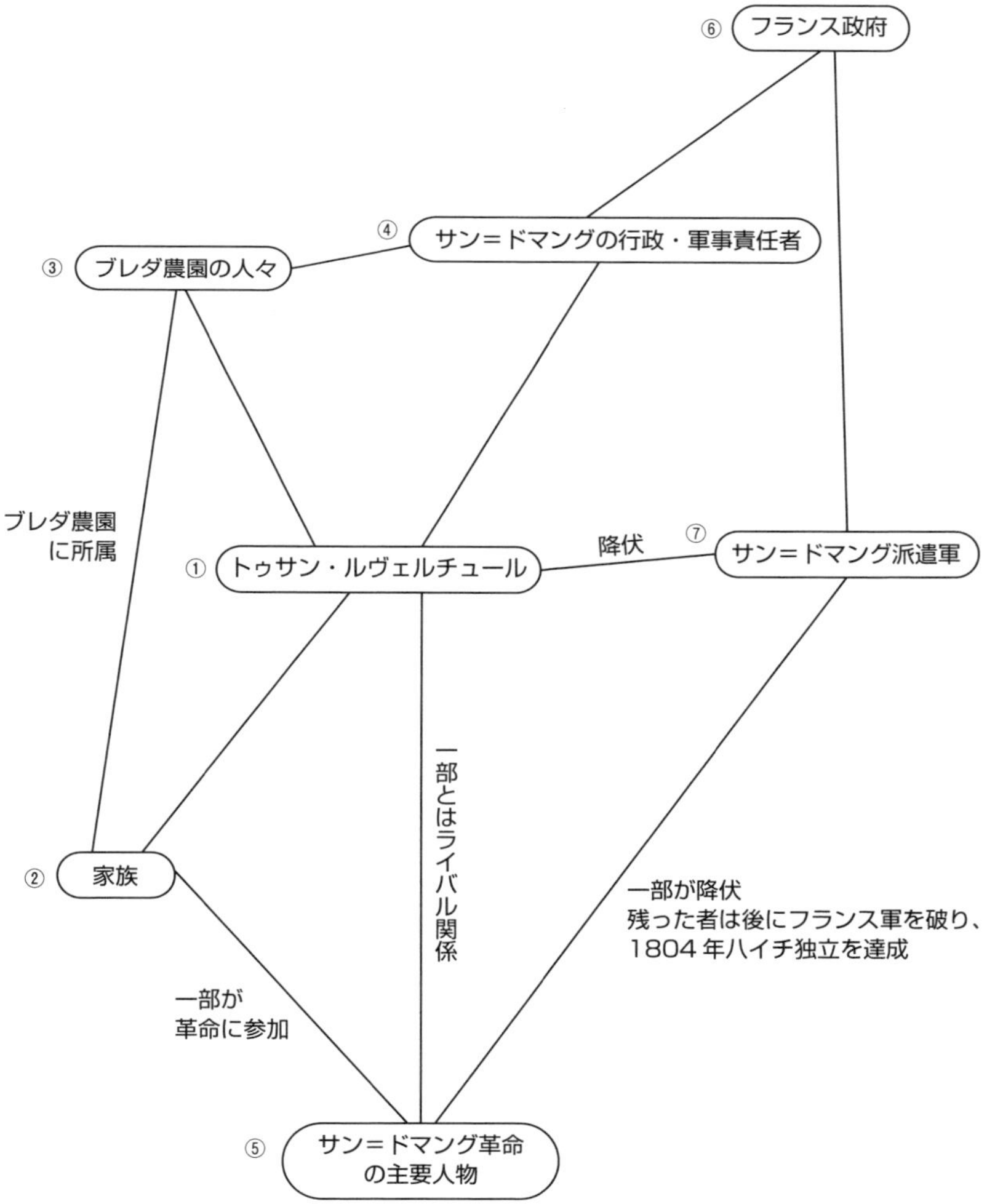
⑥ フランス政府
④ サン＝ドマングの行政・軍事責任者
③ ブレダ農園の人々
ブレダ農園に所属
① トゥサン・ルヴェルチュール
降伏
⑦ サン＝ドマング派遣軍
一部とはライバル関係
② 家族
一部が降伏
残った者は後にフランス軍を破り、1804年ハイチ独立を達成
一部が革命に参加
⑤ サン＝ドマング革命の主要人物

18世紀末のサン=ドマング

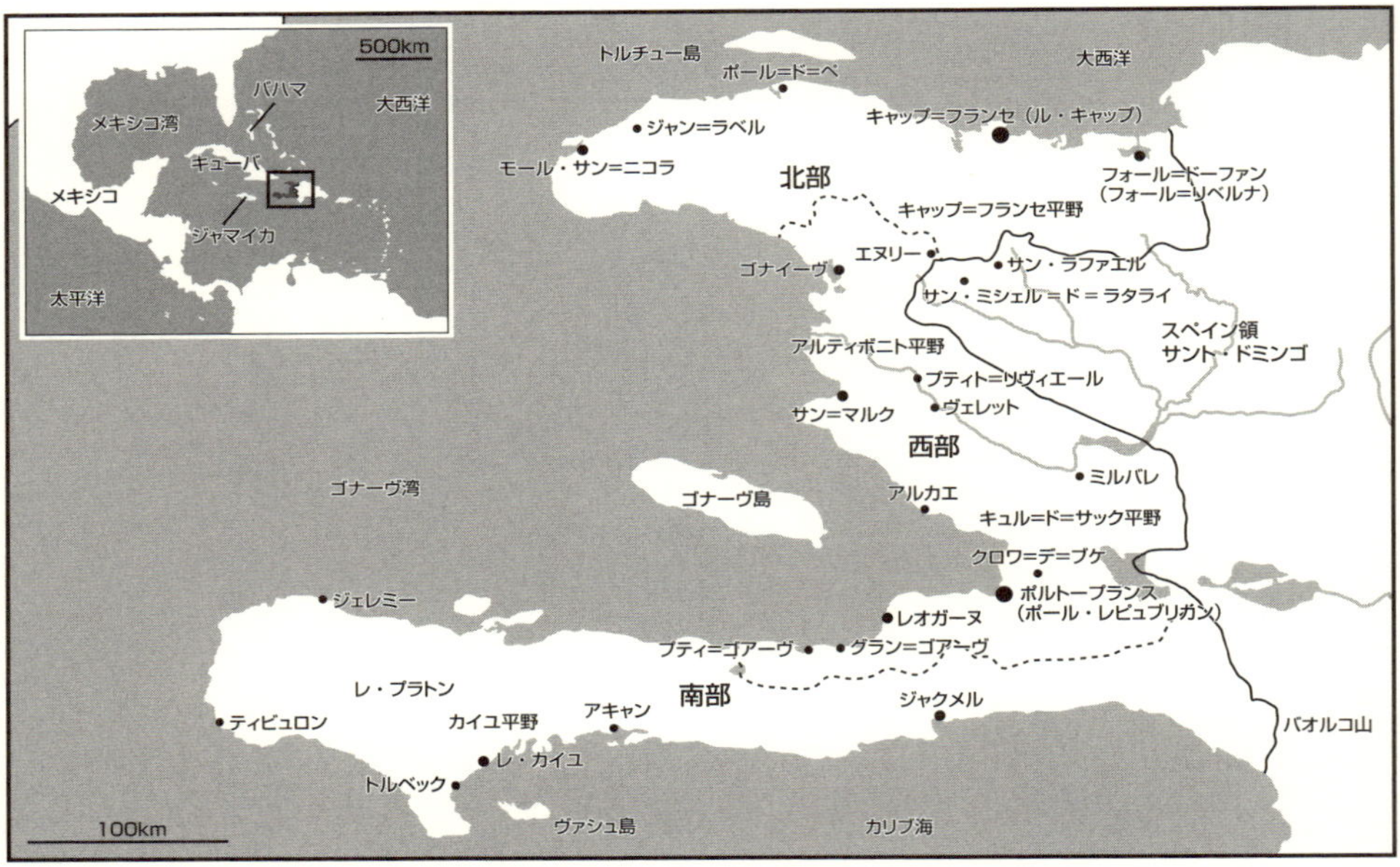

原書地図を元に作成：元書地図作成オーレリー・ボワシエール

序論　理解が困難なものを理解するために

二〇一〇年一月十二日、恐ろしい地震がハイチの心臓部、ポルトープランスを襲った。この国にとって、こうした災厄は余計だった。この新たな激しい痛みは、いくつもの不幸に連なるものだった。メディアが伝え、いわゆる世論が受け止めることとなった最初の映像は、非常に貧しく、政治的に不安定で、不正取引や暴力にむしばまれた国、住民が生き延びるために誰の助力もあてにできず、多くの人々が国外に移住してゆく国の姿だったからなおさらである。

かつてアンティル諸島の真珠と呼ばれたこの国は、いまでは貧困の国と見られていて、ハイチに対する異なる視点は、かろうじて想起されるにすぎない。それは、世界一の砂糖とコーヒーの産地で、十八世紀におけるカリブ海のフランス植民地で最も豊かな、ナントとボルドーに繁栄をもたらしたハイチだ。それは世界でただ一つ、奴隷の反乱により独立を勝ち取った国でもある。文化的にすばらしく豊かで、多くの作家、詩人、物語作者、歌手、画家を生んだ国、ヨーロッパと、アフリカと、アメリカの交差点にある独特な坩堝のような国、ボナパルトに挑戦した国、シモン・ボリバルの亡命の地、宗教的混淆の国だ。それはまた、ラマルティーヌが「この人は一つの国民である」と言った、進行中の運命を体現した人物の国でもあった。それはトゥサンという名の奴隷、解放されてからは通常「トゥサン・ブレダ」と呼ばれ、トゥサン・ルヴェルチュールという軍人としての名でよりよく知られる人物だ。こんにちでもなお、自由を求める奴隷たちの闘いの象徴として輝いている名前だ。少なくとも、この名前を知っている人々にとっては。なぜなら、トゥサン・ルヴェルチュールはほとんど知られていない、いや、まったく知られていないからだ。この名の向こう側にいるのは、どのような人物なのだろうか。

この質問は、歴史家たちの小さな世界だけに向けられたものではない。それはハイチのアイデンティティーに関わるものであり、そしてその先にはヨーロッパ、アフリカ、アメリカの関係がある。かつてないほど交流が活発になった我々の世界では、長い間支配的だったヨーロッパ中心のゆがんだプリズムとは異なる視点から人類の歴史を読み直す必要に迫られているのだから、なおさらである。

独立後の数十年間、ハイチは当時の有力国、すなわち欧州諸国とアメリカ合衆国から排斥された。かつての宗主国、王政復古下のフランスが一八二五年に承認するまでは、ハイチは外交的に存在しなかった。しかし、その後の歩みもまた非常に緩慢だった。米国がハイチを承認したのは、リンカーン大統領時代の一八六二年のことだ。そうしている間に、工業的に発展し、自信に満ちあふれたヨーロッパは、アフリカやアジアを次々と植民地とし、あるいはアメリカ大陸を自らのイメージに沿って作り上げ、世界が倣うべき手本であろうとした。アメリカ合衆国や南アフリカが合法的に人種差別政策を堂々と宣言し、しかも実施したことを忘れてはならない。この政策では、白人が支配的な地位を占めていた。

こうした文脈において、かつての黒人奴隷たちが白人に対して勝利を収めたことは、奇異に思われた。歴史家たち——それも、ハイチの歴史家だけではない——の称賛すべき研究成果にも拘わらず、その事実に対する低い評価、無関心あるいは無知は、特に西洋人に重くのしかかっていたし、現在もなおそうである。それでも、すでに二十世紀中葉に、こうした実態に対する反動として、多くの政治的もしくは文化的要求が活発化した。東西のイデオロギー的緊張を背景として、植民地主義への批判、人間の完全な平等の要求、自らを知ろうとする離散した黒人たちの覚醒への欲求の時代が訪れたのである。そうした時に、一部の文筆家がトゥサン・ルヴェルチュールを同胞である有色人種の時代を越えた旗手に仕立て、これまで周辺に追いやられていたが、いまや何者かになりたいと望む第三世界の英雄として扱ったとしても、驚くべきではない。とはいえ、誇張がすぎて、高揚感がかえって彼の主義主張を不利にすることもあった。文学やテレビがそれに飛びついたために、神話や誤謬、真実に反する主張などがそのまま残り、不幸にも根づいてしまったのだ。

だが、歴史研究が進展し、抑圧する者とされる者という従来の二元論的な見方ほど現実は単純でないことがわかってきた。トゥサンの人物像にも、鎖を断ち切るスパルタクスよりはよほど複雑なイメージが与えられた。トゥサン・ルヴェルチュールという人物の特徴の一つなのだが、彼は常に自らの「イメージ」に気を配っていたし、常に「情報発信」にも注意を払っていた。その際立った事例は、「ル・モニトゥール・ユニヴェルセル」紙の記者の取材に応じた時に見られる。一七九九年一月九日付の同紙には、次のような一節がある。

彼は二十年間の家庭生活について、ほとんどすべてを詳細に語ってくれたが、その中にはきわめて興味深い言葉が含まれていた。

妻を選んだのは自分だ、と彼は語った。農園主たちは私を溌剌とした黒人の若い娘と結婚させようとしたが、幸せな家庭に関する私の考えの実現を妨害しようとする行動に対して、私は常に抵抗してきた。大革命の時期までは、私は一時間も妻と離れて過ごしたことはなかった。私と妻は私たちの菜園まで手をつないで仕事に出かけ、同様にして戻ってきた。私たちは、疲労していることにほとんど気がつかないくらいだった。天はいつも私たちの仕事を祝福してくれた。というのは、私たちは豊かに暮らしていただけでなく、蓄えもしていた。プランテーションの黒人たちの食料が不足した時には、分け与えもした。

祭りの日曜日には、私は妻と私の両親とともにミサに出かけた。家に戻って、楽しい昼食を終えると、その日は家族で過ごし、一日の終わりには皆で祈りを捧げた。

働き者の一家のよき父親を紹介する、好意的で名前のわからない記者（この当時特派員の一人だったパスカル氏だろうか）の手になる巧みな記事である。書かれている内容はおおむね事実だが、トゥサン・ルヴェルチュールはここで妻の名を明らかにしていない。それはシュザンヌだろうか。この記事の掲載時には彼女が妻だったが、「二十年」（これは確認不可能だ）の間の美しい暮らしは、少し調べてみると違うことがわかる。なぜなら、シュザンヌより前にはセシルがいたからだ。彼はセシルと正式に結婚し、少なくとも三人の子供――マリー＝マルト、ガブリエルとトゥサン――をもうけた。ところが、奇妙なことに、これらの名前は通常知られている家系図から除外されている上、トゥサン・ルヴェルチュールとシュザンヌの間の息子であるイザークも回想録中で彼らには触れていないのだ。この沈黙を、どう説明したらよいだろうか。大アンティル諸島の盟主となったトゥサン・ルヴェルチュールは、兵士たちに対して道徳教師のような態度を取り、徳行と正しい素行を奨励し、そうすることで強引に国を前進させ、農民が働くように仕向けたいと考えたのかもしれない。彼は家庭内の調和を強調し、仕事を中心とし、日曜にはミサにあずかる自らの生活を手本として示して、うまく行かなかった最初の結婚については完全に沈黙を守ったのである。

トゥサン・ルヴェルチュールは、人が彼について語ること、また彼が語り、彼自身が知らしめたいと望むことに、細心の注意を払っていた。それには、政治的な目的があった。加えて、秘密主義とは言わないまでも生来控えめで、現実的で抜け目がない彼の性格を、物事を隠ぺいし、足跡をかき消す完璧な技術が補完していた。彼の同時代人はこれに当惑し、とまどっていたから、正反対、あるいは相矛盾する証言が残された。さらに、彼個人に関する資料がわずかしかなく、腹心の友も知られていないため、事態は一層複雑になった。彼の書いた手紙や、公の場で行った演説、また彼の人物を賛美あるいは批判する第三者の証言――必ずしも彼の同時代人によるものとは限らない――は残されているが、その信頼性については確認の必要がある。この人物をめぐっては多くの激しい議論があっただけに、礼讃と復讐が入り乱れたことは驚くにあたらない。歴史家は常に、不完全な事実、すべてを語らないことによる虚言、さまざまな思惑や仄めかし、裏付けが得られるとは限らない断片的な情報を通じて、自分の人物像を形成しようとする一人の人間を探し求めなくてはならないのだ。トゥサン・ルヴェルチュールに関しては、絶えず解読を試みなければならず、しかも慎重でなくてはならない。結局のところ、彼は捉えるのが難しい側面を持っている。必要なのは、公的な人物の向こう側にいる、現実の人間を見出すことだ。

それは実現不可能な計画だろうか。幸いにして、そうではない。なぜなら、いくつもの手がかりが存在しており、それを歴史的・社会的状況を通じて明らかにする、あるいは説明することが可能だからだ。長いこと、彼の少年時代や五十歳になるまでの期間のことはほとんど知られていなかったが、こんにちでは彼の奴隷制社会における足跡をたどることができるようになった。確かに、空白の部分はある。植民地に関する閲覧可能な資料は、奴隷主と王国の行政機関が作成したものだからだ。存在するのは、熱帯地方の産物の生産と流通に関する情報、プランテーションの経営に関する一般的な情報、判例と秩序維持に関する情報であり、奴隷の生活実態や彼らの感じ方に関する情報には乏しい。当時の支配者にとっては、それは関心事ではなかった。それでも、トゥサンが成長し、経験を積み、一定の地位を築いた社会を描写することは部分的には可能だし、不可欠でもある。革命の時期に、突如として政治の舞台に登場したこの人物は、もちろん何もないところから現れたのではない。反対に、人種差別と特定階層の優遇を基盤として作り上げられた不平等で暴力的な世界の価値観が彼には染みついていた。加えて、彼の書いた公式の書簡はまだ調査が全体に及んでいないため、さらに多くの知識が得られると期待される。

各大陸と人間同士の関係が再定義され、世界中の多くの人々から西洋的な観点が基準となるとは見なされなくなった時代に、多くのフランス人にほとんど知られていない歴史の一ページを再発見するのは、決して無駄なことではない。この歴史の一ページは、その結末からすれば、フランス植民地帝国にとって第一次脱植民地化戦争と呼ぶべきものだ。

この取り組みにおいて、私は出来る限り、トゥサン・ルヴェルチュールがその目で見て、感じ取り、観察したことから出発して状況を評価するよう努めた。また、彼がどのような課題に取り組み、どのような選択を迫られたかを明らかにしようとした。意図した結果にたどり着けているなら幸いである。

このトゥサン・ルヴェルチュールの肖像によって、根強い先入観や伝説を除去した歴史的知識のより広い普及に貢献することができたらと私は考えている。それというのも、トゥサンに関するプロパガンダと、党派的イデオロギーの背後には、解明されていない部分があり、疑問が残るにも拘わらず、彼の人物像と彼の希望、その強さと弱さ、そしていまなお鳴り響く彼の決意が再発見され始めているからである。

第1章　ヒョウの息子

この日、オー＝デュ＝キャップのブレダ砂糖プランテーションの「奴隷小屋」はざわついていた。より正確に言えば、イポリートとポリーヌの小屋でのことだ。一人の赤ん坊が生まれたのだ！

予定されていたことではあるが、こうした出来事は十八世紀前半のサン＝ドマングの砂糖プランテーションではそう頻繁に起きるものではなかった。だから、黒人女（ネグレス、négresse）ポリーヌ――当時、黒人（ネーグル、nègre）、黒人女の語は否定的な意味を持たなかったし、それは現在のハイチでも同様だ――が男の子を産むと、そのニュースが広まるにつれ、周囲は興奮に包まれた。奴隷主の白人は、この子にトゥサンの名を与えた。奴隷には姓はなく、特定するためには名があるだけだった。その名は、たいていの場合キリスト教の名だった。原則として洗礼を与える、とされていたからだ。「トゥサン」は、当時はよくつけられた名前だった。何よりも、このたった一つの名は、個人としての特性、出自、過去の継承を消去した。アメリカの土地で生まれたこの黒人の子供は、奴隷でしかない。彼の存在も、地理的な生存範囲も、この砂糖プランテーション、この「アビタシオン」――フランス領アンティル諸島では、農園はこう呼ばれていた――の内側に限定されていた。それ以外のこと――家族が与えたもの、アイデンティティーと出身地の文化――には価値はほとんど認められなかった。奴隷主から見てのことだが。

子供の誕生は、幸福にしてほとんど平凡な出来事だったのだろうか。アンティル諸島の奴隷制社会では、多くの女奴隷が、胎内にいるか、出産した子供に、自分と同じ惨めで、ほとんど未来のない運命をたどらせまいとして、堕胎や子殺しの誘惑にかられていた。それでも、生命の力はより強いものだ。その証拠に、この痩せた乳飲み子は産声を上げて、生きていくこととなった。その生命力の強さから、彼は五十年後には戦士として稲妻がとどろくような名を名乗り、生まれ故郷の島に遠く離れたフランスから事実上の自治を勝ち取る。この子供は未来のサン＝ドマングの盟主、トゥサン・ルヴェルチュールになるからだ。

彼はいつ生まれたのか。彼の死後に書かれた美化された伝記によると、彼は一七四三年五月二十日に生まれたという。しかし、典拠は示されていないし、この日付は正確すぎて怪しいように思える。この時代、奴隷は動産として農園の会計帳簿に記載されているにすぎない。最善の場合には、支配人は「誕生」欄に日付を記載し、その向かい側に「ポリーヌの息子トゥサン」と書き込んだことだろう。確かに、母親が誰かはわかっている。そして、ローマ法の伝統に従い、国王は子供にその母親と同じ身分を認めると定めていた。奴隷女の子供は奴隷であり、自由民の女の子供は自由民だった。いずれにせよ、そうした文書は残っていないし、存在したかどうかもわからないので、正確な生年月日についてはあれこれ憶測しても迷ってしまうばかりだ。彼自身も、いつ生まれたかについてはごく大まかにしか語っていない。はっきりと言えるのは、フランス革命が起こった時に、彼がおよそ五十歳になっていたということだ。彼が生まれた当時の世界の観点からすると、彼の誕生はほとんど誰の関心も引かなかった。それでも、隷属の厳しさにも拘わらず、子供の誕生は両親にとっては喜びであり、彼らの立ち直りを助ける出来事となった。アフリカから引き離されて強引にアメリカに接木された彼らには、根こそぎにされたトラウマを乗り越えて、自らの樹液によって新たな根を生やす必要があったからだ。

✽アガスヴィ族の生命力

昔々、一人の王女様がおりました。タド王国の、アホスホ王の王女様です。王女様は、水を汲みに行く道すがら、一匹のヒョウと出会いました……。

これは、幼いトゥサンが父あるいは母から、夜の団欒のひとときに恐らく何度となく聞かされた物語の冒頭だ。出身地である、海の向こうの国の伝説、あらゆる伝説と同様に、現実と超自然を混淆させた物語だ。ここで言うヒョウとは、オスのヒョウのことだろうか、それともヒョウのような狩人のことだろうか。神話はむしろ動物の方だと言いたいようだ。この二人の間に、長身で、勇敢で、たくましい戦士が生まれたと言うのだから。彼は毛深く、髪は赤みがかり、爪は動物のそれのように長かった。それがアガスーである。きわめてすぐれた狩人で、時には音楽を奏でた。

この神話的な祖先から何世代をも経て、形成されたのがアガスヴィ族と呼ばれる大きな集団である。伝説によれば、タドのある王が死んだ時に、アガスヴィ族の一人——一説ではランデス、別の説ではコクポン——が、王の子孫だと主張して、王位に就くことを求めた。物語には、それ以後二種類の続きがある。一方の説では、このような要求は前例のないもの——王位継承は男系によるべきで、女系の継承は認められていなかった——だったが、このアガスヴィ族は自説を曲げず、正当な継承者であるアジャに武力をもって対抗して彼を殺し、以来「アジャフト」（アジャの殺害者）と呼ばれるようになったという。もう一方の説では、アガスヴィ族の男は王位を与えないために溺れさせられそうになり、その復讐としてアジャを殺したのだという。いずれにせよ、王位継承をめぐる争いのため、アガスヴィ族はタド地方から追放された。「アジャフト」が率いるアガスヴィ族は、聖遺物のようにしてアガスーの遺骨と槍、儀式用の椅子と楽器を持ち去り、東方に向けて何日間も歩き続けた後、やがてアラダの町が建設される地に居を定めた。そこで、アガスーの遺骨は安らかな眠りにつき、一族の祖先として敬われるようになる。アガスヴィの一族は、好意的に迎えてくれたその土地の住民と混じり合い、「アラダホヌ」、すなわちアラダ族となった。

時とともにこの小さな王国は栄えたが、「アジャフト」の三人の息子たち（あるいは孫たち）の間の協調は長くは続かず、別々の道を歩むこととなった。アラダに君臨したのは、アガスーの聖なる槍を所有するメジだった。この都市では、祖先への加護を祈願し、また王の聖別式を執り行う神官アガスンが儀式を司っていた。彼の二人の兄弟は別の土地へと向かった。ゾゼリグベは東南の方角へと向かい、アジャシェあるいはホグボヌ（現在のポルト＝ノヴォ）と呼ばれる土地に自らの王国を築いた。もう一人の兄弟であるド・アクリンは北に向かい、彼の息子たちはダホメ王国を建国する。

これが、イポリートとポリーヌが知っていた奴隷海岸に近い地域のいくつかの王国の神話的起源の物語だ。それは、これらの王国の共通の起源、同じ一人の祖先、移住とその後の別離——それは、権力の分割の問題に関わるものだった——を明らかにする物語だった。そして、イポリートとポリーヌ、さらにはオー＝デュ＝キャップのブレダ農園の他の奴隷たちは、アラダの出身だった。

この物語から、歴史家は何を知ることができるだろうか。十三世紀ごろに、タド高原（現在のトーゴに位置する）から東（現在のベナン）に向けて、ゆっくりとした住民の移動があったことは確実だ。この移動が行われた実際の理由はわかっていない。邪魔になった集団が追放されたのか、資源に比して人口過剰に陥ったためなのか。いずれにしても、その人々は移動してアラダに居を定め、その土地の住民と混合してアラダホヌという独自の集団を形成し、一体化してアガスヴィ族の神話を共通の神話とし、ともに祖先の魂に祈りを捧げたのである。最終的に、アラダを原点として、十六世紀末から十七世紀初めにかけて、支配者たちは同じ系統に属するいくつもの王国を建国したのだった。

イポリートとポリーヌは、どの程度までヒョウの息子と娘だと感じていたのだろうか。それはわからないが、彼らが建国の伝説を自分たちのものだと考えていたことは間違いない。子供だったトゥサンが、祖国から根こそぎにされた両親が語る物語を聞いて、時間と空間の双方の点で遠くはなれたルーツを自分のものとしたのは、十分にありそうなことだ。この少年は、アフリカについて何ら具体的な知識は持ち合わせず、ただ口承の物語を聞いていたにすぎないが、それによって想像の中で砂糖プランテーションから抜け出し、仮想的で神話的なルーツであるアラダホヌとしての、あるいはアガスヴィとしてのアイデンティティーを発見できたのだ。歴史を再構築することで、彼はどの程度ヒョウの息子だと感じるようになったのだろう。それはわからないが、この疑問を避けて通るわけにはいかない。奴隷制度は抑圧的ではあるが、出自の文化的な、あるいはアイデンティティー上の継承を消すことは決してできない。深く根付いたアイデンティティー上の痕跡は、白人である奴隷主には把握できなかった。彼らは、こうしたことには関心を示さなかったからだ。ヨーロッパの基準やマナーだけに価値が認められ、アフリカ由来のものは「汚らしい黒人」（négraille）だと常に蔑視されていた。

伝説的なオーラと精神的な再構築とは別に、トゥサンはなぜ両親がアフリカから遠く離れた土地に移住させられなくてはならなかったのか、そして奴隷の身分にまで落ちなければならなかったのかを知ることになったと考えられる。しかしながら、彼自身もこうした事柄については親しい人々にもほとんど話さなかったため、一家に伝わる物語は単に部族間の戦争、すなわちトゥサンの父が捕虜になり、奴隷として沿岸地方の奴隷商人に売り渡される原因となった紛争をごく曖昧に語っているにすぎない。しかし、歴史を調べると、この大雑把な見方よりもよほど深い事実を見出すことができる。

✽王位継承をめぐる争い

十七世紀の初めまで、遡らなければならない。アラダ王国は平和で、ある程度繁栄しており、ヨーロッパの貿易商――彼らは王国を「アルドル王国」と呼んでいた――とも、交易が行われるようになっていた。アラダは近隣の王国に対して歴史的、宗教的な優位を保ち、近隣諸国の王は祖先であるアガスーの霊を崇め敬っていた。しかし、北部の情勢には大きな変化があった。ド＝アクリンの子孫が王国を築き、その力は日々大きくなるとともに、国家組織も確立されつつあった。ダホメ王国である。行政組織を築いたウエグバジャ王（在位一六四五―一六八五）の後、ゆっくりと木のてっぺんにまで登っていくカメレオンのごとく根気強いアカバ王（在位一六八五―一七〇八）は五十歳で即位すると、父王の遺産をより強固にした。その後を継ぐのが、ダホメ王国の軍隊を組織化した、恐るべき野心的なアガジャ王である。

一七一七年にアラダの王が亡くなった。王の息子ソゾが王位を継ぐべき順番だったが、その時、ソゾの弟フサの嫉妬のため、よくある王位継承をめぐる争いが起きた。ひそかに準備を進めたフサは、アラダ軍の責任者で、国王に次いで力のある指導者の「大司令官」の支援を得ることに成功した。しかしながら、実力行使に出るにはこの助力だけでは不十分だった。決定的な支援を得るために、フサはダホメ国王アガジャに協力を要請した。アガジャはこのような機会が訪れたことに大喜びして、力を貸すことにした。

ダホメ軍はアラダに向けて進撃し、町を包囲して攻略した。アラダを征服したダホメ国王は、フサをアラダ王位に就けたが、彼は完全にダホメ国王に服従させられた。これと同時に大規模な「粛清」が行われ、反対派は奴隷として売りとばされた。自らの権力を誇示しようとするアフリカの国王にとって、捕虜を奴隷として売ることは邪魔者もしくは敵を処分するための便利な手段だった。

しかし、一七二六年にフサはヨルバ人の国、強国のオヨ王国に助けを求めて、「重石」となっているわずらわしい後見人を排除しようとした。オヨ王国は遠征軍を派遣したが、アガジャはこれを打ち破ることに成功し、ここでもまた報復として捕虜を沿岸部の奴隷商人に売り払ったと思われる。ダホメは軍を徐々に南に進めて勢力を拡大し、テグベソ王治世下の一七四一年には沿岸部の小王国サヴィーを完全に征服した。サヴィー王国は、大西洋岸に近い商業都市ウィダーを支配下に置いていた。これ以降、この王国は海岸部に拠点を持つヨーロッパ人との関係を、奴隷貿易を中心に直接に取り仕切ることとなった。

これが、当初はデゲノンという名だったトゥサンの父親――デゲノンとは、フォン語で「年を取った」の意であり、転じて「賢者」を意味するようになった――が父祖の地を離れなければならなくなった理由を説明する背景なのかもしれない。こうした背景が実際に関連していたとしても、どのような経緯によってなのか、またデゲノンがどのような役割を果たしたのかを詳しく知ることはできない。彼は軍の総司令官である「ガウ」――この職名はダホメでもアラダでも使われていた――だったのだろうか。彼は正統な王位継承者であるソゾに対抗したフサを支援した「大司令官」だったのだろうか。それとも、単なる国王付きの士官「ガン」だったのだろうか。彼はソゾを支持したために、早くにアフリカを離れなければならなかったのだろうか。それとも、フサに協力して保護者であるダホメ王国に対して反乱を起こしたために、より後になってアフリカを離れたのだろうか。これらの質問に、答えはない。船での出発も、時間をかけて少しずつ行われたため、奴隷として売られた日付も不明なままだ。しかし、最終結果が恐ろしいものだったことに変わりはない。

同じ不幸にあった男女の仲間たちとともに、捕虜として鎖につながれて一列になり、何日もの間苦しみながら行進するデゲノンの姿を想像しないわけにはいかない。沿岸部のサヴィー王国で奴隷商人に捕虜の一部を売却した後、隊列はウィダーの町にたどり着いた。ここで、捕虜たちは粗末で不潔な町の一角に滞在させられ、不安の中で時間を過ごさねばならなかった。食事は貧しく、周辺の環境は耐えがたく、衛生状態は劣悪だった。それがある日、突然にバケツの水を大量にかけられて、やや年長の男たちはていねいに頭髪とヒゲを剃られた。伸びた白髪が残らないようにするためだ。奴隷商人たち——彼らも同様に黒人である——は、市場で家畜を売る時のように、できるだけ高く売ろうと彼らに身支度をさせた。そして、実際その通りになった。買い手の白人たちは、身体の強靭さを測るために入念に筋肉を観察し、年齢を確かめるために歯の状態を確認し、性器を見て性病にかかっていないか調べた。捕虜たちにとっては、商品にまで貶められたきわめて屈辱的な時間だった。

取引が成立すると、この白人たちは一人ひとりの奴隷の片方の肩にパーム油少量を塗り、購入の証として焼いた鉄で印をつけるのが習慣になっていた。買い手が数日間、積荷の量を増やすために新たな「商品の入荷」を待っている場合には特にそれが行われた。集団のメンバーがそろうと、一列になった鎖でつながれた人々が寝起きしていた建物から出て来た。年を取りすぎている、あるいは身体が弱いとの理由で白人たちが買おうとしなかった捕虜が残った場合には、奴隷商人たちは遠慮しなかった。彼らはあるいは地元の市場で売られ、あるいは放棄されたが、殺されてしまうこともあった。

そうでない者たちは、こんどは海まで歩かなくてはならなかった。ここでもまた、広大な大洋を目にした捕らわれの身の人々の感じた恐怖は想像してみるほかはない。彼らの多くにとって、海を見るのは初めてだった。押し寄せる波が砕け、砂でおおわれた海岸に広がるさまは、彼らには何の意味も持たなかった。しかし、管理担当の白人は、彼らの気持ちには関心を示さず、彼らが身にまとっていたわずかなぼろ着をはぎとった。全裸で、二人一組で縛られると、彼らは小さなボートに乗り込まされ、逃げ出さないようそれまで以上に厳重に監視された。沖に停泊する船に乗り込むより、溺れることを選択する者もあったからだ。

オールを漕ぎ、転覆しないよう注意しながら、ボートは勇敢にも波を越えていった。ようやく外洋船までたどり着くと、船員たちは商品を船までよじ登らせた。船が次々と縛られた人間を飲み込むと、彼らは船倉に押し込められた。彼らは、どのような航海が待っているのか、何も知らなかった。商品の積み込みは完了したのだろうか。それとも、外洋に向けて出港する前に、海岸沿いの別の場所で、さらに商品を積み込まなくてはならないのだろうか。いずれにしても、いつか航海に出る日が訪れて、目に見えるのは果てしない海だけになる。そうなると、ただ待つばかりの数週間だ。夜は折り重なるようにして眠り、昼間は毎日甲板に上がって外気を吸い、体力維持のために規則的に体操した。白人は反乱が起こりうると考えて強い警戒心を持っていたから、監視は非常に厳しかった。病人が出ることもあったし、時には死ぬ者もいた。遺体は、いかなる儀式もなしに海に投棄された。白人の船員たちも、確かに熱帯性の病気、あるいは壊血病に悩まされたし、俘虜と同じだけ、時にはより多く死んでいった。しかし、未知の世界への不安にさいなまれた囚われの身の者にとって、死は何を意味したのだろうか。そして、ある日、船員たちはこれまでになく慌しく動き始める。陸地が見えてきたのだ。アフリカのように植物が生い茂った、場所によっては激しい起伏のある、太陽の強い光に照らされた陸地だ。俘虜たちは甲板上で大量の海水で「リフレッシュ」され、光沢を出して三回目の売買に向かうことになる。多くの人が忙しく立ち働く岸壁から少し離れて停泊した船上で、取引が行われる。また市場の儀式が始まるのだ。小船に乗って来た白人たちが船に乗り込み、歯の状態を点検し、腕に触れて筋肉の硬さを確かめてから船長との交渉に臨む。手続きが完了すると、彼らは奴隷となった俘虜を一人または複数連れて下船するのである。

このようにして、キャップ＝フランセに上陸したデゲノンは、巨大な山のふもとに大きな都会が広がっているのに気づく間もなく、遠くからでもはっきりと見分けることのできる岩山のキャップ山を迂回する形で、川沿いの道を連れて行かれた。最終目的地、町を出てすぐの山のふもとに広がる堂々たるオー＝デュ＝キャップのブレダ砂糖プランテーションには、間もなく到着した。

デゲノンの皮膚には、彼の新たな所属を示す印が、「スタンピング」と呼ばれる焼けた鉄製の器具を用いる方式で、焼きつけられていただろうか。こうして印をつけることは多かったが、必ず行われていたというわけでもない。デゲノンにとって、家族との離別はとりわけ悲しいものだった。それというのも、ダホメ王は、自分の権力に反対する者を一斉検挙する中で、彼の妻アフィバと男女一人ずつの二人の子供も逮捕させたからだ。彼らもまたウィダーに連行され、白人に売られた。確かなことはわからないが、彼らが同じ船に乗って、一緒に耐え難い航海をした可能性もある。アフリカの海岸で引き離され、同じ目的地に向けて別々の船に乗った可能性もあるが。その目的地とは通称サン＝ドマング、正式には「フランス領アメリカの風下にあるサン＝ドマング島およびその海岸」である。いずれにせよ、遅くともアメリカに到着して売却された後には、家族は別れ別れになった。ブレダ・デュ・オー＝デュ＝キャップに到着したデゲノンは、きわめて残酷な現実を知ることになった。アフリカの家族から永遠に切り離されて、いまや彼は奴隷イポリートでしかなかった。

✽新たな生活環境

慣習によれば、新たに到着した者には何週間かをかけて環境に適応させることになっていた。デゲノン／イポリートは、まず「アラダ」人である（白人の奴隷主にとって、「アラダ」Arada は、アフリカのアラダ Allada から転じた呼び方で、アラダの出身者、もしくはアラダと奴隷が乗船した海岸地方を含む広い地域の出身者を指していた）。「ボサル」bossale（アフリカから到着したばかりの黒人を指す語）である彼は、新たな指針を見つけなくてはならなかった。彼は、新しい気候に慣れる必要があった。気候は二つの季節に区分され、十月から三月は「冬季」hivernage で、時に豪雨――「アヴァレス」avalesses と呼ばれる――が降った。もう一つの季節「四旬節」carême は乾季で、四月から九月までである。新しい食べ物と、まったく違う世界に、最初は働く奴隷たちとは離れて、その後は彼らの中で順応する必要もあった。

ブレダ・デュ・オー＝デュ＝キャップ農園は、彼にいかなる第一印象を与えただろうか。オー＝デュ＝キャップ川と、川沿いの道路からは、まずなだらかな斜面に広がる数区画（pièces）のサトウキビ畑といくつかの建物が目に入ってくる。次には、「プラス・ア・ヴィーヴル」places à vivres と呼ばれる菜園と、「サヴァンナ」と呼ばれる、家畜が草を食む草地が見えてくる。その背後にある丘の巨大な影が、視界を遮っている。サトウキビ畑は川の両岸に位置し、それぞれ灌漑用の水路に囲まれて、二つの大きな区画に別れていた。建物について言えば、最初の建物群は石造りで、モルタルが塗られ、陽光に輝いていた。風通しのよい斜面に建つ「大きな家」la grande case は、奴隷主たちの住居で、農園全体を見渡していた。それに付随して、砂糖製造のための建物があった。精糖所、濾過室、乾燥場である。そして、農園の白人従業員用の住居、厨房、そして「病院」があった。「病院」とはずいぶん大げさな名前で、実際には奴隷たちを治療するための診療所だった。さらには、命令に従おうとしない奴隷のための懲罰用独房もあった。また倉庫がいくつもあり、恐らくは樽製造所、鍛冶場、石灰窯もあったと思われる。もう一つの建物群は、より単純な外観だった。ラバをつなぐ回転ドアのようなものは、「家畜車」moulin à bêtes と称され、サトウキビの汁を抽出するのに用いられた。これは、砂糖製造の上で避けて通れない工程である。それから、家畜――ロバ、馬、牛――のための囲い地と小屋があった。馬小屋、馬車と荷車置き場、そして家内労働に従事する奴隷のための住居の、三つの建物もあった。そして、多数の農園奴隷のための住居、安価な建材で造られたいくつもの「黒人小屋」が、何列にも並んで小さな村のようになっていた。これらの住宅の列は、毎年の激しい雨がさらに深くする二本の雨溝に平行して建っていた。いくつかの小屋は、新入り奴隷の適応期間用に、少し離れた場所にあった。最後に、この最初の印象に付け加えて、やや離れた川に近い場所に煙突のついた工房があり、そのすぐ横に何軒かの小屋がまとまっていた。これは製陶所で、砂糖の製造に欠かすことのできない陶器類を作っており、その脇にはレンガ製造所があった。

これが、イポリートが属することになった農園の新しくて狭い世界だった。彼がどのようにここに順応したのか、詳細はわからないが、その後を見ると、彼が立ち直ったことが理解できる。しかし、その困難は小さくなかった。新たにやってきた奴隷は、さまざまな地域から来た男、女、子供で構成されたコミュニティー——そのうち多くは「アラダ」、あるいは「マダング」出身で、他のグループに比して相対的に多数である場合もあった——に加わることになるからだ。しかし、共同生活が原則なので、アフリカのさまざまな土地から引き離されて来た彼らは、仲間たちとうまく折り合いをつけるよう迫られた。そのために、彼らは奴隷主の言語をベースに、共通言語を形成した。こうして、白人の語彙を大幅に取り入れ——作業所はしばしば王国海軍出身の監督者によって船の乗組員のようにして指導されていたから、海に関する用語が多く取り入れられた——、さらにカリブ地方の語彙も取り込み、それらをバントゥー語の構文で練り、クレオール語の基礎が作られた。そして、経験、知識、歴史、信仰を共有することで、奴隷の集団に新たな文化とアイデンティティーの土壌が徐々に築かれた。彼らに共通した特徴の一つには、知識を口伝で伝えるというアフリカの口承文化があった。困難で、ゆっくりとした、時間のかかる、手間を要する構築だが、時が経つとともに新たな加入者が持ち込む要素によってさらに豊かになった。決して終わることのないこの作業は、異文化間の接触による文化変容の重要性と、その限界についての問いであり、その問いに対する答えはまだ見出されていない。奴隷主は奴隷を思い通りに扱い、生成途上にあるクレオール語も理解できたが、奴隷の頭の中で起きていることまでは管理できなかった。

ブレダ・デュ・オー＝デュ＝キャップには、アラダ出身者の小さな集団が存在していた。イポリートは、コミュニケーション上不可欠な、生成過程のクレオール語を習得したが、デゲノンでもある彼は同郷の仲間とフォン語で会話するのを忘れなかった。白人監督者たちは、それに気がついた。彼らは、イポリートが他の同郷の奴隷たちに対して影響力を持ち、また指導者の資質があることを知り、それと同時に不運な仲間たちが彼に対してはうやうやしい態度で接することを知った。彼らは「ガウ・デゲノン」に敬意を表するために勇ましい歌を歌った。「ガウ」Gaou とは敬称であり、この敬称が変化した結果、トゥサン・ルヴェルチュールの父親を伝統的に呼びならわす「ガウ・ギヌ」Gaou Guinou の名になったのではないかと思われる。

こうした中で、家族と再会する希望を完全に失ったイポリートは、徐々に砂糖プランテーションの世界に溶け込んでいった。彼は、農園で同様にアラダ出身の、ポリーヌという名の女性と出会った。この出会いは、親密で真剣な関係に発展した。人間が生きた道具にされるこの残酷な世界では、女性の運命は男性よりも厳しい場合が非常に多い。ほとんど身を守ることもできず、彼女たちは奴隷主の白人たちの快楽の道具にされることもある。主人たちにとって、女奴隷を自由に扱うことが、彼らの権力誇示の手段になると思われていたからなおさらである。その証拠に、次々と多くの小さなムラート、すなわち混血の子供たちが生まれていた。父親は、こうした子供を常に認知したわけではないし、奴隷の子供として見捨てることもあった。しかし、時には、子供だけ、あるいは母親とともに、奴隷の身分から解放する場合も見られた。また、女性よりも男性が多い奴隷社会では、同じ不運な仲間たちからひどい目に合わされることもしばしばだった。母親になると、彼女たちは多くの場合一人で子供を育てた。そのために、自分の子供の生命を守るために闘い、強く、忍耐力があり、逆境にあっても威厳を保つ「肝っ玉母さん」のような女奴隷像が作り上げられた。これを見た白人の奴隷主たちは、悪意に満ちた一般化をして、黒人の男がどれほど浮気で、妻を裏切っているかがわかると言うのだった。これらの白人たちは、とても模範的とは言えない自らの行動を顧みるのを忘れていた。

しかし、イポリートはポリーヌを馬鹿にするような男ではなかった。二人の間の絆は強固で、やがて結婚に至った。神父が司式したのだろうか。正式なカトリックの儀式が行われたのだろうか。それは十分に考えられる。この記念すべき日の晩には、熱狂的な祭りが行われた。太鼓やパーカッションを用いて、アフリカ伝来のリズムが打ち鳴らされた。船倉に押し込められた囚人たちが、己の奥底に秘めて持ち続けていたリズムは、彼らがアメリカの地で奴隷となったいま、祝祭の晩に彼らによって解き放たれたのだ。奴隷主たちは、こうした祭りを黙認していた。それは、奴隷たちが苦しみと悲しみを浄化するために必要なはけ口だったからだ。それでも、白人たちはこうした祭りを警戒し、恐れてもいた。なぜなら、祭りは彼らの理解を超えていただけでなく、コントロール下に置くことができなかったからだ。

鈍く力強い、頭がくらくらするような音が、遠くまで響いていた。周辺の農園に届くほど遠くまで……。一家に伝わる伝説によれば、カトリーヌという名のアラダ出身の女奴隷が、多くの人と同様に祭りの太鼓の音を耳にし、これほど溌剌とした「バンブーラ」（アフリカの太鼓の一種）の演奏は誰のためのものか知りたいと思い尋ねると、アラダ出身者のイポリートとポリーヌの婚礼だとわかった。さらに詳しく知ろうとして周囲の人々に質問すると、彼女の心の深奥に触れる答えが返ってきた。というのは、黒人女カトリーヌとは、デゲノンの最初の妻で、奴隷商人によって夫と別れ別れにさせられたアフィバだったからだ。彼女は、ブレダ・デュ・オー＝デュ＝キャップからほど近い農園に属していた。カトリーヌは、悲しみのあまり、ジュヌヴィエーヴとオーギュスタンという新しい名を与えられた二人の子供を残して死んでしまったという。

第2章　「私は奴隷だった、隠すことはない」

新たな状況には、新たなルールがある。奴隷イポリートは、いまや法によって定められた制度の下に置かれていた。トルチュー島の一匹狼や海賊たちに代わる組織立った行政機関を設置し、アメリカ大陸のフランス領に対する権威を確立しようと望んだルイ十四世は、同じ権限掌握の論理に沿って、奴隷主と奴隷の関係を王権が定めた規則によって明確化しようとした。そのために制定されたのが、一六八五年三月に起草された「アメリカの諸島における奴隷に関する王令」であり、それは「黒人法典」の名でより知られている。その意図ははっきりしていた。「アビタン」(habitant)と呼ばれるプランテーションの主人が無制限の権力を享受することを、王権は容認できなかったのである。完全な恣意の後に訪れたのは、誰もが従うべき義務だった。かつての無秩序から比べれば、逆説的なことに厳しい法により進歩がもたらされたのだ。

それ以降、アフリカの海岸で買われた人間は、冷酷でシニカルな法令によって、動産だとされた。ただそのように見なされることにより、奴隷主が気紛れに決めるあてにならない解放以外に、彼らには奴隷の身分から逃れる希望がなくなった。人間が動産たりうると定めることにより、すべては決まった。奴隷は家畜と同様に勘定され、その生活は完璧に管理されていた。奴隷主には奴隷の生活を維持(食事、住居、医療、衣服)する義務があり、それはたとえ年老いて、生産活動に従事できなくなっても変わることがなかった。なぜなら、動産は自ら生活を維持することができないからだ。これが、少なくとも法令上の定めだった。というのは、王国の行政機関による監査の機会は少なく、必要に比して常に不十分だったから、現実には奴隷にとって不利になる例外が多数あったのである。

奴隷とその家族は一つの農園に属していたから、売却、差し押さえ、相続の場合に、公認された夫婦とその未成年の子供たちは別れ別れにされることはなかった。しかしながら、婚姻と子供に関する条文は、混血児の誕生を避けるために白人と黒人の性的関係を罰する傾向にあった。奴隷は、農園の円滑な運営にとって有用な技術を習得できた（石工、大工、樽作り職人……）。しかし、事務作業に従事できるようになるための訓練は禁止されていた（読み書きの能力は、危険過ぎると考えられていた）。ある事件が法廷で裁かれ、証人として出廷を求められた場合、奴隷には証言が認められた。しかし、それは形式的に証言できるだけで、証拠として採用されることはなかった。また、処罰を与える場合には、奴隷主は犯した過ちに相応する罰を、法の枠組の中で課さなければならなかった。具体的には、鞭打ちだけが認められていたが、逃亡に限って焼印、耳あるいは膝裏の腱の切断、さらには三回目の逃亡の場合には、処刑が許可されていた。奴隷に拷問を課してはならず、虐待があった場合には告訴することができた。もっとも、それはあくまで原則で、残念ながら実際には多くの違反行為があったと考えられる。

奴隷に課せられた義務は当然多かった。なぜなら、奴隷は従順であることと、沈黙することを求められていたからだ。武器携行と移動の自由は厳重に管理され、逃亡は厳しく罰されるのが原則だった。盗難と奴隷主に対する襲撃も厳罰の対象だった。暴力行為や統制不能な行動を避けるために、タフィア（ラム酒の別名）を飲むことは禁止されていた。奴隷は、農園の生産物の一部を売り、その収入を自分の利益にしてはならなかった。加えて、奴隷は自分では何も所有できなかった。たとえわずかな持ち物を手に入れたとしても、それは理論上、奴隷主のものだった。奴隷主の権利は非常に広く認められ、奴隷に対して労働と服従を要求し、要すれば処罰できたが、優秀な者には褒美を与えることもできた（その最大のものは解放だった）。それは個人的な判断によるものであるため、必然的に流動的で、不確かで、恣意的だった。家父長的温情主義は、時と場合により、自由自在だったのである。

この法典に関しては、特に逃亡を焼印と身体の一部の切断により罰する条文について多くの論が書かれた。しかしながら、理論と実践の間に大きな乖離があったことはもとより、この法典は当時の文脈に位置づけて見る必要がある。ヨーロッパ人が生活していた社会は、そのあらゆる階層において本質的に不平等で、暴力的で、厳しい、極度に厳しいものだった。ヨーロッパ人たちが自らのルールを、新たに居を定めた土地に持ち込むことには、何の不思議もない。海軍に対する一六八九年の「海軍及び海軍工廠へのルイ十四世命令」では、脱走を企てて偽名を用いた場合や、もしくは水兵あるいは兵士による職務放棄の場合には終身漕役刑（ガレー船漕ぎの刑）、脱走兵が憲兵または警官に対して剣を抜いた場合には死刑（陸地における軍法会議後に）が適用された。上陸中に喧嘩が起きた場合には、「船倉送り」となった。監禁されるのではなく、長い縄で手首を結ばれて、しばしば重しをつけられて、三回にわたりマストの上から突き落とされたのである。これは、海面に向けて十五メートルから二十メートルも落下するのだが、ひどい時には宙吊りのままになるという過酷な罰で、死に至ることもあった。将校に対する反乱、あるいは将校に対して暴力を振るった場合には、死刑が待っていた。武装商船では、航海中に食料を盗むと乗組員による鞭打ちの刑が課され、祈禱を繰り返し怠った者は「船倉行き」となった。記録係が常軌を逸した行動を取って記録を改竄した場合には、右手を切断され、額にはその職名を刻んだ焼印が押されるとあらかじめ通告されていた。こうした過酷な決まりは、主として抑止的な性格を持っていた。そして規則を適用しなくてはならない場合には、人々に強い印象を与えるべく、厳かな儀式とともに執行された。細かい点で忘れるべきでないのは、鞭打ちにされた者の傷口には、レモン汁と唐辛子の混合物、あるいは酢、または塩が擦り込まれたことだ。加虐趣味からでなく、傷口の化膿を防止するためだ。同様の理由で、この太古からの経験的な治療法は、アンティル諸島のプランテーションの奴隷たちにも、鞭打ち刑の後に用いられた。それはともかく、水兵に適用された規則がいかに厳しかったとしても、「黒人法典」が立法化した人間の劣等視と事物化という驚くべき衝撃的な事例を消去できるわけでも、許容できるわけでもないことは見逃すべきではない。

イポリートと仲間たちは、どのように暮らしていたのだろうか。国王の規則は、奴隷主が奴隷に食料を与えなくてはならないと定めていたが、実態上主人にはかなり判断の自由があった。つまり、彼らは奴隷たちの食料には大した関心を示さなかった。食料品には、二つの出所があった。一つは「ドゥースール」douceursと呼ばれ、農園で生産されていた。それには、野菜・果物類もあれば、肉類や乳製品もあった。もう一つは、外部（貿易商、もしくは入港する船舶）から購入した食品である。食料の配給は日曜日、もしくは週の初めに行われたが、奴隷は数が多いため、不正取引、着服、各種の盗みや転売が可能だった。どちらにしても、配給される食料はすぐに消費されてしまい、必要を満たすには不十分だった。宗教的祭式の際には、少量の塩漬け肉が配給された。干鱈はあまり手に入らなかった。不足を補うために、それぞれの農園には「プラス・ア・ヴィーヴル」places à vivreと呼ばれる共用農地があり、食料を生産していた。そこではまず根菜類（マニオック、サツマイモ）が栽培され、これに粟、トウモロコシ、米、豆類、調理用バナナが少しずつ、農園の所在地、支配人の気質、水の供給事情に応じて加わった。さらに、奴隷一人ひとりに、「ジャルダン・カーズ」jardin-caseと呼ばれる個人用の小農地があてがわれた。住居の近くにあるとは限らないこの小農地は、自分用の食料を生産するためのもので、農作業には土曜日をあてることが習慣的に——ここでもまた習慣である——認められていた。実際、奴隷たちはまず自力で何とかするしかなく、また盗みに合わないよう警戒しなくてはならなかった。時には、鶏や豚を飼育することもあった。畑で拾ったサトウキビの汁を吸って飲むことはよく行われていて、食料不足を補っていた。しかし、結果から見ると、食料は、たとえ胃袋を満たすのには十分だったとしても、栄養バランスが取れていないことが多かった（炭水化物が多すぎ、たんぱく質は不足した）。

健康と医療に関しては、時折巡回視察で訪れる外科医が、できる範囲で治療を行った。奴隷主による医療と並行して、表に現れない形の、クレオール語でイメージ豊かに「ドクトゥール・フイユ」docteur feuille（薬草医）と呼ばれる、苦痛を緩和でき、秘かに施術される、一部の奴隷主も頼る治療法があった。一家に伝わるところでは、イポリートは薬草の秘密の効能を知っており、恐らくは求められて目立たないように、そして一定の成果とともに、白人の医療を補完する治療を行っていたと思われる。これによって、彼は誰にでもあるわけではない知識の持ち主として、仲間たちから特別な尊敬を集めるようになった。イポリートが施したのはどのような治療なのか、その結果がどうだったのかは知られていない。いずれにしても、彼の周囲には過酷な扱いを受け、食料不足に苦しむ肉体の持ち主が多く見られた。彼らの身体は弱り、さまざまな病気や炎症のため健康状態は悪化していたが、それは実に多くの農園で見られる現象だった。その病とは「胃痛」、破傷風、砂ノミの刺し傷、「マラングル」（脚にできる潰瘍で、発熱を伴う）、「クラブ」（ヒビ、アカギレ）、フランベジア、肺病、性病、各種の発熱、黄熱病、はしか、天然痘などの伝染病、さらには仕事場での事故、多かれ少なかれ鬱状態に至る精神的苦痛（およびそれに付随して起こるアルコールへの逃避――ラム酒を手に入れることは可能だった――、そして自殺もあった）などである。また仕事場での日常は、さまざまな災禍と嘆き声の連続でもあった。全農園の平均では十人に一人が病気であり、したがって労働に耐えられないと推定された。

衣服については、奴隷一人あたり毎年二着の着替えを与えるとの原則だったが、これはいかにも少なかった。彼らの衣服の生地は、どんなに頑丈なものであっても、すぐにすり切れた。そのため、農園の奴隷たちはぼろぼろの服を着て畑仕事に出ていた。それどころか、奴隷はしばしば半裸で、全裸のことさえあった。極度な貧困、と言うべきだろう。

住居もまた、自慢できるものではなかった。歴史家ガブリエル・ドビヤンは、驚くべき描写を残している。

奴隷小屋がいかに粗末な、ひどく粗末な、惨めな状態にあるか、想像は容易ではない……（中略）……彼らが住んでいるのは、廃墟になったあばら家だと言ってもよい。彼らの小屋は、長期間建っていられない。四方の柱は腐食し、屋根は半分風に吹き飛ばされて穴があき、壁には亀裂が入り、ぼろぼろと崩れ落ちる。実に悲惨なものだ。建設業者が建てた場合でも、ごく短期間で、最も安い建材、すなわち現地産の木材で造られる。新入りの奴隷が住処を与えられるのを待っていると、古参の奴隷の住居が倒壊した。壁は地中に埋め込まれた柱で支えられていた。基礎工事が行われることは稀だった。支柱は断面が円形の、柔らかい木材で作られていたが、四角に削られていることもあり、油ヤシの木の幹を縦半分に切った場合もあった。柱が硬質の木材で作られていれば、それは奴隷主が奴隷の住居に関心を持っている証拠だった。柱と柱の間には、「フルシュ」fourche と呼ばれる土を塗った格子組みまたは竹などを組んで作った板がはめられた。後者の場合には、編み壁と呼ばれた。実際には、壁というより薄い間仕切りだった。そうでなければ、壁は荒壁土、すなわち太い藁もしくは草と漆喰を混ぜたもので塗られていた。編み壁よりは、塗り壁が多く見られた。「板がはめられている」planchéifiées ou glacéiées 小屋もいくつかあった。ほとんどの場合、窓はない。小屋は、「柱と柱の間が塞がれていた」maçonnées entre poteaux。これは恐らくレンガ造りだということだろうが、レンガ造りの家があったことが明らかなのはレ・マトゥー（サン＝ドマング植民地中央部の地域）だけである。壁面は石灰水で軽く粗塗りされて、荒壁土あるいは編み壁を隠していた。短時間で行った粗塗りの作業でも、結果は比較的良好だった。

以上が、暮らしぶりの全般である。ブレダ・デュ・オー＝デュ＝キャップの状況がこれほど劣悪だったかどうかはわからないが、少なくとも農園主が実際に農園に居住している限りは（一七五四年まで）、それほどではなかったかもしれない。というのは、現場にいる農園主は、それが自らの利益のためだとしても、これらすべてにいくらかは注意を払い、多少の思いやりや人間性を持ちうるからだ。その後、この植民地の砂糖プランテーションの大半と同様に、農園経営は農園主が任命した支配人に任されるようになる。支配人たちは、できる限り早く金を稼ごうとしていたから、奴隷の生活条件に関して農園主ほど関心を持たなかった。そのため、全般的かつ長期的に見ると、ブレダ・デュ・オー＝デュ＝キャップの状況は他の農園に比してよくなったとは言えない。

しかしながら、奴隷として生きられるのは四年から十年の間だと随所で書かれたにも拘わらず、平均的には彼らは農園到着後二十年以上生きることがしばしばだった。そうでなければ、この仕組は採算が取れずに自壊していただろう。農園では五十代の奴隷を見ることもあったし、奴隷たちが尊敬し、主人が養わなくてはならないさらに年長の者も存在した。

✲労働と規律

これが、イポリートとポリーヌ、そしてやがて二人の間の子供が暮らす環境だった。彼らが知ることになる労働に関して言うなら、それは複数の種類の仕事から成り立っていた。作物の栽培、砂糖の製造、農園の全般的維持管理が一方にあり、他方では奴隷主と白人従業員の召使としての仕事があった。

奴隷たちは年齢と個人の能力、別の言い方をすれば、与えられた仕事の内容に応じてグループ分けされていた。「小作業所」petit atelier では、高齢の奴隷と子供たちが、「大作業所」grand atelier の仕事に比べれば重労働でない、家畜の監視などの仕事を割り当てられていた。奴隷たちの多数が働く「大作業所」では、より重要な仕事が行われていた。

農作業は、まずサトウキビの栽培だった。それは、「プラス」places あるいは「ジャルダン」jardins と呼ばれる区画で行われ、各区画はさらに小区画に分けられていた。歴史家ピエール・プリュションは次のように説明している。

日の出から日没まで、日中の二時間の休憩をはさんで、奴隷たちは、黒人のコマンドゥール（奴隷監督）と白人の会計係の監視の下、雑草を抜き、収穫し、鍬で刈り取り、あるいは土を掘り返す……（中略）……「ジャルダン」は広さ約五ヘクタールの平行四辺形に分けられ、それぞれの区画の間には広い溝が掘られた。これらの畑に作物を植えるには、まず雑草を燃やすことから始めた。それぞれの区画の間には広い溝が掘られた。次に、奴隷に深めの穴を九十センチ間隔で掘るよう命令した。それぞれの穴には、まだ新鮮なサトウキビの茎三本を平らに敷いた。その茎の節から、新たな茎が伸びてくるのである。その後、それぞれの穴の上に盛り上がるようにして土をかぶせた。サトウキビは、一年中季節を問わずに植えられたが、十一月から三月までの、最も涼しい時期である冬季が特によいとされた。雑草抜きは、若い茎の負担にならないように、三カ月から四カ月の間行われた。十四カ月から十八カ月を経てサトウキビは熟成し、したがって収穫の時期が訪れる。奴隷たちは、「マンシェット」manchette と呼ばれる長く鋭いナイフを手にして、地面すれすれのところでサトウキビを刈り取り、すべての葉と先端部を除去する。刈り取られた茎は荷車に載せられて、砂糖製造所まで運ばれる。水車でサトウキビを圧搾して汁を搾ると、汁は四つの大釜で繰り返し煮詰められ、その間に精製技術者（多くの場合、白人監督者）が不純物を懸命に取り除いた。

「ヴズ」vesou と呼ばれる汁はいくつもの大釜で煮られて次第に煮詰まり、濃いシロップ状になると「フォルム」formes という型に流し込まれた。型は濾過室に入れると、砂糖が結晶化して分離する。残ったシロップは、十分に精製されていると判断されたなら、蒸留して、あるいはそのままの状態で販売にまわされる。このように型に入った砂糖は、表面に湿った粘土をかぶせて不純物を除去することで粗精製する。そうした砂糖は、「現地精製糖」sucre terré と呼ばれる。本精製は、フランス本国で行われることに決まっていた。最終的な乾燥は、乾燥室で十五日間程度をかけて行われた。最後の工程は、砂糖を粉状にすることだ。その後は樽詰めして、本国への発送となる。ピエール・プリュションは、収穫、粉砕と圧搾、型入り砂糖の製造までの繁忙期について、次のように続けている。

仕事は一日中、昼夜を問わず続けられた。時間との競争の中で、休憩は取れず、徹夜し、日曜も働いた。収穫が終わると、農園主は残った葉と切り株を焼却し、また穴掘りとサトウキビを植える作業が始まるのだった。

奴隷の一部には、貴重な技能（荷車引き、樽作り、大工、石工）を獲得する者もあった。彼らは、サトウキビを収穫する奴隷とは異なる、専門労働者としての評価を得た。奴隷の「コマンドゥール」（奴隷監督）は、実質的なチームリーダーとして、農園の白人管理職を的確に補佐した。奴隷主の近くで生活し、洗濯をし、食事の準備をする召使と同様に、これらの奴隷監督は信頼を得ていた。御者――これは男性の仕事だった――、あるいは乳母――女性だけができる仕事だ――を務める者もあった。こうした特権的な立場が、彼らを奴隷のコミュニティーの中で困難に追いやるリスクはあったが、また奴隷主から認められやすい状態でもあった。彼らの能力を評価し、優秀と思われる者に褒美を与えられるのは奴隷主だけだった。

ところで、イポリートとポリーヌは、奴隷制度が内包するきわめて厳格な管理を知ることとなる。起床、呼び出し、祈りの時間の鐘の激しい響き、そして前述のとおり法的に認められた唯一の罰である鞭打ちがあった。加えて、屈辱、そして時には動機のない残酷な行為があった。王国の司法機関は、この時期を通じて、いくつかのぞっとするような事例の記録を残したが、不幸にして知られることなく終わった違法行為も多数あった。それだけに、この痛ましい主題は慎重に扱わなければならない。しかしながら、忘れてはならないのは、高価な労働力を大事に活用することも奴隷主にとっての利益だったことである。ブレダ・デュ・オー＝デュ＝キャップでは、どうだったのだろうか。それはわからない。しかしながら、雇われ支配人に農園経営が任されると、農園の空気は時として緊張し、恐らく雰囲気は悪化したと思われる。

✽新たな環境への順応

もう一つの回答のない問いは、心性に関わるものだ。イポリートとポリーヌは――そしてさらにアンティル諸島のプランテーションの奴隷たちは――、自らの生活条件について、どのようなイメージを持っていたのだろうか。彼らの生まれた大陸には奴隷制度が存在し、はるか以前から奴隷の使用が認められていた。何世紀も以前から、奴隷商人たちは北アフリカから東方まで売買のルートを伸ばし、その後は大西洋岸、あるいはインド洋の海上ルートを開拓した。しかしながら、自由の剥奪という共通点はあっても、アフリカの奴隷の実態――奴隷の仕事は、生産性の低い農作業と家事労働だった――とアメリカ植民地の熱帯プランテーションにおける労働集約的で、大人数による広い作業所での労働の実態の間には、大きな隔たりがあった。実際、沿岸部における奴隷の需要は尽きることがなく、量的に非常に大きかったため、十六世紀から十九世紀までの四百年間で、最も信頼できる数字によれば、アフリカから千二百万人もしくは千三百万人が連れ去られたとされる。この数字は、同じ期間における他のどの奴隷売買ルートよりも大きなものだ。

イポリート、ポリーヌとその仲間たちが順応する上で、どのような価値観と規範を基準としていたかは正確にはわからない。彼らにとって、自由の概念は何を意味したのだろうか。平等はどうだろうか。アンティル諸島の奴隷制社会では、人間は自由民と奴隷に分けられ、自由民もまたその間で平等ではなかったが、アラダ王国ではどうだったのだろうか。さらには、大西洋をまたいだ奴隷貿易が行われていたアフリカの各地方ではどうだったのだろうか。奴隷たちは、出身地について、ただ失われた楽園としての記憶だけを持ち続けたのだろうか。一部の者は、現世での生が終わった時には、魂が生まれ故郷に戻ると考えていたのだろうか。彼らはまた、暴力的で、より強い王国がより弱い王国に対して毎年奴隷を貢物として収めるよう求める土地の光景を記憶していただろうか。実際、ダホメ王国はヨルバ人のオヨ王国に対して、一七一二年以来、毎年四十一人の若い娘と四十一人の若い男を、銃四十一丁と火薬四十一樽とともに貢ぐよう求めていた。アガジャ征服王は王国の領土を広げたが、この重荷から解放されるには至らなかった。この義務は一世紀以上にわたって続いたが、それはダホメ王国の政策が奴隷制を重視していた理由を部分的に説明している。

南北アメリカでは、こうした奴隷制社会はどのように許容され、受け入れられていたのだろうか。反対に、いつごろから、そして何によって奴隷の身分に抵抗する行動が始まり、そしてこの抑圧への拒否はどのような形で現れたのだろうか。抵抗が始まったのは、まず頭の中からだった。歌、音楽、踊り、祈りと神々への祈願を通じた、出身地の文化が完全に消去されてしまうことに対する拒絶である。抵抗はさらに、生まれながらの怠け者の無気力だと奴隷主から見なされていた不熱心な仕事ぶり、あるいは「マロナージュ」marronage と呼ばれる逃亡となって続く。確かに、「小逃亡」、すなわち近距離への逃亡——逃亡奴隷は近隣にとどまり、食料の補給や隠れ家に関して仲間の支援を受けた——と、遠距離への「大逃亡」とを区別することはできる。しかしながら、逃亡は多くの場合は「小逃亡」だったが、多少なりとも長い期間の不在は仕事を進める上での障害となった。また、抵抗は奴隷主に対する暴力をともなうこともあったが、その場合には反乱は強力な処罰の対象となった。最後に、反乱行為が自分自身に向かうこともあった——自殺を選ぶ奴隷もあったのである。抵抗には大きなリスクがあったし、対処法は限られていたが、奴隷にされた人間は、自身を抑圧する制度に対して受け身でいたわけではない。奴隷の大半にとっては、生きようとする力が大きかった。彼らは家族を作り、あるいは新しい家族をもうけ、ゆっくりと新しい土地に定着した。一部の者は、奴隷制の抜け穴を見つけて、別の方法により障害を迂回した。というのは、たいして期待はできないにしても、奴隷の身分を離れることも可能な制度を奴隷主が想定していたからである。

✽奴隷主の家父長的温情主義

イポリートとポリーヌの仕事については何もわかっていないが、二人は奴隷主から評価されていたと推定できる。というのは、ある時、イポリートは「サヴァンナ（放牧地）の自由」を与えられるという褒美を得たからだ。この表現によるなら、プランテーションにおける労役の義務からの解放と、自由に往来する権利、さらには農園の領域外に出入りする可能性を与えられたと理解すべきだ。換言すれば、事実上の奴隷の身分からの解放である。奴隷にとっての利点は明らかだ、彼は自由になったのである。奴隷主にとっての利点は、一七六四年以降当局が解放奴隷の数を制限するために正式な解放に対して課すようになった「自由税」を支払わなくてすむことだ。「サヴァンナの自由民」には、しかしながら難点もあった。彼は引き続きプランテーションに属しており、素行が悪ければ――その判定は、奴隷主の恣意的な裁量のみにまかされていた――再び自由を奪われ、奴隷状態に逆戻りする可能性があったのだ。したがって、頭上にはダモクレスの剣が吊り下がっていたが、イポリートの場合にはこうした以前の状態への逆行の事実は認められない。

かかる恩赦を与えたのはどの奴隷主だったのか、またいつその決定が行われたのかは定かでない。農園の創始者、一七三八年に没したパンタレオン・ド・ブレダだったろうか(イポリートの農園への到着と順応から見ると、比較的早い時期にあたる)。それとも、その未亡人、一七五二年に亡くなるまで農園に「君臨」したエリザベート・ボダン・ド・ブレダだろうか。それとも、彼らの息子で海軍将校となり、一七四四年にいったんサン=ドマングに戻り、そして母親の死に際して、一七五三年から一七五四年にかけてまる一年以上滞在して、一家の財産の運営状況を確認し、(姉妹であるエリザベート=ペリーヌの夫で義兄弟にあたるル・トルセ・エリクール伯爵と、もう一人の姉妹でノエ伯爵夫人となったマリー=アンヌと共同で)ブレダ製陶所を会社組織化したパンタレオン・ド・ブレダ二世だろうか。これらの財産は三人の兄弟姉妹の間で分割されたが、それが実際に行われたのは一七六二年以降のことだ。恩赦の主はわからない。しかしながら、王国海軍での軍務に戻らなければならなかったパンタレオン・ド・ブレダ二世は、一七五四年からは農園経営を有給支配人、すなわち彼が正式に、公証人の前で代理人として委任した人物に、自分に代わって諸決定を行う権限を与えた。農園主は決定事項について当然支配人から報告を受け、同意を与えるか、不同意とすることができた。農園の経営状態が不適切と判断された場合には、農園主は支配人を解雇することができた。同じく、支配人は、会計報告書を提出しなければならなかったが、その作成は会計係とも呼ばれる業務責任者の仕事だった。時として、支配人が業務責任者の職務を兼ねることもあった。

一七六〇年代に、ブレダ・デュ・オー=デュ=キャップの経営を任されていたのは、ジイーという名の人物である。パンタレオン・ド・ブレダ二世の甥、ルイ＝パンタレオンド・ノエが、経営状態が悪化していたマンケ製糖所を母親から相続し、再建のためにここを訪れた一七六九年の後半には、ジイーが支配人だった。ノエ伯爵が、ブレダ農園の現況を監督するための委任状を叔父から託されていたことはほぼ間違いないが、イポリートに「サヴァンナの自由」を与えたのはこの人だったのだろうか。この問いにもまた、回答はない。可能性が高いのは、支配人が農園主に仲介し、農園主がこれに同意したというシナリオだが、誰がいつそうしたのか、確証はない。最後の説は、イザーク・ルヴェルチュールの遺言執行人プロスペール・グラニョン＝ラコストが主張したもので、業務責任者だったベアジェ Béager という人物が仲介者だったという。しかしながら、存在が確認できる唯一のベアジェ（綴りは Béhaget）は、一七八〇年代のブレダ・デュ・オー＝デュ＝キャップ農園の精製担当者であり、これでは時代的に下りすぎている。

これらの仮説に比して、より可能性が高いと考えられるのはボダン・デュ・ブレダ夫人が仲介したとする説だ。彼女には、イポリートの持つ威厳とカリスマ性に気づくのに十分な時間があった。イポリートは働き盛りの年齢で、賢者としての威厳と、調停者としての能力により尊敬を集めていた。リーダーであり、注意深い観察者である彼は、恐らく奴隷制度が奴隷たちにとって過度の重荷となっていたことを見て取ったのではないかと思われる。彼は、まだまだ構築の途上にあり、統一性に欠けるこの世界が瓦解せずに持ちこたえるには、限られた活動で満足するか、文化的な昇華に頼る以外にないと感じたに違いない。集団意識と方向性が欠如しているのは、まだ重要な変革の機が熟していないということだ。それでも、時間を稼いで好機を待ち、妥協し、若干でも人間的な措置を取り入れることで、全員がいくらかでも暮らしやすくなる雰囲気を作れる。残念ながら詳細はわからないが、奴隷ばかりでなく奴隷主からも認められていたイポリートが自然に持っていた威厳が、緊張をほぐし、いくらかの公平をもたらし、重大な問題の発生を穏便に回避していたと考えることができる。イポリートが持つ時間稼ぎの才能への褒賞として、サヴァンナの自由が与えられたのではないだろうか。これは推測可能なシナリオだが、確実というわけではない。

イザーク・ルヴェルチュールは『覚書と思い出』で、最終的に、この恵みにより祖父イポリートは「彼に割り当てられた土地を耕すために、黒人五人」を使うことができたと私たちに教えてくれている。つまり、イポリートと家族は、畑一区画を利用でき、それを耕作するために五人の屈強な男が与えられたのである。これは、畑は広く、衰えつつあると思われるイポリートの体力では手に余ることを意味するのだろう。これは一種の隠居の事例であり、決して豊かな引退生活ではないが、奴隷の生活は息を引き取るまで主人が保証すると定める「黒人法典」の精神に合致したものだった。

✽イポリートとポリーヌの死

支配人兼業務責任者のジイーは一七七二年に亡くなり、その後任になったのがアントワーヌ＝フランソワ・バイヨン・ド・リベルタという人物だった。この人物については後述することになるが、彼が不在がちな農園主に宛てて書いた書簡を通じて、ブレダ・デュ・オー＝デュ＝キャップや、また同じくパンタレオン・ド・ブレダ二世の所有するプレーヌ＝デュ＝ノールのブレダ農園がどのように運営されていたかについて知ることができる。

一七七四年四月三十日付の書簡に、バイヨンはこう書いている。

　オー＝デュ＝キャップ農園では、ポリーヌと夫のイポリートが亡くなりました。二人とも、胸の病気でした。二人には、クレオール人の子供五人がありました。この黒人女には、乳飲み子が一人ありましたが、お乳を与えることはできませんでした。彼女の娘が、この赤ん坊にお乳を与えています……。

一方、イザーク・ルヴェルチュールは、『覚書と思い出』に、「二人はほぼ時期を同じくして亡くなった」と記している。家族の記憶には信頼を置けない点がいくつかあるとしても、このような具体的事実が作り話であることはないだろう。

支配人の手紙は経済上の問題に焦点をあてており、奴隷については副次的にしか触れていない。それも、まずは治療費、食費、衣服の分配の側面からだ。よいことであれ、悪いことであれ、目立った行動があった場合は別だが、こうした手紙に、奴隷が名指しで記述されることはむしろ稀だった。奴隷が死亡しても、年度の損益を示す貸借対照表を送付するまで、死亡について言及がないことがしばしばだった。バイヨンがポリーヌとイポリートについて書いたのは、パンタレオン・ド・ブレダ二世がサン＝ドマング滞在時に彼らと会い、面識があったからだ。また、イポリートと、一七七三―七四年ごろに子供を生んでいるポリーヌとの間に、相当な年齢差があったことも想像できる。歴史は、後に成長する五人の子供を産んだポリーヌが、その報酬としてサヴァンナの自由を与えられたかどうか、教えてはくれない。労働力の再生産は、母親にとって褒賞――これもまた奴隷主の裁量次第だったが――を得る基準だった。

いずれにしても、一七七四年にトゥサンは両親を失った。確かに、一つの疑問が残る、と異議を唱えることもできる。なぜなら、ジュー要塞に幽閉されたトゥサン・ルヴェルチュールは、自らの言動を正当化するためにボナパルトに宛てて書いた「意見書」の中で、「(自分の) 助力を必要としている、尊敬すべき百五歳の父親」と離れ離れにされた、と抗議しているからだ。しかし、このような主張は慎重に扱わなくてはならない。年齢については、誠実に書いているのかもしれないが、奴隷には戸籍も存在しないため確認が不可能だからだ。それ以上に、「父親」とはここで何を意味しているのだろうか。それは、実の父親の意味だろうか、それともアフリカ式に、自分あるいは妻の大切な親類を指しているのだろうか。あるいはまた、トゥサンを大事な時期に助けてくれたため、恩返しに「息子」として老年期の世話をしている精神的な父親を指しているのだろうか。ピエール・バティストがそれに当たるのかもしれない。一家の言い伝えでは、彼がトゥサンに読み書きを教えたとされている。実際、彼は年を取っていた上、十九世紀初めにまだ生きていたのである。

第3章　〝ファトラ・バトン〟

トゥサン少年は「クレオール」、すなわちアメリカ生まれだった。身分や社会階層とは関係がない。しかし、アメリカの住民の感性では、クレオールは新たな到着者に比して、より上位に位置すると受けとめられた。「この土地の生まれ」で、この国を知っていて、それを誇りにもした。自由民であれ、それ以外であれ、到着したたばかりの、この土地の実情をこれから知ろうとする人々とは異なっていたのだ。奴隷にされた人々の集団においても、この区別は存在した。奴隷主は所有する人間の目録作成にあたって、島で生まれたクレオールと、作業所の労働力強化のために到着するアラダ人、コンゴ人、マンディンカ人を区別していた。奴隷自身も、年功による優越感という人間にありがちな感覚から、この区分を採り入れていた。大きなパラドックスは、「クレオール」、「この土地で生まれた（者）」、「繊細な肌」が、次々と到着する「粗い肌」、「海岸の黒人」あるいは「ボサル（アフリカから来た者、の意）」（この三つの単語は同じ意味だが、三番目の語が最も多く用いられた）よりも優位にあると考えていたことだ。こうした事情は、十八世紀を通じて次々と多くの奴隷が到着したこともあり、緊張と軋轢を生んだ。デゲノンが到着したと思われる一七三〇年代には、毎年一万人から二万人の「ボサル」がサン＝ドマングに上陸した。フランス革命の直前には、到着する人数は毎年三万人から四万人に上った。男女の人数のアンバランスはそれまでと変わらず、ヨーロッパでの砂糖とコーヒーの需要は増加するばかりだったし、島で生まれる子供の数は死者の数を自然に補うには至らない一方で、耕作面積は拡大していたからだ。奴隷の世界は、したがって常に到着者を同化させるという流れの中にあった。彼らはクレオール人よりも数が多かったから、集団としてのまとまりを作ることが難しく、常に順応のための努力が必要となった。このコミュニティーを、連帯する一体的集団と見るなら、それは誤りである。

トゥサン少年は風采が上がらず、どちらかというと痩せこけ、容貌も醜かったため「ファトラ」(fatras、がらくたの意)とあだ名をつけられ、成人しても身長は低かった。また、少年がアフリカの遺産、特に母語である言語を引き継いだ点を強調しておかねばならない。確かに、時が経つと必要に迫られて、彼はクレオール語とフランス語を習得するが、彼は自分がどこから来たかを忘れはしなかった。

トゥサンはこのささやかな「黒人小屋」が列になって並び、「通り」と呼ばれるが実際には冬季に降る豪雨の雨水を集めるための溝(上流のグアバの木を伐採し過ぎたために、月日とともに流れる水量が増加したことも考えられる)が、その両側に設けられている場所で育った。幼いころから、彼は両親が自家用作物を栽培する菜園を駆け回り、成長すると両親を手伝ったと思われる。日曜には、ミサの後、時としてブレダ農園から下ったところにある、市の立つオー゠デュ゠キャップの町まで母親に同行することもあった。近隣の農園の、奴隷主の署名入りの通行証を持った黒人の男女は、自分たちが育てた余剰作物を売り、日常の食事を補うために必要な食料を買い求めた。市場は活気にあふれていた。主役は女性である。彼女らは、平衡の法則に反して、頭の上にマニオックや果物を入れた大籠を乗せ、時には子供まで背負っていた。男たちも女たちも、ひととき奴隷の不幸な身分を忘れた。皆大声で呼びかけ、懸命に値段を交渉し、笑い、叫び、最新の噂話に花を咲かせた。一家に伝わるところでは、こうした市場での集まりの際に、母親を手伝うトゥサンを、弟を連れ、奴隷女に付き添われた近くの農園の娘が目にとめたという。このジュヌヴィエーヴという名の若い娘は、トゥサン少年の父親がイポリート/デゲノンという名であると知ると、母親のアフィバが生前語っていたことと照合して、この男の子が自分の異母弟であると推論した。それからは、この子供たちにとって日曜の市は重要な集合場所となった。彼らが何を話したかはわからないが、彼らが会って言葉を交わしたこと、そしてそれが束の間の出来事だったとしても、生きいきとした思い出として残ったことは間違いない。しかし、ある日、それは突然に終わった。トゥサンは、腹違いの姉とその弟と再び会うことはなかった。彼が聞いたところでは、外科医のモヌロン・ラフォンテーヌという白人が、彼らを連れて南の方に行ってしまったというのだった。

✽棒ゲームあるいは貧弱な体格

別の言い伝えによると、身長が低いためにからかわれたことに対する意趣返しと言うべきか、農園の子供たちのうちでトゥサンが最も棒ゲームが強かった。子供時代のトゥサンが、より体格のよい他の子供たちを圧倒した分野が少なくとも一つはあったというわけだ。棒ゲームは、二人が棒を手に戦うゲームで、力よりも駆け引きと技能がものを言う。これは、彼の将来の予兆として、後になって作られたイメージだろうか。彼のあだ名が「ファトラ・バトン」〈バトン bâton はフランス語で棒の意〉となったことの説明だろうか。それはわからない。

トゥサンがさらに成長すると、家族も増えた。家族の中心メンバーはしっかりと安定していた。これは、当時としてはむしろ珍しいことだ。何人もの弟と妹が生まれるが、正確な人数はわかっていない。兄弟の一覧を作成しようとする場合、留保が必要となる。妹が四人（マリー＝ポール、マリー＝ノエル、カトリーヌ、マリー＝ジャンヌ）と弟が三人（ポール、ピエール、ジャン）であるが、これはポリーヌが五人の子供を産んだとの前述のバイヨン・ド・リベルタの証言とは異なる。信頼できる文書が存在しないため、今後とも正確にはわからないだろう。

✲家畜の世話

トゥサンは、動物が大好きだった。農園の仕事を手伝える年齢、おそらく五歳ごろから、彼は家畜の見張りを任されるようになった。成長しても貧弱な体格だった彼を、奴隷主は恐らくサトウキビの収穫ではたいして役に立たないと考え、牝ロバ、牛あるいは馬の世話係にとどめ置いたのだろう。彼は家畜を草むらに連れて行っては草を食べさせ、また家畜用の囲い地、牛舎もしくは厩舎まで連れて帰った。彼の見習い期間については詳しいことは知られていないが、家畜と接することを通じて、時間をかけて、経験的にその行動を知り、コミュニケーションを取り、傷を手当し、手入れし、調教までしたと考えられる。彼は、馬の耳に囁いていたのだろうか。動物を従わせる特別な才能の持ち主だったのだろうか。このころすでに、乗馬を覚えたのだろうか。彼はこの時期、ブレダ氏が一七五三年から五四年にかけて農園に滞在した折に御者を務めた経験豊かなトニーという人物から、馬に腹帯を締め、馬車につなげる術を教えられたのだろうか。

彼は、回転機を動かすラバの監視をしていたと考えられる。この回転機は、水量不足で水車が動かせない場合にサトウキビを搾るもので、ブレダ・デュ・オー＝デュ＝キャップで使用されていた。この方式の難点は動物がすぐに疲れてしまうことで、そのため時折ラバを交代させて、疲労がたまらないように注意しながら、サトウキビの貴重な汁が安定的に管から流れ出るようにしなくてはならなかった。これも、一つの技能だった。

仕事に十分に慣れ、知識が身につくと、サトウキビの収穫と圧搾を行う「ルレゾン」relaison と呼ばれる時期に、トゥサンは馬車を使い収穫係のグループが疲労困憊するまで働くサトウキビ畑のある平野部と、高台にある圧搾場の間を何度も往復したと考えられる。この仕事は、業務効率を観察する管理担当の白人の注意深い監視の下で行われた。

はるか後、トゥサンに特に好意的だったとは思われないケルヴェルソー将軍は、一八〇一年九月の報告書に、トゥサンが「奴隷だというのはほぼ名ばかりだった」と記している。こうしたコメントは、それが書かれた文脈の中で理解すべきだ。ケルヴェルソーは、この時、トゥサン・ルヴェルチュール（彼は、自らを単なる元奴隷だと称していた）の発言に異議を唱え、彼が革命以前に自由民になっていたことを思い出させるためにそう言ったのだ。この事実はほとんど知られず、トゥサン自身も口にしなかったため、一九七〇年代になって再発見されるまで何十年にもわたって忘れられていた。しかしながら、こうした批判が、トゥサン・ルヴェルチュールが過去に苦しい労働に従事する奴隷だったと主張する時、誇張が過ぎたと仄めかしているわけではない。確かに、彼はサトウキビの刈り入れの仕事は課されなかったため、若いうちから重労働で身体をすり減らすことはなかった。しかし、かかる「特権」はトゥサンの責任ではなく、奴隷主が体格のよい若者に収穫の仕事を与え、彼により能力に適した業務を課したためなのである。しかし、トゥサンは他の奴隷同様、自由を奪われていた。彼が、偶然が支配する奴隷制度において、通常よりも悪くない籤を引いたとしても、彼が家畜の世話係、また荷車の御者として、当時の言葉で言うならある「才能」を獲得したとしても、「黒人法典」に従えば彼は動産であり、生まれた農園に付属していたのである。

✽目に見えない父の影響

トゥサンが父から受け継いだものは、何だったのだろうか。知られていることはわずかだが、重要である。少年は、デゲノンのためにアラダの奴隷たちが歌う戦士の歌に強い印象を受けていた。こうしたオマージュは稀有なもので、少年は自分の父を誇りに感じただろうが、それ以上に、彼は父から人間を観察し、指導するための秘訣を教えられた可能性がある。これらについては何もわかっていないが、一家の言い伝えでは、トゥサンの父は植物の効能に関する知識を持っていたとされている。この知識は治療行為を可能とするが、邪悪な者の手に渡れば人に害を及ぼすこともできる。トゥサンは父である「ドクトゥール・フイユ」から、経験的に粉薬、膏薬、水薬、煎薬の技法を学ぶことになる。

病気になった奴隷を診察し、健康を回復するのに有効とされる治療を施すために、定期的に外科医を招くのが農園での習慣だった。家畜のために獣医が呼ばれることもあった。特に一七六〇—七〇年ごろからは、「種痘」、つまり天然痘に対する予防接種が最も進歩的な奴隷主によって取り入れられ、少しずつ広がったことで、医療行為は確実に進歩していた。一七八〇年代には、種痘は広く普及した。ヨーロッパでジェンナーが広める以前に、アンティル諸島の奴隷たちは、恐ろしい「疱瘡」から守られるようになったのである。これを、人道主義によるものだと考えるのは間違いだ。この病気が流行した場合に、損害を最小限にとどめるのが第一の目的だったのである。

白人の医療が無力な場合もあった。その場合には、並行してアフリカ式の療法が施された。それは、しばしば奴隷主に知られないように行われた。白人たちは、そうした行為に強い警戒感を抱いていたからだ。稀には、奴隷主の暗黙の了解の下に行われるケースもあり、それは奴隷主が治療行為を行うのは誰か、その過去の実績はどうかを承知しており、ヨーロッパ式医療では病人を救うことができないと認識していた場合に実施された。問題は、信頼関係と秘密厳守であり、その是非はケース・バイ・ケースで決定された。この点についても、ブレダ・デュ・オー＝デュ＝キャップでどのようなことが行われていたのか、イポリートがどのように治療を施していたのか、トゥサンが何を習得し、施術していたかはわかってない。彼は家畜あるいは仲間の奴隷の様子を観察して何を知り、実際に彼らに何をしたのだろうか。他に判断材料がないため、漠然とした言い伝え以上のことは言えない。彼が一七九一年の奴隷の反乱に加わった時、「医師」を称していたことを考慮すると、彼は恐らく何らかの能力を身につけていたのだろう。

これに加えて、トゥサンにはもう一つ、アフリカ式医術を補完する才能があった。父親の助力により獲得し、実践できるようになった能力かどうか定かではないが、それは透視力とでも言うべきものだ。マディソン・スマート・ベルが引用している、ミシュレ夫人――将軍となったトゥサン・ルヴェルチュールの秘書を務めた白人の娘で、歴史家ジュール・ミシュレの妻――のはるか後年になってからの証言は次のようなものだ。

私の父はよく二人（彼とトゥサン・ルヴェルチュール）の間の会話についての印象を話してくれました。小さなランプの弱い光の中で、彼の顔は一層黒く見えました。よく見ると、山猫のようでした。しかし、じっと見られると、彼は自分に閉じこもり、視線をそらしました。視線を上げて、分厚いまぶたの下に瞳を隠し、白目だけを見せていました。醜い形相でした。父はまだ若くて勇敢でしたが、この悪魔のような顔を直視できずに、視線をそらしました。

神がかりや悪魔憑きとまでは言えないし、これほど風変わりな証言を無理に解釈すべきではないが――これは、黒人が特に高い評価を得ていたとはとても言えない時代の反映だ――、それでもトゥサンが治療を行うために空気、大地、水と太陽のエネルギーを捉える術を身につけていただけでなく、「知覚」、「イメージ」を受け取り、「声」を聞き、祖先の霊もしくは沈黙の中から呼び起こす力の霊と対話することができたとは考えられる。どこまで彼がこれらについて手ほどきを受けたのか、またどこまで彼が「直接対話」を行う才能を伸ばしたのかは不明である。同様に、彼が手ほどきを受けた過程も、その始まりも、覚醒に至るに要した長い時間も我々は知らず、誰が、そしてどのような影響がこの状況を生むのに役立ったのかということも知られていない。父という範があったことは無縁ではないだろうし、家族の環境や交流のある人々についても同様だが、これらは仮説でしかない。しかしながら、彼が公的な活動を開始する五十歳ごろには、経験を積み重ねることで、これらの問題に関して成熟していたと考えられる。

ここから、宗教の分野に移動するのは難しいことではない。二つの分野の間には、しばしば混同が見られるから、なおさらである。アフリカから到着した奴隷たちは、彼らの宗教とその儀式を携えてきており、それは洗礼に用いる水とキリスト教の教えが消してしまえるものではなかった。しかも、隣人を愛せよとの普遍的な教えは、抑圧的環境にあっては扱いが難しかったため、奴隷主は奴隷にキリスト教を広めることに熱心ではなかった。もっとも、当初はキリスト教化による彼らの魂の救済を重要な論拠として、アフリカからアメリカのプランテーションへの奴隷の移送が正当化されていたのではあるが。しかし、実際のところ、何ごとにも限界がある。ヨーロッパから来た聖職者もまたその時代と社会環境の反映だったから、ヨーロッパのキリスト教世界を超越することは不可能であり、黒は悪魔に通じる色と考えていたのだ。普遍的な愛の代わりに、奴隷たちは「奴隷のための神の十戒解説」などを通じて、運命を受け入れるべきであり、現世での苦しみは来世におけるより大きな褒美につながると教えられたのである。

この来世について、一部の奴隷が抱いたイメージはどのようなものだったのだろうか。それは無数の男女の聖人たちと出会うことのできる場であり、そして宗教的混淆により、万神殿の様相を示すようになる場だった。天国の鍵を手にしたペテロは、神殿の守護者パパ・レグバを表してもいる。ヨセフは治療する「ロア」（精霊）ロコ、バプテスマのヨハネは幸運の精霊チョンゴ、ムーア人と戦う大ヤコブは火と戦争の精霊オグー、悲しみの聖母は愛の精霊エジリの表象……。それぞれの集団、ライバル関係、儀式などに応じて、複雑な序列体系が構築された。これと並行して、祖先たちもいた。彼らは肉体的には死んでいたが、それでもなお生ける者たちとともにあり、行動することができた。その第一の者はアガスーだったが、彼だけではなかった。

このような条件下で、特にアガスヴィの宗教であるヴォドゥンが、キリスト教と交わりながら混合していったアフリカの他の宗教儀礼と接触することで、ブードゥー教は神々とともに、また入門者が祖先の霊や神の霊に「乗り移られて」トランス状態となる儀式とともに徐々に発展し、広まっていった。儀式には苦しむ人類を慰めるよう精霊に取りなす役目を持つ多数の司式者がいて、男性は「オウンガン」、女性は「マンボ」と呼ばれた。それにしても、こうした能力を持つ男女は、それをどのように活用していたのだろうか。他者が徳を積み、その周囲にも伝わるよう助けるためだろうか。それとも、自らのために周囲に権力ないしは影響力を行使し、自分本位な利益を図り、小王国に君臨するためだろうか。これらの背後には、どのようなモラルがあったのだろうか。善と悪の間で、純粋に宗教的な領域と魔術の世界の間で揺れ動く、重大にして本質的な問題である。白人たち——まず聖職者たち——は、こうした行為を悪魔との取引に容易につながると見て、全般的に非難した。

とはいえ、注意深く見てみると、かかる行いは白人にもなかったわけではない。この時代、フランスの農村ではまだまじない師や祈祷師が活動しており、都市でもルイ十四世の時代には黒ミサが行われ、上流社会の人々もこれに参加していたことを忘れてはならない。入植者の中には、当時フランスの最も小さな村落にさえ、行商人の手によって流通していた、秘薬の製法を伝えるとされる書物『ル・プティ・アルベール』を本国から携行してきた者もあった。しかしながら、サン=ドマングでは、宗教的なものとまったくそうでないものを包括的に混合しているアフリカ起源の宗教儀式は、白人に恐怖を覚えさせた。多神教とアフリカ式の儀式ばかりでなく、精霊との交感、まじないによる人の支配は禁止された。事実、後で見るように、危険な状況が現実となり、破門宣告のように混乱した事態を引き起こし、長引く場合もあった。しかしながら、一方では洗礼を受けミサに参列しつつ、奴隷たちはたとえ禁止されても、こうしたアフリカ起源の儀式をやめなかった。カトリックの特定の聖人への信仰の背後には、ブードゥーの神殿の特定の神や女神への祈りが隠されていたのである。奴隷の境遇に身を落とした人々にとって、その二つは両立が可能だった。

こうした問題について、トゥサンはどのような態度を取ったのだろうか。彼の信仰は、またその実践はいかなるものだったのだろうか。一家の伝承、また公的生活において知られているところでは、彼は熱心なカトリック信者だった。彼の発言や彼が取った全般的な態度は、休むことなくミサに参列し、演説では頻繁に福音書を引用するなど、教会の支持者にふさわしいものだった。宗教に関して、彼は確かに深い関心を抱いていたようだ。

彼はキリスト教に関し、かなりの教育を受けたが（これは例外的である）、この教育は家族とブレダ・デュ・オー＝デュ＝キャップのごく近しい人々から受け継いだアフリカの遺産を帳消しにするものではなかった。わけても、トゥサンは仲間たちが現世と祖先たちの世界の十字路の主レグバに祈りを捧げていることを知っていた。祖先は、現世に生きる者の守護者となることができ、宣教者たちが言う守護天使と同じだと見なされた。聖職者たちに疑念を抱かせないために、天国の鍵を持つペテロに衣替えしたレグバは、したがって二つの世界をつなぐ存在だった。そのレグバは、トゥサンは、レグバがいくつにも分かれて、一人ひとりが自分のレグバを持つことを知っていた。そのレグバは、力に満ちた恐るべき一つの大宇宙に混じり合うことができた。レグバはすべてに開かれ、ある世界からもう一つの世界への通り道であり、見えるものと見えないもの、物質の世界と平行する霊の世界をつなぐものであることも、彼は知っていた。トゥサンは、直接もしくは彼自身のレグバを介して、守護者たる祖先に、聖人＝神々に祈りを捧げて、自らの人生に加護を求めたことがあっただろうか。この扱いが難しい分野について、私たちは何も知らないが、いかなる可能性も排除はできない。彼のいた社会では、カトリックとブードゥーはうまく折り合いをつけていたからだ。

彼が自己をアイデンティファイできる基本要素が何だったのか考える時、思い浮かべるべきなのは火というより水である。トゥサンの一生は非常に強い忍耐力と、精緻な観察眼のもたらした結果である。何もないところから出発した彼は、現場で経験を積むことで成長した。その際、彼は自らに備わっていた鋭い視線、人間と物に関するすぐれた理解力、予断なしに表面的な事象を超えて深くものごとを見る能力、人や事物についての記憶力、そして用心深く目立たないように振舞う習慣を利用したのである。後年になって、彼が公的な人物となってから、彼は自らの経験をこのような言葉で表現した。「静かに遠くまで、忍耐は力となる」。

✽変わらぬ奴隷制度

トゥサンが経験した奴隷の条件は、父が到着した当時と変わっていただろうか。全般的に見れば、変わってはいなかった。「黒人法典」が依然として有効であり、しかも判例が積み重ねられることで奴隷の物品化と奴隷主への隷属は強化されていた。熱帯の焼けつくような太陽の下で、新たな変化は起きていなかった。ブレダでも、それ以外でも、奴隷の心の奥底にあるアイデンティティーは否定され、却下され、たった一つの呼び名がそれに取って代わったことにトゥサン少年は気づいていた。奴隷の間でアフリカ的な知識と感覚を伝えるには、口承によるしかなかった。サン＝ドマング生まれのクレオールとアフリカ生まれのボサルを一緒にするのは常に難しかった。島で生まれた者は、新たに到着する者に対して優越感を持っていたからだ。トゥサン自身が、これについてどう考えていたかはわからない。しかしながら、奴隷主が奴隷をカテゴリーごとに分類している以上、序列作りの誘惑は避けがたい。奴隷主は頭の中で、奴隷たちを「出身」に基づき「値づけ」していた。それは、奴隷の労働における成果を完全に経験的に評価した結果だった。歴史家ガブリエル・ドビヤンによれば、アラダ人は「非常に活動的で、扱いは難しいが、奴隷主には愛着を持っていると評されていた」が、一方でマンディンカ人は「米をよく食べ、順応するのに長い期間を要し、プランテーションで働くには十分に頑健でなかった」という……。主観的見解の極みである。

管理と規律に変化はなかった。農場では、年齢と能力に応じたカテゴリー分けが必ず行われる。トゥサンはまず「小作業所」に属して、家畜の監督の仕事を与えられた。思春期になると、彼は「大作業所」に移るが、体力不足のために畑仕事や砂糖の製造には携わらなかった。そのかわりに、荷車の御者としての貴重な技能を獲得した。

罰に関しても、何も変わってはいなかった。鞭打ちの罰は脅し言葉ではなく実際に行われていたが、トゥサンの子供時代および思春期に、ブレダ・デュ・オー＝デュ＝キャップでの掟がどのようなものだったかは不明である。農園主が農園に居住しなくなってからは、支配人の熱意は人によって異なり、処罰にはやや消極的になっていた。これに加えて、熱帯生まれのため「自然に」暑い気候に適応している黒人は、より寒い地域から来た白人にはできない仕事ができるとの考えが白人たちには染みついていた。仕事のテンポは非常に厳しく、苛酷でさえあり、肉体を酷使させた。ブレダではどうだったのだろうか。それはわからない。

付言すれば、逃亡の場合に「黒人法典」で定められた処罰が自動的に課されたのかというと、深く根づいた伝説とは異なり、そうではなかった。大半の奴隷主は、奴隷の身体を傷つけ、処刑することに躊躇した。彼らはこうした消極的な抵抗と、ごく近い範囲での数日程度の脱走は大目に見ていた。確かに完全に逃亡してしまうケースもあったが、サン＝ドマングでは、他のフランス領アンティル諸島においてと同様、歴史的に逃亡奴隷の集団はあっても、ジャマイカやスリナムに見られたように、森の中に独立した村が作られることはまずなかった。実際、なされるべき仕事がおおむね出来ている限り、逃亡が多かれ少なかれ繰り返し行われても、それは容認されていた。逃亡者の生活は、健康にとって危険なものだったと言わなければならない。手に入るものを飲み、食べるしかなかったからだ。そのため、農園の近辺にいて食料を盗むことは珍しくなかったし、仲間が協力して逃亡者に食料を与えることもあった。ブレダの状況も、他の農園と異なるものではなかったと考えられる。

他方、非白人の間にある、社会的地位を隔てる深い溝と、周囲の人種差別以外にも、トゥサンは警戒感と恐怖の空気を感じとっていた。ヨーロッパ人は結局のところあまりよく知らないこの世界に関して、否定的なイメージを抱いていた。黒人は「自然に」悪徳、盗難、悪事、虚言、色欲に引き寄せられる性質がある……。こうした先入観は頑強で、しかも相当な伝染力があった。しかし、すぐに他人の欠点をあげつらう奴隷主は、自分自身どれほど模範的な振る舞いをしていたというのだろうか。

しかしながら、農園所有者たちは、たとえ「黒人法典」から外れることがあったとしても、奴隷の厳しい日常をいくらかでも楽にするはけ口が必要なことを早くに理解した。正式には禁止されていたが、ラム酒を手に入れることは可能だった。実際に泥酔する例も見られたが、それは耐え難い暮らしから逃避するためにアルコールに手を出したのだと解釈できる。奴隷主はまた、日曜の音楽と踊りも黙認していた。彼らはこうした踊りを淫蕩だと不快感を覚えもしたが、奴隷たちが少しでも日常から逃れるためにこれらが必要だと経験的に知っていたからだ。「バンブーラ」や「カレンダ」の太鼓の音は、白人には不安を抱かせるものではあったが。トゥサンがよく知っているように、奴隷が自分の菜園で栽培した作物を市場で販売するのには容易に許可が与えられた。奴隷主は、時によっては――よい仕事をした時、新年の心づけなど――特定の奴隷にいくらかの小遣いを与えた。現金がいつでも不足しているこの社会では、有り難いことだった。これは、この植民地全域で行われている習慣だった。

奴隷の身分からの最終的な解放は、公証人による正式な手続きを必要とし、奴隷主の善意により恣意的に行われた。奴隷主の意志と、個人的な関係性が重要だった。その時々で、奴隷は功績あるいは貢献に対する褒賞を受けることができた。一七七〇年代における、「自由黒人」ブレーズ・ブレダとマティウー・ブレダの存在は、こうした事例がオー＝デュ＝キャップにあったことを示しているが、詳細は不明である。

✽ブードゥー、呪術師、毒薬使い

トゥサンが十五歳ほどに達した一七五七―五八年、キャップ＝フランセの平野で重大な出来事が発生した。マカンダル事件である。白人たちに激しい動揺を引き起こした事件だ。奴隷ジャン＝フランソワ、別名マカンダルは、ランベ地区にあるルノルマン・ド・メジ農園で働いていた。彼は圧搾場で汁を搾るためにサトウキビを圧搾機に入れようとして機械に腕を巻き込まれ、片腕を失っていた。この事故と、薬草に関する深い知識が、彼に復讐への意思を芽生えさせた。彼は脱走して逃亡奴隷となり、散発的に、具体的な目標を定めて水源や食料に毒を入れた。プレーヌ・デュ・ノール一帯では、家畜が大量に死に、農園主にも死者が出た。マカンダルは、被抑圧者が奴隷主に最終的な勝利を収めることを望む正義漢だという彼についての伝説を巧みに利用して、いつでもどこでも思った時に攻撃し、警邏隊に追われた場合に逃れることができるように、共犯者のネットワークを構築していた。その地域の白人は強力な毒薬を恐れながら暮らし、奴隷たちを疑うようになった。空気は重苦しく、熱が人々の心を支配していた。勝利の栄冠を得たマカンダルは、自分に忠誠を尽くす小さな宮廷に君臨するようになり、滑稽な小王、呪術師、毒薬使いとなった……。しかし、やがて恐怖は方向を逆転させ、何者かが彼が潜んでいたプランテーションの白人たちに密告した。逮捕された彼は魔術師だとして、一七五八年一月二十日、キャップ＝フランセの公共の場で、集められた黒人の群衆が見守る中、火刑に処された。奴隷主は、かかる光景が教訓となることを期待していた。火がつけられると、マカンダルは激しく抵抗し、結びつけられていた柱を引き抜くことに成功した。兵士たちが出動して、彼を燃え盛る火の中に戻さなくてはならなかった。しかし、奴隷からなる群衆はそれに気づかなかった。彼が火から逃れると、群衆は「マカンダルは助かったぞ！」と叫んだ。それから後は……何も起きなかった。彼は姿を消した。マカンダルは鳥の霊となって森に身を隠し、不幸にさいなまれる気の毒な奴隷たちの復讐のために戻る時に備えている。少なくとも奴隷たちの間では、そのように語られた。やがて、密かに、「マカンダル」と名づけられたお守りが出回るようになる。これは、持ち主を護ってくれる効能があるとされたが、使い方によっては逆に不幸な運命を招くことになると伝えられていた。同時に、民兵団は捜査に乗り出し、他の毒薬使いの男女を追跡し、同じように残忍に殺害した。熱狂がいくらかでも醒めるまでに何年をも要したが、それでも完全には沈静化しなかった。毒薬、そしてブードゥーに対する白人の警戒感が小さくなることはなかった。

この事件についてトゥサンが何を考えたかは不明だが、彼にとって気にかかる話ではあっただろう。後年、権力を大義（特に、彼が体現しようと望んだ大義）のためでなく、個人的利益のために利用しようとする者を警戒する立場を取るようになった理由を、これによって説明できるかもしれない。換言すれば、二重の権力を警戒しなければならない、わけても秘術的な要素が介在する時にはそうなのだと、トゥサンは学んだのである。

✽最初の家族

トゥサンは一人ではなかった。彼はセシルという女性と二人で暮らしていた。それはいつのことだろうか。確実ではないが、一七五〇年代末か、一七六〇年代初めのことかもしれない。二人はどのようにして出会ったのか。確証はないが、彼女がブレダ氏の御者トニーの姉妹だったとの仮説を立てることができる。トゥサンは家畜の世話をしていたから、当然トニーとは関わりを持っただろう。農園の閉ざされた小世界では、個人の関係が結ばれるのに時間はかからない。そのつながりから、当時の習慣に従い、トゥサンがトニーの仕事を引き継ぐようになったのだろうか。一家に伝わるところでは、トゥサンは御者、しかも農園の筆頭御者になった。

トゥサンとセシルの間には、少なくとも三人の成長した子供がいた。女の子が一人、マリー＝マルトと、二人の男の子、ガブリエルとトゥサン（混同を避けるため、ここではトゥサン・ジュニアと呼ぶことにする）である。他方で、事実かどうかはわからないが、トゥサンの無分別な行動についていろいろなことが書かれた。それによって、彼は好色家との評判ができたが、それは何人もの婚外子の存在——ジャン＝ピエール、ディディーヌ・ギュスターヴ、バンジャマン、マリー＝ノエル、ローズ、ジジーヌ……——からも確認できるように思われる。はっきりしているのは、ジュー要塞で捕らわれの身になった時、彼が看守に子供を十一人亡くしたと語ったことだ。そのうち、嫡子はトゥサン・ジュニアただ一人である。

特に、わかっていないのは、いつトゥサンとセシルが自由民となったかだ。現在の我々の知識では、確かなことは言えない。そのため、いくつかの仮説を検討する必要がある。

最初の、最も単純な仮説は、奴隷だったトゥサンが、すでに自由の身となっていたセシルと結婚した、というものだ。奇妙に思われるかもしれないが、こうした事例には公証人の記録を見ていて時折出会うことがある。したがって、それはありえないことではなく、その場合には母親が自由民なので、その子供も当然自由民として生まれるのである。しかし、この仮説は正しいだろうか。

公証人グランプレルが作成した一七八三年一月十一日の公正証書が、混乱をもたらすもとだ。この日、マリー＝マルトという名の「自由黒人女」が、正式に「彼女の息子にして彼女の奴隷」であるムラート（したがって、その父親は白人である）を自由にした（ただし税金は納めずに）、そしてその名はトゥサン、年齢は不詳だという。このマリー＝マルトという女性の婚姻関係については、何も書かれていない（公証人の不注意だろうか）うえ、証人についての記載もない。自由になったこのトゥサンという若者には、「アフリカの言語に由来する」ランドールという姓が与えられた。

名前の偶然の一致は驚くべきだ。この公正証書から、このマリー＝マルト——彼女が、トゥサンとセシルの娘だとして——が数年前に白人との間にもうけた息子を解放したと読み取るべきだろうか。マリー＝マルトは、その後「自由黒人」フィリップ・ジャスマン・デジールとともに暮らすようになるのだが（これについては後述する）。こうした筋書きそれ自体は、ありうる話だ。しかし、子供が奴隷だとするなら、母親も子供が生まれた時には奴隷で、その後に自由になったということだ（しかし、子供は自由にはならなかった。この場合、身分は引き継がれないからだ）。この推論をさらに進めてみよう。すると、娘のマリー＝マルトが生まれた時には、セシルはまだ奴隷だったことになる。そこから、第二の仮説が導き出される。この公正証書の記載がトゥサンとセシルの娘に関するものだとすれば、二人は子供をもうけた時にまだ奴隷であり、その後子供とともに解放されたことになる。そうであるなら、いつ、どのようにして解放されたか知る必要がある。別々に自由を獲得したのか、それとも一緒に解放されたのか。どのような背景があって、いかなる理由で解放されたのだろうか。また、トゥサンとセシルはまだ奴隷だった時期に宗教的に結婚したのか、それとも後に自由になってから正式に婚姻届を出し、子供たちを「嫡子」として認知したのかについても知る必要がある。なぜなら、宗教的な結婚は存在していたからである（イポリートとポリーヌの例を見るべきだろうか）。

また、セシルについては支配人バイヨン・ド・リベルタがパンタレオン・ド・ブレダ二世に宛てた一七七六年十一月三日付の書簡に、その痕跡を見ることができる。

　あなた様の年老いた御者トニーは、自分で自由の身になる権利を買い取りたいと申し出ました。彼の姉妹のセシルが私に千八百リーヴルの現金を見せて、もし兄弟を売ってくれるならばこの金額を支払うと言ってきましたが、私はあなた様に報告しなければ解放できないと答えたところ、その話は立ち消えになりました。この黒人はひどい酒飲みで、怠け者です。私は、彼に働いてもらう必要はありません。自分の御者が複数おります。しかし、このような黒人を解放することには不都合もあります。農園にとどめておかなくてはなりませんし、しばしばトラブルや違法取引の原因ともなるからです。

この支配人の文章から、何を知ることができるだろうか。トニーは奴隷であるから、支配人が所有者に正式な解放の許可を求めるのは当然だ。この手続きは無料ではなく、公式用語で「自由税」と呼ばれる支払いが必要となる。自由民である彼の姉妹セシル――そうでなければ、かかる手続きを行おうとはしないだろう――は、トニーの解放のために千八百リーヴルという大金を提示した。この金がどこから来たものかは不明である。バイヨンは、トニーがラム酒を好み、仕事熱心でないとして、彼を褒められない人物のように描いている。しかし、トニーのそうした生活態度がどこまでのものだったのか、そしてその理由は何だったのかを知る必要がある。歴史家は、経験的に、支配人の証言は慎重に取り扱うべきだと知っているからだ。バイヨンはまた、自由になってもトニーは農園で暮らすことになるため、他の奴隷にとって悪しき例となると考えていた。しかし、彼が「トラブル」や「不正取引」（食料やラム酒の闇取引だろうか）の原因となりうる理由は示していない。最後に、バイヨンは他にも複数の御者を自ら所有していると書いている。彼は、ここでトゥサンのことを暗示しているのだろうか。トゥサンは、後で見るようにこの時もはや奴隷ではないが、それでもバイヨンのために農園外への移動の際に働き、報酬を得ていたのだろうか。

厳密に言えば、解放についての疑問は解明されないままだ。せいぜいが、これもまた後ほど見るように、一七七三年に、それによってトゥサン、さらには彼の家族までもが解放される結果を招いた非常に特殊な状況があったのかもしれない、と言うことができるだけだ。

最後に、キャップ＝フランセの小教区の記録によって、いくつかの事柄を知ることができる。たとえば、トゥサン・ジュニアの埋葬記録には、「自由黒人」とあり、一七八五年十一月十七日にわずか二十四歳で埋葬されたと記載されている。不幸な青年は、したがって一七六一年生まれで、その年にはトゥサンとセシルがすでに親になっていたことを意味する。彼が三人の子供の長子だとすれば、未来のトゥサン・ルヴェルチュールは十八歳で親になったことになる——彼自身が、一七四三年生まれだとするなら。理論的には、このような父子関係はありうることだ。早過ぎると疑うことはできるが、トゥサンが若くして父親となったことは事実だし、彼自身がブレダ・デュ・オー＝デュ＝キャップで生まれたのも、一七四三年以前だった可能性がある。

第４章　「奴隷制の重荷が取り除かれた」

一七六九年のある日、ブレダ氏の甥にあたるノエ伯爵、ルイ＝パンタレオンは生まれ故郷に戻ってきた。この美男子で、洗練され、上品な貴族は、一七二八年にブレダ・デュ・オー＝デュ＝キャップの農園主の屋敷で生まれた。マドレーヌという名の黒人奴隷が、彼の乳母だった。やがて砂糖プランテーションと奴隷の主人となるべき農園主の子供が、人間的な優しさと暖かみのある関係を通じて黒人の世界と初めて接触するのは、何とも逆説的だった。ルイ＝パンタレオン・ド・ノエは、ブレダ・デュ・オー＝デュ＝キャップとランベにある両親の農園で最初の数年間を過ごした。彼は、サトウキビ畑と砂糖製造所での厳しい労働のために出かけてゆく一群の奴隷たちを遠くから見ており、彼らが仕事に精を出すために歌う歌の拍子と祭の晩の太鼓の激しいリズムを聞いていた。彼の耳はアフリカ伝来のテンポ、生成過程にあるクレオール語に慣れ親しみ、彼の目は日曜のミサの後のにぎやかな市場を見た。ある日、彼が八歳半のころ、彼は母親マリー＝アンヌ・ド・ブレダ――結婚により、ノエ伯爵夫人となった――および妹とともに、当時の表現で言えば「フランスに向けて」出発した。彼の父親、ノエ伯爵ジャン＝ルイはガスコーニュ出身の海軍将校だったが、一七三〇年にキャップ＝フランセでの馬鹿げた決闘で命を落としていた。酒を飲んだ後、スイス人の将校と喧嘩をした末のことだった。

ノエ伯爵の経歴を見ておくことは無駄ではないだろう。三人がフランスに到着した時、母親には二つの目的があった。息子には王国軍士官のポストを確保し、娘には結婚相手を見つけることである。一七四〇年に、まだ十二歳にならないルイ＝パンタレオンは、少尉としてノアイユの歩兵連隊に入隊した。その直後に、オーストリア継承戦争が勃発する。若いノエ伯爵は、砲火の洗礼を受け、身を危険にさらすことになった。まずドイツで（彼は一七四四年のフライブルク・イム・ブライスガウ攻囲戦で負傷した）、次いでイタリアで。その後、平和な時期が訪れると、ヴィエフヴィルの騎兵連隊で大尉となり、駐屯地での生活を体験した。妹マリー＝アンヌ＝エリザベートとガスコーニュ地方の名家出身のポラストロン伯爵ジャン＝フランソワ・ガブリエルとの結婚式に際してはオーシュを訪れた。当時は、ノエ家にとっていい時代だった。叔父の一人はレスカール司教を務め、従兄弟の一人はオルレアン公の侍従で、ともに宮廷に出入りしていた。一七五六年、国王の側近集団である宮内省に勤務していたルイ＝パンタレオン・ド・ノエは、ヴェルサイユでルイ十五世から直々にサン＝ルイ勲章を授与されている。

その同じ年、七年戦争が勃発する。ノエ伯爵は、再びドイツの地で、オルレアン公の側近の一人として戦った。彼はミンデンの戦い（一七五六年）で重傷を負い、右腕に障害が残るが、その後この障害がどれほど彼に不便な思いをさせたかは定かでない。当時、ルイ＝パンタレオン・ド・ノエは相当に裕福だったので、ロワイヤル・コントワ歩兵連隊を手に入れることができた。七年戦争期間中のこの連隊の任務は、大西洋岸と地中海岸の警備だった。この間、一七六一年には、彼の母親がトゥールーズで亡くなった。

ルイ＝パンタレオンと妹のマリー＝アンヌは、アンティル諸島にある財産を相続した。それはアキュル＝デュ＝ノール地区のレ・マンケ小郡にある農園で、ランベにあるノエ砂糖プランテーションは売却されていた。それ以上に、マリー＝アンヌ・ブレダ・ド・ノエが二人の子供に残したのは五十万リーヴルに近い借金で、それは主として彼女が農園の経営を託した支配人たちの放漫経営の結果だった。この借金はあまりに巨額だったため、マリー＝アンヌ・ド・ポラストロンは相続を放棄した。兄は、妹が何年もかけて分割返済することを条件に、負債の相続を受け入れた。ノエは一人で問題に対処できずに、同様に借金スパイラルに飲み込まれた他の農園所有者のように、こうした場合に唯一可能な手段を選択した。彼は、ボルドーの貿易商レイモン・ラシュスに経営を託したのである。財政基盤のしっかりした大手貿易商には、最も差し迫った借金を返済し、債権者の信頼を回復できるメリットがあった。しかし、農園主は独立した決定権を失い、貿易商に取って代わられることになった。しかも、レイモン・ラシュスの農園経営には問題があるように見えた。ラシュスが一七六八年初めに亡くなった時、農園の会計は非常にわかりにくかったため、ノエ伯爵はラシュスが不当に金を受け取っていたのではないかと疑ったほどだった。彼は経営を別の貿易商（ペイレ父子商会）に委託したが、ノエは自分の目で実際の状況を見たいと望んだ。所属する連隊がインド洋のフランス島〈現在のモーリシャス島。当時はフランス領〉に向けて出発する直前、彼はサン＝ドマング行きのために休暇を得た。彼が到着したのは、一七六九年後半のことだ。

生まれ故郷の島での滞在中、ノエ伯爵は従兄弟でやはり経済的に苦しんでいたトルセ・エリクール騎士ジャン＝フランソワ＝パンタレオンを共同経営者とし、負債を減らすべく努めた。一七七二年には、二人は隣接していたそれぞれの砂糖プランテーションを合併させ、レ・マンケ大農園を発足させた。この農園は、アキュル・デュ・ノール地区にあるレ・マンケ小郡全体を占めていた。七百ヘクタールほどの非常に広い農園で、生産活動の梃入れに二人はその後の数年を費やした。そして、三年後に砂糖の生産が軌道に乗り、財務状況も改善し、作業所で約四百人の奴隷が働くようになると、彼らは経営基盤が固まったと判断してサン＝ドマングを離れることにした。彼らは、彼らの名において決定を行う支配人に農園を託し、また若い会計係を雇用して帳簿作成と日常的な農園管理を委任した。一七七五年六月のことである。

しかしながら、ほぼ六年に及ぶ滞在中、ノエ伯爵は自分の農園経営にのみ関わっていたのではなかった。この貴族は、農場に閉じこもるのではなく、クレオール社会の上層の人々と交流し、できたばかりの演劇協会の会員となってフランスからいくつもの劇団を招聘した。もちろん、当時の習慣に従い、彼は一族の事業にも関与していた。具体的には、叔父パンタレオン・ド・ブレダ二世の農園の状況に気を配っていたのである。

彼がブレダ・デュ・オー＝デュ＝キャップを訪れた時に、奴隷たちはこの洗練された貴族の姿を目にして、いかなる印象を持っただろうか。所有者一族と、彼が代表する権威について、彼はいかなるイメージを与えただろうか。彼は白人の管理者と、また奴隷たちといかなる関係を結んだのだろうか。詳しいことは何もわからないが、確実なのはトゥサンの生涯の一時期において、彼が非常に重要な役割を果たしたということである。

✽有色自由民について

ノエ伯爵の来訪時に、奴隷たちは馬車の御者が以前から知っている中年の黒人であることに気づいた。ブレーズ・ブレダという名の、伯爵が自身の料理人兼雑用係として雇った人物だ。伯爵がフランスから取り寄せたワインの木箱やその他の荷物を受け取りに港に出向くのは、彼の役目だった。

この人物とその親類関係について少し見てみよう。ブレーズはアラダ人である。彼が奴隷だった時代のことについては、ブレダ・デュ・オー＝デュ＝キャップにいたという以外は知られていない。そして、彼はブレダ夫人、あるいは初代の支配人から評価されて一七七〇年以前に解放され、かつての奴隷主の名を姓に選んだ。厳密に言えば、使っていた姓の一つ、ということになる。自由民の小さな世界では、「自由黒人」ブレーズは、「ブレーズ・シピオン、別名ウアキ、またはブレダ」と呼ばれ、それは複数の公正証書が証しているところだ。ただし、最も頻繁に使用されたのはブレーズ・ブレダだった。アレクサンドルという名のブレーズの父親はやはりアラダ人で、自由の身になってアレクサンドル・シピオンと名乗った。彼はクレオールの黒人女マリー・マンボ、別名タンブーと結婚し、二人の間には息子のアレクシスと、娘のジュヌヴィエーヴが生まれた。ブレーズの異母弟妹である。彼らは全員自由民で、当時の社会で居場所を得るべく働いていた。

マリー・マンボは強い性格の女性で、生涯で何人もの男性と暮らした経験があった。アレクサンドル・シピオンと死別した後は未亡人のままだったが、それ以外にも彼女は白人――この人物については何も知られていない――との間に生まれたジョゼフ・ルアネという名のムラートの母親であり、また有力な建設業者ピエール＝ギヨーム・プロヴォワイユールとの間に「グリーヴ」（ムラートと黒人の間の子）の娘マリー＝アンヌをもうけたと言われている。

このプロヴォワイユール、別名ミルバリジアというフォール＝ドーファン生まれの人物は、トゥサンの妻セシルと無縁ではない。理由は不明ながら、それ相応の根拠があったのだろう、彼は公証人ドレが作成した一七七八年十一月十四日付の遺言状により、彼女に千八百リーヴル（セシルがその二年前に兄を自由の身にするために支払うとした金額と同じである）を遺贈し、彼女がオー＝デュ＝キャップに所有する土地に「彼女が所有し、利用できる、二十ピエ四方の、基礎の上に変質しない板で壁を立て、柵を設け、床を張り、屋根を瓦で葺いた小屋」を建てると約束したのである。それから三年半後の一七八二年六月二十三日、プロヴォワイユールは公証人ボルディエ（息子）に新たな遺言状を作成させ、上記の約束を再確認するとともに、セシルと彼女の息子ガブリエルおよびトゥサン・ジュニアを、財産の一部について相続人ならびに用益権者に指定した。しかし、その直後の、一七八二年八月十五日付の遺言状では、この内容の記載がなく、一方で小屋の建設については変更がなかった。なぜ、これほど短い間に意見が変わったのかは明らかでない。仲違いがあったのか。セシルの夫であるトゥサンとの間に問題が生じたのだろうか。残念ながら、その後に起きたことについては、何も知られていない。

また、奴隷としてのトゥサンの立場に関するトニーの役割についてのコメントは、ブレーズ・ブレダについてもあてはまるかもしれない。トゥサン青年に家畜の世話と治療に関して、彼もまた助言や教育を施したのだろうか。ブレダ家所有の農園に属していた二人が知り合いだったことは、疑いようがない。

✽支配人バイヨン・ド・リベルタ

一七六四年以来ブレダ・デュ・オー＝デュ＝キャップとプレーヌ・デュ・ノールの農園経営に携わってきた支配人ジイーは、一七七二年に亡くなった。そこでやって来たのが、トゥサンの生涯の鍵を握る人物、アントワーヌ＝フランソワ・バイヨン・ド・リベルタである。彼が誰の紹介でジイーの後任となったかは知られていないが、ジイーが存命中に不在農園主にバイヨンを推薦した可能性が高い。バイヨンがジイーの遺言執行人になるほど、二人は近しい関係にあった。実際、バイヨンはパンタレオン・ド・ブレダ二世に宛てた最初の手紙（一七七二年八月二十二日付）に「彼と私は疎遠になることはなく、彼（ジイー）は私を本当の子供のように育ててくれました」と記している。

一七二七年ごろに、プロヴァンス地方出身で南西フランスのブーローニュ＝シュル＝ジェス（現在のオート＝ガロンヌ県）に居を定めた一家に生まれたフランソワ＝アントワーヌ・バイヨンは、一七四九年ごろにサン＝ドマングにやって来た（彼の兄弟ガスパールはグアドループに赴き、代官の職を得た）。彼は、自分の名にリベルタの名を加えたことについて、次のように説明している。「以前は、ただバイヨンとだけ署名していました。その後、リベルタを加えるようになったのですが、それは親類でただ一人この名前だった者が亡くなり、この名前と紋章を使用する条件で私に遺産を残したためなのです」。

無一文でサン＝ドマングに到着したバイヨン・ド・リベルタは、ひと財産作る野心を隠さず、サン＝ドマングで農園主となることを目標としていた。彼はすでに小規模な砂糖プランテーションを所有していたが、それでは彼にとって十分ではなく、より大きな農園を持ちたいと考えていた。バイヨン・ド・リベルタがブレダ農園の経営に関わるようになった時、彼はすでにパスキエ、ラシュス、ルロンの三農園を監督しており、そのことは彼の書簡に書かれている。これだけの仕事を兼務すれば、当人の収入は何倍にもなるが、それは果たして複数の農園主に対してよい仕事を提供することを保証するものだろうか。

バイヨンは、パンタレオン・ド・ブレダ二世に宛てた最初の書簡のうちの一通で、共同所有者であるパンタレオン二世の二人の甥との関係について報告している。「ノエ伯爵様とは大変にうまくいっております。伯爵は私に厚情をおかけくださり、評価していただいております。私は、伯爵と古くからの友人［実際には三年前から］であることを誇りにしています。エリクール騎士様との関係も良好で、頻繁にお会いしています」（一七七二年十一月十五日付書簡）。彼の言葉は、信じるに足るものだろう。たとえば、好意的な計らいとして、フランスに一時帰国した時、ノエ伯爵は自分が会員である演劇協会の公演での無料招待の権利を彼に利用させている。その後のバイヨンとノエ伯爵の書簡のやり取りを見ると、バイヨンはトゥールにある修道女が運営する学校に送った二人の幼い娘の健康上の心配について相談し（一七八三年）、また甥の一人をフランスの砲兵連隊に入隊させてほしいと依頼している（一七八四年）。三人――ノエ、エリクールとバイヨン――は、同世代だった。

後で述べるが、もう一人デルリバルという名の別の候補者が志願していただけに、バイヨン・ド・リベルタは強力な後ろ盾を利用したのだった。これについては、後述する。故ジイーがバイヨンを推薦したのはほぼ確実だとしても、それは彼がこの農園の支配人のポストを、当時の言い方に従えば「入手」した際の事情を十分に説明するものだろうか。アントワーヌ＝フランソワ・バイヨン・ド・リベルタが、キャップ＝フランセの上流社会に出入りしていたことを忘れるべきではない。彼は、十七歳年下のマリー＝ジャンヌ・ド・サン＝マルタンと結婚したばかりだった。彼女の父、ベルナール・ド・サン＝マルタンは、サン＝ドマング北部地域で法的判断を下し、フランスから届いた王令を登録する機関であるル・キャップの高等評議院の議長で、かつその最古参のメンバーだった。

サン＝マルタン家との関係により、バイヨンは強い影響力を持つ人的ネットワークの中心に位置することになった。他の子供たちが誰と結婚したかを見れば、ベルナール・ド・サン＝マルタンがどれほど力を持つようになっていたかを理解できる。彼の娘、マルグリート＝レイヌは、一七七五年に、海軍の出納官で、カルティエ・モランにあるシャストノワ（この名はブレダ家とつながりのあるものだ）農園の非常に裕福な支配人、ジャン＝バティスト・ラランヌと結婚している。一七七八年に未亡人となると、一七八一年には新任の入市税関出納長で、ボワ＝ド＝ランスに農園を所有するギヨーム・ビュレと再婚した。もう一人の娘マリー＝ルイーズは、ランベ地区の軍指揮官、アントワーヌ・オベール・デュプティ＝トゥアールに嫁いだ。さらにもう一人の娘シャルロット＝フォルテュネは、一七八〇年に砲兵隊指揮官ピエール・モラン・デュ・ピュシュと結婚した。特筆すべきは、植民地の総督であるアルグー伯自身が、結婚の証人を務めたことだ。一七七五年に、当時サン＝ドマング北部の軍司令官だったアルグー伯は、バイヨンの自宅に食事に招かれていた（バイヨンがパンタレオン・ド・ブレダ二世に宛てた一七七五年十月六日付の書簡）。サン＝マルタンのまた別の娘、セレストはアルトワ伯夫人〈アルトワ伯はルイ十六世の弟で、後のシャルル十世〉の侍医の息子ジャン＝バティスト・ビュソンと結婚した。最後に、彼の息子でやはり司法官のフランソワ＝アレクサンドルは、一七八四年にランベでマリー＝フランソワーズ・ジュベールと結婚している。翌年未亡人となった彼女は、一七八八年にアンヌ＝ルイ・ド・トゥザール大佐と再婚した。大佐はシンシナティ協会会員で、ラファイエットの友人であり、後年米国のウェスト・ポイント陸軍士官学校で教官を務めた。

これは、島の白人たちの中で、裕福で強い影響力を持つ権力エリートのグループであり、フリーメーソンとも関係していた。アントワーヌ＝フランソワ・バイヨン・ド・リベルタは、このエリート集団に出入りするようになったのである。彼の専属の御者――トゥサンは、奴隷だった当時も、解放されてからもバイヨンの御者を務めていた――は、表敬訪問や親族訪問の機会に、馬の手綱を引いていたのではないだろうか。そして、そうした機会に彼らの会話の一部を聞いて、この人々の言葉と、それを通じて考え方に慣れ親しんだのではないだろうか。

オー＝デュ＝キャップのブレダ農園の屋敷での二人の娘、マリー＝フランソワーズ（一七七二年末）とルイーズ＝アレクサンドリーヌ（一七七四年六月）の誕生は、バイヨン夫妻が幸福な暮らしを謳歌していることを裏づけていた。しかしながら、気候は厳しく、妻のマリー＝ジャンヌは、健康を回復するために島を離れてフランスに帰国し、療養しなければならなかった。このため、彼女の夫が農園主に書き送ったところを信じるなら、オー＝デュ＝キャップの農園にとって、特に病気になった奴隷およびその子供たちの世話に関して不都合が生じていた。「私の妻は二十歳の若い女性ですが、診療所と子供たちについて、ずいぶんと私を助けてくれていました。黒人たちは彼女の出発を残念がっていました」（一七七五年二月三日付書簡）。彼女が戻ってきたのは、一七七七年十二月のことだった。

✽〝毒薬事件〟

それでも、バイヨン・ド・リベルタは、ごく短い期間しかブレダ農園の支配人を務められないことになるところだった。というのは、彼が支配人になってから一年もたたない一七七三年半ばに、彼はブレダ氏からの要求によりデルリバル氏に職を譲らざるをえなくなったからだ。理由は、以下の通りだ。バイヨンは就任直後の手紙でオー＝デュ＝キャップの農園での新しい乾燥室と他の建物の建設を語り、そのための資材を確保したと述べた。しかし、バイヨン・ド・リベルタの文章は、パンタレオン・ド・ブレダ二世には既成事実を突きつけられたように思われ、不快感を覚えた農園主は、いきなり委任を取り消すことでそれを思い知らせたのである。バイヨン・ド・リベルタは、「あなた様のご同意をいただいてから、乾燥室を移動させる考えでした」（一七七三年八月六日付書簡）と書き、無理に進めるつもりはなかったと弁明したが、時すでに遅しだった。

しかしながら、この一件は、デルリバルが農園の支配人となって約二週間後の一七七三年六月半ばにまったく異なる展開を見せる。家畜が死に始めたのだ。一七七三年十月十二日付の手紙で、デルリバルは二カ月で「ラバ二十六頭、牡牛十四頭、牝牛三頭」がオー＝デュ＝キャップで死んだと報告し、奴隷のうちに犯人を求めるあまり、何人かの奴隷を名指しで動物を毒殺したとして非難した。バイヨン・ド・リベルタは、反対に、しかも当初から、新たなマカンダルの登場を恐れるべきではない、と主張した。彼にとっては、これは動物流行病だった。

毒殺説は、それ自体としては根拠がなかったわけではない。逃亡奴隷マカンダルによって引き起こされた一七五七年の恐怖は、きわめて強い痕跡を人々の心に残したからだ。しかし、それから十六年が経って、ブレダ農園で多数の動物が死んでいるのは、本当に毒殺によるものだろうか。島の北部の大多数の白人たちにとっては、それには疑いの余地がなかった。彼らは、はるか以前から、黒人は生まれながらの毒殺犯だと確信していた。こうした空気の中では、疑惑がしばしば証拠に取って代わり、奴隷主にとっては強硬手段——拷問、見せしめとしての死刑——だけがこの災厄を食い止める手段だと見なされた。さて、その数カ月前、一七七二年十二月に、同様の不幸な出来事がキャレ農園を襲っていた。高名なル・キャップの医師で、影響力のある公証人ドレの娘婿でもあるジャン＝ルイ・ポロニーは、現場に呼ばれて死んだ家畜を丹念に調べた。彼は、周囲の支配的な気分に反して毒殺説を退け、動物流行病だと結論づけた。そして、病気が広がるのを予防するために、農場主らに助言を与えたが、彼らはこれを信用しようとはしなかった。それでは、ブレダ・デュ・オー＝デュ＝キャップではどうだったのだろうか。特筆すべきは、同じ科学的なアプローチが取られたことだ。これは、ノエ伯爵の意向だったのか、それともポロニーの影響が及んだためだろうか。いずれにしても、七月末ないし八月初めに医師と外科医からなる委員会が調査のため来訪し、その結論はすぐにフランス在住の農園主に送られた。「彼ら（専門家）の意見では、これは伝染病だということです」とバイヨンは八月十八日付の手紙でパンタレオン・ド・ブレダ二世に宛てて書いた。自説への自信を深めたバイヨンは、遠慮することなく次のように続けている。「デルリバル氏一人だけが、あなた様の黒人たちが与えた毒物によるものだと主張しています」。デルリバルは、自らの態度によって信用を失い、バイヨンはそれを利用して――これはお互い様だ――競争相手をやり方が下手くそで（「彼は祈りの時間に、あなた様の黒人たちに向かって、自分にはわかっている、お前ら全員が毒殺犯だと言ったのです」）、手法が強引だと非難して「貶め」ようとしたのである。バイヨンは、家畜番に対する「拷問」について記すことを躊躇せず、こうした抑圧が招く深刻な結果を強調した。

クレオールのルイは、あなた様の黒人奴隷のうちで唯一動物の傷を手当できる者ですが、彼はル・キャップの刑務所の土牢に閉じ込められて、絶望のあまり割れた瓶で頸部を切りました。彼はすぐには死にませんでしたが、助かるとは思われません。別の黒人は、あなた様の農園内で同じ極端な行為に及びました。そして、黒人のうち分別のある者は、全員絶望に打ちひしがれています。（一七七三年八月十八日付書簡）

実際、診療所のバー――病人を横になったままにしておくための桎梏――につなぐと脅されたため、奴隷監督と奴隷二十五人が逃亡していた。奴隷労働者の抵抗や絶望が招くこうした反応について記述があるのは、状況が深刻だったことを意味する。デルリバルは事態の矮小化を試み、なお毒殺説に固執したが、この状況は長くは続かなかった。その結果、ブレダ氏は九月末に早くもデルリバルを解雇し、バイヨン・ド・リベルタが呼び戻されて農園経営にあたることになった。勝ち誇ったバイヨンは、この機会を利用して不在農園主に対して自分をより立派に見せるために、解任された競争相手の評判をさらに汚そうとした。「あなた様は、確かに騙されていました。

考えられないほどひどく騙されていたのです」。そして、オー＝デュ＝キャップ農園で起きた不幸な出来事の教訓として、こう書いた。「ノエ伯爵様と仲裁人たちは農園を訪ねてその目で見て、状態が悪いと言いながらも、問題点を十分に指摘しなかったのです」（一七七三年十月十日付書簡）。

調査委員会の報告書は現存していないが、パンタレオン・ド・ブレダ二世に送られた文書で、ノエ伯爵はバイヨン・ド・リベルタを弁護し、そのことで彼に役立ったのである。動物の病気はやがておさまり、ブレダ・デュ・オー＝デュ＝キャップには平穏が戻った。

✽奴隷解放への筋書き

この一件で、動物と近い関係にあった奴隷トゥサンの役割はどのようなものだったのだろうか。彼が、ブレーズを介して、伯爵あるいは医師か獣医に、伝染病だと結論づけるための明白な証拠を与えたのだろうか。そして、反対に、デルリバルの過激な発言と暴力的な行動を強調したのだろうか。

証拠は存在しないが、この事件において、トゥサンが調査団に動物の行動の観察結果と病気の伝播状況に関する情報を適切に提供し、これが流行病で、毒薬使いの仕業ではないとの事実の解明に貢献して、よい印象を与えることができたと常識的に考えられる。彼は逃亡奴隷にも会って、農園に戻るよう説得したのかもしれない。

これらを、人を見る目のあるノエ伯爵が見逃すはずがない。この事件より以前から、トゥサンの誠実な人柄を知っていたバイヨン・ド・リベルタも、これに気がついていた。トゥサンが事実の解明を助けたことで、バイヨンがポストを回復できた可能性が非常に高いのである。

確実だとは言えないが、可能性がある筋書きは次の通りだ。トゥサンは、彼の観察力と証言によって、調査官たちが事実を明らかにするのに協力した。彼が、当時の表現で「品行方正」であることも知られていた。従順で、勤勉で、よき父親だったからである。ノエは個人を評価し、バイヨンはこれまでの功績と自らの復権に対する褒美として解放を提案したのではないか。恐らく、彼は自由の獲得に協力したことでいずれトゥサンが彼に感謝するかもしれないと期待したのではないか。流行病の事件からノエ伯爵がフランスに戻り、パリで叔父のブレダに経営の現況について報告するまでには二年が経過していた。これは、じっくり考えるための時間だったのだろうか。彼は起こったことをこと細かに叔父に話したが、その中でトゥサンの解放の件も話題に上ったに違いない。了解が得られれば、後は時間と書類作成の問題だ。正式な手続きを踏む必要があるからである。トゥサンの家族は同様の扱いを受けることができたのだろうか。

確かに、歴史家の間では、この筋書きが正しいのかどうか、まだ疑問が残されて議論になっている。また、トゥサンはそれより以前から自由だったのだろうか（たとえば、叔父と甥の書簡を通じてトゥサンを解放したが、その書簡が失われてしまったという可能性もある）という議論もある。考慮に値する状況証拠はないだろうか。通常であれば、一七七三年制定の規則により、解放奴隷はヨーロッパ式の姓――多くは所属する農園の名前だった――を名乗ることを禁じられていた。しかるに、トゥサンはトゥサン・ブレダと名乗った。しかし、長年の習慣は厳密に運用されるとは限らない規則よりも、しばしば強力なのではないだろうか。

いずれにせよ、わかっているのは、現在まで手続きを裏づける文書は見つかっていないものの、遅くとも一七七六年にはトゥサンもセシルも、自由になったということである。

第5章　〝自由黒人〟トゥサン・ブレダ

解放奴隷にとっての自由は、白人との平等をもたらすものではない。アンシャン・レジーム（旧制度）下の社会は、本質的に不平等であり、そもそも白人の間でもそうだった。それでも唯一指摘しうるニュアンスがあるとすれば、それは人と人との関係、基本的な連帯意識、ギブ・アンド・テイクの関係があったことだ。これは、社会のあらゆる階層における権利の不平等を――運次第ではあるが――若干ながら緩和させることができた。しかしながら、経済、司法、社会の諸分野で責任ある立場にあった、教養ある人々と商工業を営むブルジョワジーにとって不平等はますます耐え難いものになり、彼らはこれまでよりも社会的に高い地位を求めるようになっていた。アメリカの島々では、これに加えて、白人がムラートと黒人に対して必ず優位に立っていた。自由民と奴隷の間の亀裂に、肌の色についての偏見も加わった。白い肌が高貴であるとする見方は、奴隷と奴隷主の間だけのものではなく、自由民同士の間にも存在していた。

✽遍在する差別

アンティル諸島の植民地社会は、当初はさほど階層化されていなかったが、時とともに身体的な差異（そして何よりも肌の色）を重視するようになった。自由民と奴隷という基本的な区別に、「人種」（この単語の意味は、本来の「血筋、家族」から転じて、身体的な特徴などにより特定される集団を指すようになった）間の亀裂が加わったのである。人類学者ジャン＝リュック・ボニオルの著作（『呪文としての色彩』）が強調するのは、この論理に従うならば、時が経つとともに決定論的な考えがますます強まり、「人種は、最後には奴隷制度と一体不可分となる」ということである。この社会が、奴隷の解放と混血によって生み出す矛盾にも拘わらず。その結果、段階的に、法的な枠組はより厳格化され、かつ複雑になった。「黒人法典」は自由民と奴隷の区別のみにとどまっていたが、主として十八世紀後半に取られた措置は、当初からの抑圧の矛盾を体現する「有色自由民」を社会の周縁に追いやろうとしていた。トゥサン・ブレダの経験は、どのようなものだったのだろうか。

十八世紀中葉のサン＝ドマングでは、いくつもの人口移動が見られた。砂糖プランテーション所有者の多くは、フランスに帰国し、できるだけヴェルサイユの近くに居を構えて、農園から得る収入で生活する傾向にあった。同時に、サン＝ドマングには多くの「小白人」petits Blancsが一攫千金を狙って移住してきた。彼らは農園経営の仕事に就くか、手工業あるいは商業の分野で自営するか、あるいはコーヒー栽培の事業に手を出した。この新参者の流入に対して、「有色自由民」の集団が台頭し、同じ活動分野で競合するようになった。緊張は高まった。白人たちは、有色人種への偏見から、自分たちの優先権を明確化しようとした。事業が成功するとの保証はなかったから、なおさらである。ヨーロッパからやってきた冒険家たちのうちには、キャップ＝フランセからごく近いカルティエ・モラン小教区の記録に見られるように、不幸な最期を迎える者もあった。ここの司祭であるイレネ神父は、一七八四年七月二十一日には次のように書いた。

ロシュブラーヴ農園とグラディス農園の間で見つかった、困窮と病気のために死んだ六十歳ほどの白人男性の遺体を小教区の墓地に埋葬した。彼が身に着けていたものからは、その名前や出身地を示す書類は発見されなかった。

その一年半後、一七八五年十一月二十二日には、こう記した。

小教区の墓地に、ムノワール・ド・ボージュール農園内の川で発見された、半ば腐敗した白人男性の遺体を埋葬した。遺体はこの地区の外科医ドルソン氏が検死し、農園から馬車に乗せて運ばれ、代官の命令に基づき埋葬された。

これらは極端な例かもしれないし、どのような暗い悲劇の結末によるものかはわからないが、いかに大きな不運に襲われうるかを示すものだ。

自由を得ても当時の社会に深く浸透していた人種差別の論理が変わるわけではなかった。人は、その祖先、より詳しく言えば「黒人の血」の「割合」によって判断された。白人と黒人から生まれた子供はムラートで、「黒人の血」が半分入っている。ムラートと白人の子供はカルトロンと呼ばれ、四分の一「黒人の血」が入っている。ムラートと黒人の子供は「グリフ」で、四分の三が「黒人の血」ということになる、といった具合だ。大著『フランス領サン＝ドマング島の地形、自然、社会、政治、歴史に関する描写』の編著者で法律家のメデリック・モロー・ド・サン＝メリ（彼はマルティニクのクレオールだ）は、一七九七年に亡命先のフィラデルフィアで書いたこの本で、調査対象となった人々は、祖先の組み合わせで十三種類に分類される――厳密なものではないが――としている。しかし、「純粋」な白人に勝るものはなく、ほんのわずかに「黒人の血」が入るだけで劣等となり、「純粋」黒人はこの序列において最下位にとどまるのである。個人の身分は、さして重要ではない。この血統に基づく分類は、あらゆる可能な組み合わせに注目するにとどまらず、それぞれに特性が存在するとしている。しかし、不平等が君臨する一方では、世代を経てより肌の色が薄い者との婚姻を通じて、白人に近づくことも可能だった。完全に白人と同じになることは不可能なのだが（たとえば、グリフとカルトロンの間の子供は、すなわち親であるグリフよりも多く白人の血を持って生まれた子は、ヒエラルキー上、親よりも高い位置を得た）。

この不変のヒエラルキーには、「人種的」に黒人と白人の間に位置し、自由民としての社会的地位を確立することで白人と同一視されたいと望む「有色自由民」間での「二次的差別」を生むという弊害があった。こうした論理は奴隷にも影響を及ぼし、さらに新たな弊害をもたらした。ジャン＝ルイ・ボニオルの言葉を引用するなら、奴隷を含め、あらゆる階層において「この肌の色による序列づけは、社会を解体する効果しか持たなかった。その結果である人種グループ内差別は、共通意識の醸成を阻害した」のである。白い肌の上流階級がこうした世界観の基礎をなしていたが、人種差別の論理はあらゆる人々の心のうちに入り込んだ。白人がそれ以外の人々を蔑んでいたように、ムラートは自分より肌が黒い人々より高い位置にいると感じていた。これに対して、黒人たちはうわべだけではない軽蔑をもって応えた。こうした「純血」と「（血統の）退廃」への注目は、この時に生まれたものではない。それは、はるかに古い時代から伝わるものだ。十五世紀から十六世紀への変わり目に、ユダヤ人とムーア人は、「血統の浄化」limpieza de sangre の名においてイベリア半島から追放されたのである。こうした考え方が、現代では消滅したと言えるだろうか。

肌の色の異なる者同士の夫婦の存在が、こうした状況を解決できると考えるべきではない。確かに、白人男性が黒人女性と暮らしている例は時折見られる。奴隷主と、当時の言い方によれば「主婦」との間に本当の愛情がある場合もあった。最後には女性が解放され、男性と公然と同棲するか、あるいは正式に結婚するというのが、その場合によく見られる結末だった。しかし、一般的な筋書きはそのようにロマンティックではなく、奴隷主による奴隷への純然たるレイプ行為から、ほんの いっときの情事までの間の、未来のないものだった。女性を愛人として、欲望の対象として見るのが当たり前だったのである。愛情を抱き、公然と同棲し、さらに結婚に至るのは常識外の行為だった。有色人女性と結婚する白人男性――貧しい場合が多いのだが――は、白人にふさわしくなく、他の白人は彼を集団から排除することでそれを通告するのだ。一七六三年には、こうした結婚は三百例が登録されていたにすぎない。いずれにせよ、「不釣り合いな結婚」である。これは、肌の色だけの問題ではない。白人にとっては、まず自分たちの不動産がより下等と見られる者の手に渡るのを防ぐことが重要だった。

しかしながら、国王の行政機関が、自由民の共謀がヴェルサイユの権力を阻害するようになるのを回避しようとして過剰な反応を見せた場合には、事態はより複雑化した。海軍大臣ショワズルが一七六六年にサン＝ドマング総督に宛てた書簡がその例である。

> 白人と有色人女性との婚姻は奨励すべきでない。もしこのような婚姻を通じて、白人と自由黒人とが意見を一致させたなら、植民地は国王の権力から容易に離脱可能になるだろう。

換言するならば、「砂糖の島」がすでに莫大な富をもたらし、さらにその後数十年にわたり発展を遂げようとしている時、戦略的・地政学的理由から、王権の側がますます差別を煽ったとも考えられる。しかし、王権側が煽る以前から、非常に強い差別主義の素地があったことも事実だ。

パラドックスではあるが、一六八五年の「黒人法典」は、解放奴隷とその子孫は「生まれながらに自由な人間（すなわち白人）と同等の権利、特権及び免除を享受することができる」と定めていた。しかし、実際には人種間不平等が存在し、それは合法的な性格を持ち、「黒人法典」とともに始まっていた。この法典は、自己矛盾に陥ることを恐れずに、解放奴隷は元の奴隷主およびその家族に特別な尊敬を払わなくてはならず、元奴隷主とその家族の評判や名声を毀損した場合には、奴隷以上に重い処罰を受けなければならなかった。また、加重窃盗の場合には、解放奴隷に対する処罰は奴隷に対するものと同一とすると、同じく定めていた。そして、解放奴隷が逃亡奴隷を匿った場合には、白人が匿った場合よりも厳しく処罰されるのだった。立法者は最初から、白人とそれ以外の自由民の間に断絶を想定していたのである。

加えて、一六八五年の「黒人法典」以降に付加された非常に制限的な措置は、脅しと狭量な態度の間を揺れ動くものだった。例を挙げてみよう。有色自由民が逃亡奴隷を匿った場合には、彼の自由は剥奪された。白人からの贈与を受けることは禁止されていた（これも、世襲財産の消失を恐れてのことである）。剣の携行、あるいはフリーメーソンへの入会禁止、教会での白人の席との区別、等々である。課題は、社会的地位の目立ち過ぎる向上を抑制することだった。解放奴隷には姓が与えられたが、一七七三年以降はヨーロッパ式の姓（多くの場合、属していた農園の名）を名乗ることが禁止された。それ以降、有色自由民はアフリカ起源の名を名乗るよう義務づけられた。この規則は、白人を父親に持つ子供で解放された者にも適用され、父親の名前を名乗ることは許されなかった。

もう一つの抑圧的な措置は、公式文書上で、彼らには何ら敬意を示す表現が用いられなかったことだ。たとえば、彼らが作成できる公正証書では、有色自由民は「自由黒人（あるいは黒人女）」、「自由ムラート（あるいはムラータ）」などと表現されていた。「ムッシュー（……氏）」、「マダム（……夫人）」などの敬称は、明確に白人専用とされていた。同時に、有色自由民の間では、あだ名が頻繁に使用されていた。また、公証人は読み書きができるか明示的に質問しなければならないとされ、ほとんどの場合否定的な回答を記録している。

一七七九年には、衣服についての規則がもうけられた。それ以後、有色自由民には白人と完全に同じ服装をすることが禁止されたのである。この規則は曖昧だったため、実効を伴わなかったが、当局がこの人々にヨーロッパ式の服装をさせまいと考えていたことを示すものだ。しかるに、当時の社会では、奴隷の身分にはぼろぼろの衣服が与えられることが知られていたし、実際には半裸、あるいは全裸の場合さえ珍しくはなかった。皮肉なことに、パンタレオン・ド・ブレダ二世に宛てた一七七八年十二月二十八日付の書簡で、バイヨン・ド・リベルタは農園の会計にとって被服費が大きな支出を占めていると苦情を述べた後で、冗談ではなくまったく逆の意外な理屈を述べている。

素っ裸の黒人を目にするのは悲しいことですし、本人のためにもなりませんが、いくらかの注意を払うにしても、この種の黒人はよくいるものです。奴隷主の助力なくして自己管理ができる黒人は貴重な存在で、配慮をしてやる価値があります。

奴隷が裸なのは本人の責任であり、支給される粗末な布を大事に使わなくてはならないというのだ！　反対に、有色自由民はそうした惨めな境遇から脱したことを周囲に知ってもらいたいと考えた。当時の版画の多くに、凝った、洗練された、そして若干目立つことを意識した服装の有色自由民が描かれている。衣装は、本物の誇りを獲得したことの表れだった。白人が、自分たちとそれ以外を分かつ境界線の侵犯にいかに強く反対しようが、無駄だった。

これらの差別は、このカテゴリーの自由民がこの不平等な世界で徐々に地位を獲得してゆくのを妨げるものではなかった。住居に関しては、解放奴隷はもはや奴隷たちの住む「奴隷小屋」には居住せず、都市部では絶え間のない混淆の中で、社会が変化していた。市中には、カテゴリーごとに特定の地区が存在するわけではなかったが、いくつかの集団が形成されていることは見て取れた。キャップ＝フランセの、一七六〇年代から発展した「プティト・ギネー（小ギニア）」地区には、主として豊かになりつつある有色自由民が居住していた。彼らの結婚契約書や物故者の財産目録には、家具、食器類、高価な衣服などが記載されていた。また、白人と同等の法的責任を問われるようになったため、裁判所で法的手段に訴え、中には妨害行為を受けながらも勝訴する例も見られるようになった。事実、革命直前の数年間に、ブレダ農園の相続人たちは、年金の支給を請求する元召使フランソワ・ベシエール、遺産の一部の相続を求めるムラータとその兄弟（ブレダ家の縁戚にあたるボヌフォワ氏の庶子フランソワーズとその兄弟フィリップ・レティフ）、あるいはまた建設業者ピエール＝ギヨーム・プロヴォワイユールによるブレダ・デュ・オー＝デュ＝キャップ農園に編入された土地に関する返還請求などに対処せねばならず、しかも以上のすべての件で敗訴したのだった。これらの件について、トゥサン・ブレダは耳にしていただろうか。その可能性は十分にあるだろう……。しかし、社会的地位が向上しつつあるこの階層との平等を受け入れる白人はきわめて少数だった。階層化されたこの社会にあっては、理論的には誰もが与えられた場にとどまるべきだったのである。

一七七六年に、トゥサン・ブレダ――彼の名は、残っている数少ない資料では、トゥサン「別名ブレダ」、「ア・ブレダ」、「ド・ブレダ」とも表記されている――は、奴隷と自由民を分ける恐るべき境界線を越えて、その反対側に立つことができた。彼は、結局のところ「サヴァンナの自由民」でしかなかったのだろうか。そうであれば、彼の解放に関する資料が発見されない説明がつくだろう。しかし、これから述べる事項に鑑みれば、そうではない。サヴァンナの自由民で奴隷の身分に戻される可能性があるにも拘わらず、大胆にも姓を名乗り、事業に手を染め、「自由黒人」（この語は法的意味を持つ）だと公証人の前で自称した例（公証人は何も調べなかったのだろうか）は知られていない。トゥサン・ブレダは、自分の子供たち、マリー＝マルト、ガブリエルとトゥサン・ジュニア、さらにはその母親セシルと同じく自由民になったのである。それだけでも、大変なことだ。しかし、彼は白人には決定的に劣る立場に置かれたままだった。

✽生きるために働く

自由になれば、自活しなくてはならない。生きていくために、トゥサン・ブレダはいかなる活動を行っただろうか。歴史家にとって、確実に言えることは何もない。それでも、彼は自分にできる活動、すなわち荷物と人の輸送を続けたと考えられる。トゥサン・ブレダが農園で働き続け、農作業を手伝うか、バイヨンをル・キャップあるいは彼が責任者だったいくつもの農園まで馬車に乗せていくかすることで、労働者として賃金を、あるいは仕事のたびに手間賃をもらっていた可能性もないわけではない。一七七九年の最初の数カ月間（恐らくはそれ以前も）、バイヨン・ド・リベルタはしばしば町に出てル・キャップ高等評議会の司法官たちと会食していた。彼の岳父ベルナール・ド・サン＝マルタンは、高等評議会の最有力メンバーの一人だった。鋭い観察眼を持ち、情報収集に長けたトゥサン・ブレダが、エリート白人のグループがいかに自分たちの立場に執着し、有色自由民との権力の分割を拒否していたかを感じ取ることができたとしてもおかしくはないだろう。彼が具体的に何を見聞きしたのか、想像は無限に広げられる。それでも、この控えめな御者が大農園主や司法官の世界について貴重な、かけがえのない知識を獲得したのは事実だ。同時に、バイヨン・ド・リベルタは少なくとも一回、ル・キャップの大病院を運営するラ・シャリテ会の神父たちの食事会に参加したことが知られている。病院の敷地内にトゥサン・ブレダがいた、さらには食事を運んでおり、神父たちのために働いているようだとの噂は、ここからきたものだろうか。彼はさらに遠方まで出かけただろうか。たとえばバイヨンの知人で、ノエ伯爵とも非常に親しかったマティウー・ド・ナジャック・デルピを山の向こう側の、ゴナイーヴの広い小教区の山中の谷にまで案内しただろうか。この貧乏な侯爵とその最初の妻は、ここにコーヒー園を持っていたが、結局一七七九年初めにその大半をテュルパン・ド・サンセイ氏に売却した。トゥサンは、寡夫となった後、一七八四年に再婚したナジャック侯爵をコーヒー園の残った部分——彼は、農園を立て直そうとしていた——と、新たに始めた藍プランテーションまで馬車に乗せて行ったのだろうか。この時、トゥサン・ブレダはゴナイーヴの高地とその山がちな風景に魅了されたのだろうか。この土地は中心からははずれていたが、豊かな地方で、後年彼にとって大切な場所となる。

いずれにしても、彼はキャップ＝フランセの広い平野を縦横に行き来し、その隅々まで知るようになった。

歴史にとって幸運なことに、サン＝ドマングのいくつかの村の、一七七〇年代と一七八〇年代の教会の記録がこんにちまで残されている。加えて、研究者は一七七六年以降に植民地で登録された公正証書の原本の大半を閲覧できる。これは、公正証書がフランスでも保管されるようにするため、必ず正本二通の作成を義務づけるというルイ十六世の良案に基づくものだ（こんにちでは、エクス＝アン＝プロヴァンスにある国立海外領土公文書館の植民地公文書保管室に保存されている）。これによって、私たちはアンシャン・レジーム末期の特定の人々の行動について、いくらか知ることができるのである。

トゥサンとセシルの娘マリー＝マルト、別名マルティーヌは、フィリップ・ジャスマン、別名デジールなる人物と結婚したことが判明している（一七七九年ごろか）。このトゥサン・ブレダの娘婿は、いかなる人物だろうか。一七四〇年ごろに生まれた「自由黒人」で（したがって、岳父と近い年齢である）、ともに「自由黒人」のピエール・ジャスマンとローズの息子である。彼はいくらか経済的な余裕があり、農業に手を染めた。公証人フロマンタンが作成した一七八一年二月九日付の公正証書により、フィリップ・ジャスマンが、ル・ボルニュに住む自由カルトロンのジャン・クロンから二カ所の農地、さらに奴隷二人を年間千百六十リーヴルの小作料で、一七七五年十二月十六日より五年間借り上げたことがわかっている。一七八一年に、フィリップ・ジャスマンは契約期間が終了したにも拘わらず、まだ小作料を全額支払っておらず、契約期間を当初の予定より二カ月延長することが合意された。ジャスマンには二千七百十五リーヴル十六ソルの未払い額があった。また、公正証書によれば、一七七七年の小作料は、奴隷一人をもってその支払いにあてている。

何よりも、フィリップ・ジャスマンはプティ・コルミエ小郡（キャップ＝フランセの南東、サント＝ローズ・ド・ラ・グランド＝リヴィエール小教区）にコーヒー園を所有していた。サン＝ドマングで見られたコーヒー・ブームを示す一例である。アンティル諸島でコーヒーが栽培されるようになったのはサトウキビよりも遅く、最初の試験的栽培がマルティニクで行われたのは一七二〇年のことだ。サトウキビ畑が平地にあるのと異なり、コーヒー栽培は斜面で行われる。砂糖プランテーションに比べると、初期投資は六分の一ですみ、収益率は非常に高い。当初は小規模だったコーヒー栽培だが、七年戦争が終結した一七六三年以降大きく発展した。ガブリエル・ドビヤンは、以下のように強調している。

一七三〇年ごろからは、平野部の砂糖プランテーションと、高台の藍プランテーションと食料栽培の間に一定の均衡が取れるようになった。大規模農園を経営する入植者は、山の反対側の斜面や高台を利用しようとはほとんど考えなかった。彼らは家畜のための養牧場、木を切り出せる森、必要がある場合菜園として利用できるサヴァンナ（牧草地）を所有していたが、奥地まで入り込んでいたわけではなく、面積も広大ではなかった。内陸部は独立酪農家、樵、木材加工業者、染色用植物の採取者、狩人の領分であり、その後は小規模農業従事者が入植した。そのさらに後、より豊かな入植者がすでに入植していた人々を押しのけ、彼らに取って代わった。激しい野心がぶつかり合う空気が生まれた。平地のプランテーション経営者の息子、港町の積極的な手工業者、外科医、大工、石工、若手士官やフランスから来た良家の息子たちが、コーヒーの提供する好機に惹きつけられてこの一帯にやって来た。彼らが集めた資金により農地は再編され、サン＝ドマングではコーヒーが砂糖と並び重要な位置を占めるようになり、新たな繁栄の時代を迎えるのである。サトウキビ農園とは異なり、コーヒー園は、栽培が山の中腹地帯で行われる（コーヒーの木は、山の斜面に植えられ、標高三百～九百メートルで生育させるのが最適である）。また、必要とする水の量もはるかに少ない。しかし、だからと言って、ピエール・プリュションが言うように栽培は容易ではない。

コーヒー栽培は、つらい仕事であるにも拘わらず、［サトウキビに比して］楽なように思われている。しかし、動作も作業も異なるのだ。たとえば、コーヒーの木を植えるには、まず開墾しなくてはならない。その後は、それぞれの木の手入れが必要だ。雑草を抜き、枝をはらう。収穫は、開花期に応じて行われる。しかしながら、多くの場合、収穫は木が赤い実で覆われる八月または九月に始まる。奴隷が取り入れた実は盥に入れて水に浸し、皮を腐らせる。それから、実は「傾斜台」の上に広げられ、乾かされる。この二つの工程が終わると、コーヒーの実は水車（もしくはラバが回す挽砕機）で砕かれ、次いで人が回す挽砕機で最も薄い最後の皮を落とす。残る作業は、状態のよい豆と悪い豆の選別である。この仕事は、一見骨が折れるようには見えないが、奴隷たちは遅くまで働き、日曜が労働に充てられることもあった。つまるところ、コーヒー園の仕事は、砂糖プランテーションと同じだけ時間がかかるのである。

公証人ドレ氏の記録は、一七七九年八月十七日に、トゥサン・ブレダが同年二月一日から、娘婿のコーヒー園を九年契約で借りたと確認したことを示している。小作料は年間千リーヴルで、支払いは半年ごととされていた。この農園については、より詳細に見ることができる。広さは十六カロ〈カロはサン＝ドマングで使われていた面積の単位〉（二十ヘクタール）で、コーヒーの木と食料用作物が栽培され、それ以外にはサヴァンナ（牧草地）と樹木からなっていた。七棟の建物があり、台所つきの母屋、会計係用住宅（住み込みの会計係用）コーヒー用倉庫と奴隷小屋三戸である。というのは、農園には十三人のクレオール人奴隷がおり、「全員親戚」、すなわち一つの家族を構成していたからだ。大人が九人（女五人と男四人）、子供が四人である。一家の長はエティエンヌという名で、姉妹が四人（マリー＝ルイーズ、マリー＝ローズ、マリー＝フランソワーズ、マリー＝マルト、マリネット）、従姉妹が三人（マリー＝ルイーズ、アンヌ、モデスト）、甥が五人（ジャン＝ジャック、モイーズ、フランソワ、ジョアシャン、ジョゼフ）いた。この奴隷たちの価格は、計一万六千五百リーヴルと見積もられた。内訳は次の通りだ。エティエンヌが二千四百リーヴルで、これは小さな数字ではないので、当人が頑健であることを示しているだろう。女たちは千五百から千八百リーヴルの間と見積もられており、これも小さな金額ではない。彼女たちが、比較的若いことを意味しているだろう。アンヌ、モデスト、ジョアシャンとジョゼフの評価額ははるかに低い。アンヌが九百リーヴル、モデストが六百リーヴル、ジョアシャンは三百リーヴル、ジョゼフも三百リーヴルである。これは、四人がまだ子供のためで、男の子二人についてはまだ乳飲み子だったのかもしれない。

トゥサン・ブレダは、慣用表現によれば「よき家長として」コーヒー園を享受し使用すること、奴隷にかかる人頭税を納め、建物と農園を維持してその費用を負担し、「黒人奴隷の自然死、事故死および逃亡の責任を持つ」ことを約束した。彼は、公正証書の作成と同時に、一年目の小作料を一括払いしている。

彼は自ら進んでこの事業を始めたのだろうか、それともセシルに勧められてのことだったのだろうか。フィリップ・ジャスマンがこの農園を岳父に賃貸したのは、いかなる理由によるものだろうか。それはわからないが、二年後の一七八一年七月三十一日、公証人ボルディエ（息子）作成の文書により、恐らくは娘婿と合意の上、小作契約を解除している。この証書によると、小作料は決められた期日に支払われていた。黒人奴隷マリー＝マルトとその子供で黒人奴隷の少年フランソワが死んだこと――自然死のようである――も、詳細に触れないまま記載されている。なぜトゥサン・ブレダは手を引いたのだろうか。直前の数カ月間の悪天候だけでは、この撤退の説明にはならない。トゥサン・ブレダには、プランテーション経営者の素質があったのだろうか。彼とセシルの間に、激しい言い合いがあったことも想像できる。特に、二人の間の関係は悪くなっていたから、なおさらである。これに、トゥサン・ブレダの女性関係が加わったことも考えられるが、その正確な事情はわからないし、セシルがいつ、どのように感じたかについても不明である。また、セシルと実業家ピエール＝ギヨーム・プロヴォワイユールとの具体的な関係についても疑問を呈することが可能だ。彼は、一七八二年に、セシルのために住居を建てると約束していた。彼女は、活動的な夫よりも、この建設業者の落ち着きに安心させられたのだろうか。

いずれにしても、一七八二年ごろ、二十年にわたり暮らしをともにした後で、二人は別れた。この当時は離婚というもの自体が存在しなかったが、セシルとトゥサンはそれぞれの道を歩むことにした。人生の偶然が二人の関係を弱め、事実上解消するに至ったのである。あえて、次のような仮説を立てることも可能だ。セシルは、静かで安定した暮らしを望む妻であり、ある程度の安全を好み、一定の社会的地位を欲するとともに、恐らく自由を得ることは不安定と混乱をもたらすと考えて不安を感じていたのではないか。これに対して、トゥサンは荷車引きの仕事柄移動が多く、動きつつある世界を観察して、漠然とではあるが大きな変動が起こると予感していたのかもしれない。彼の言葉の端々に、セシルを不安がらせる要素があった可能性はあるだろう。言い換えるなら、トゥサンが奴隷としてブレダ・デュ・オー＝デュ＝キャップ農園にいた限りは、夫婦はうまくいっていた。自由になったいま、トゥサンはいくらか出世を遂げた小名士として安穏と暮らそうとしていたのではない。自由を活用し、これに正面から向き合い、行動しようとしたのだ。この仮説に従うならば、二人の間の緊張は高まらざるをえなかった。

控えめなセシルは、私たちの視界から消えていく。一七八七年に、娘のマリー＝マルト、別名マルティーヌ――彼女は一七八四年にフィリップ・ジャスマンと死別していた――がジャンヴィエ・デサリーヌという人物と再婚した時には、セシルはまだ生きていた。この結婚については、後述する。しかし、それ以降のセシルについては、少なくとも現時点では何も知られていない。元夫の場合とは正反対だ。トゥサンは最初の妻と別れた後、長いこと独り身だったわけではない。日付の偶然だろうか。一七八二年は、トゥサンがブレダ・デュ・オー＝デュ＝キャップの黒人奴隷で洗濯女のシュザンヌと親しくなった年である。彼女はすでにセラファン、別名プラシドという男の子の母親だった。この子の父親はジャン＝バティスト（あるいはセラファン）・クレールという名のムラートだったと言われている。

✽新しい家族

シュザンヌは、二人の男の子を産んだ。イザーク（一七八四年生まれ）とサン＝ジャン（一七九一年生まれ）である。本書の序章で見たように、だいぶ後になってからトゥサンが宣伝し続けたのは、フランス革命以前の彼は畑を耕し、よき父親としてごく平凡で幸福な生活を送り、信仰にも篤かったという物語だ。確かに、夫婦の間はうまくいっており、小さな子供も順調に成長していたと言えるだろう。当時のシュザンヌはどのような身分だったのだろうか。少なくとも一七八五年までは彼女は奴隷であり、子供たちも同様だった。なぜなら、彼女らは全員砂糖プランテーションの「動産」目録に登録されていたからだ。彼女らの解放を示す形跡はない。トゥサン・ブレダは、彼女らの自由を買い取るのに必要な資金を持っていたのだろうか。シュザンヌと子供たちは一七九一年まで奴隷の身分のままだったと推定できる。

シュザンヌの家族は興味深い。というのは、トゥサンと仲がよかった父親のピエール・バティスト以外に、彼女には兄弟で石工のジルがいたからだ。ジルはマルグリートという女性と暮らしていた。この夫妻の子供の一人にモイーズがいた。彼はトゥサン・ブレダの義理の甥ということになるが、トゥサンはこのモイーズに将来性があると見て、面倒を見ることになる。同じく、オー＝デュ＝キャップの町に住む「有色自由民」のベレール家の人々とも彼は親交を結んだ。

また、一七八四年一月十九日には、彼は「自由セネガル黒人マリー＝ローズの庶子」、生後三カ月の、マリー＝エジプシエンヌという珍しい名の「自由黒人娘」の代父になっている。代母は「自由黒人女」マリー＝クレールだった。これらの人物については、残念ながら詳しいことは何もわかっていないし、トゥサン・ブレダとの関係も不明である。よくあることだが、司祭は洗礼記録作成にあたり、必要最小限の記載しかしていない。

✽トゥサンはもう一人いたのか

研究者は、残されたわずかな資料を前にして、途方に暮れることがある。一七八五年四月四日に作成され、仏国立公文書館のブレダ文書に保管されているブレダ・デュ・オー＝デュ＝キャップ砂糖プランテーションの奴隷目録には、三十一歳で、製糖工および荷車の御者として能力のあるトゥサンというクレオール奴隷の名が記載されている。これが、私たちの主人公である人物だろうか。そうなると、私たちの視界には混乱が生じる。なぜなら、彼は十一歳も若返った上、奴隷の身分に戻ってしまうからだ。第一印象では、このトゥサンは別人だと感じられるだろう。同じ農園に、同名の者が二人いるのは時々あることだからだ。しかし、二〇一二年末に発見された、一七八五年十二月三十一日付の新たな目録は、この問題を再び投げかける。この、間違いなく本物である文書は、前の目録の内容を再確認するとともに、補足している。トゥサンの名は引き続き記載されており、「圧搾作業監督ならびにラバの番人」とされている。そして、今度は年齢が……二十九歳と記されている（八カ月で二歳若返った勘定だ！）。誰かの筆跡で――支配人バイヨン・ド・リベルタのものではなく、恐らく会計係のものだ――、奴隷一人ひとりについて、単なる障害や病気に関する記述にとどまらない、貴重なコメントが書き込まれている。トゥサンに関する記述は、次のようなものだ。「賢く、動物のけがの治療ができる。穏やかだが、信仰に凝り固まっている。人に教義を教え、改宗を勧めることを好む。この黒人は、奴隷監督の姉妹シュザンヌと結婚している」（残念ながら、奴隷監督の名前は記されていない）。これは、すでに知られている情報を確認し、かつ補完するものだ。すなわち、動物の治療、宗教問題への強い関心（神の教えを説くほど関心があったというのは、新たな要素だ）、そしてシュザンヌとの関係（「結婚」は、公然と同棲していることを意味する）である。彼が圧搾機関連の仕事（すまわち、サトウキビの汁を搾る作業が的確に行われているかの確認）に従事しているというのは、新たな情報だ。シュザンヌについて、目録には次のように記されている。「洗濯女、クレオール、三十二歳、奴隷監督の姉妹、黒人女の中ではもっとも頑健で、トゥサンと結婚している」。これも私たちの知っていることと一致する上、彼女が強い性格の持ち主で、砂糖プランテーションの「エリート」に属していることがわかる。シュザンヌの子供たちに関する情報もまた一致する。セラファン（プラシド）は間もなく五歳になる（一七八一年二月二十六日生まれ）。イザークは十四カ月（一七八四年十月十九日生まれ）。これらの日付は、別表に記載されている。疑問の余地はない。これは確かに未来のトゥサン・ルヴェルチュールと、彼の二番目の家族である。それでは、そこから何を読み取るべきだろうか。トゥサンは一七八五年にはまだ奴隷だった上に、私たちが考えているよりも十歳以上若かったのだろうか。これまでの研究成果は、崩れてしまうのだろうか。そうではない。トゥサン・ブレダは、間違いなく解放されている（彼自身、一七九七年七月十八日付の総裁政府宛ての書簡で、自由になってから……二十年が経つと書いている）。明らかに間違いがあるのだ。

バイヨン・ド・リベルタが、ある日（一七八一年末か、それとも一七八二年か）、トゥサン・ブレダから風変わりな要求を受けた時の彼の気持ちを想像してみるべきだろう。というのも、解放奴隷は砂糖プランテーションとコーヒー園を避けて、手工業あるいは商売で自営するのが普通だったにも拘わらず、彼はちょうど出産したばかりの奴隷女と暮らすために砂糖プランテーションでの生活を続けたいと申し出たのだ。支配人には、これを承諾する義務はなかった。承諾したのは、彼自身それを望んだからだ。しかし、それはギブ・アンド・テイクだった。トゥサンはブレダ・デュ・オー＝デュ＝キャップのシュザンヌと同じ小屋で暮らし、子供をもうけ、育てて構わない。しかし、そのためには大きな対価を払わなければならなかった。

まず、トゥサンは農園の仕事をすることになった。彼には、動物の治療と砂糖の製造に関する貴重な能力があった。支配人が移動する際に、またル・キャップの倉庫まで砂糖の樽を運搬する際に御者を務め、閑散期には遠方まで荷物を運ぶことでいくらかの金を稼いだ。トゥサンは、ブレダでの仕事について報酬を得ていただろうか。会計帳簿には、何も記されていない。疑問点は、果たして砂糖プランテーションの書類は正確か、というものだ。確かなことはわからない。時折、バイヨンが直接に金を与えたかもしれないが、ほとんどは現物支給だったとも考えられる。なぜなら、結局のところ、小屋と、食料と、菜園と、必要な場合に荷物を運搬するための荷車と家畜を、借りるか買わずに済んだことになる。しかし、条件はこれだけではない。

「穏やかだが、信仰に凝り固まっている。人に教義を教え、改宗を勧めることを好む。」との注記が目録には付されている。しかるに奴隷主は、全人類の友愛やすべての神の子の間の平等を説くキリスト教的言説を常に警戒していた。教会の支持者が「教義を教え」、「改宗を勧める」――強い表現である――ならば、作業所の秩序を乱しかねない。バイヨンは、相手が弁舌にたけていることを知っていた。奴隷たちはトゥサンの言葉に耳を傾けた。そして、トゥサンは彼らの賛同を得、また説得する術を心得ていた。バイヨンは、この能力を巧みに利用した。慰めと平静をもたらす言葉を語り、来世においてよりよく報われるように試練に耐え、片側の頬を打たれたらもう一方の頬を出し、隣人を許すよう訴えることは望ましかろう。奴隷制下において、唯一許容できる宗教的な言葉は、魂に慰めをもたらし、既成秩序の尊重を求めるものでなくてはならない。したがって、「温和」なトゥサンが、実際に苦しみを和らげ、バイヨンが理解できない（あるいは、理解しようとしない）奴隷同士の諍いの仲裁を行っていたと考えることもできる。同時に、トゥサンは人々を指導し、人々の尊敬を集め、人をまとめる能力を発揮して、賢者としての評判を得ていた。この父にしてこの子あり、ということだろうか。

こうした取引が行われた形跡は残されていない。しかし、この目録を見る限り、こうした条件が課された可能性は非常に高く、「自由黒人」トゥサン・ブレダが新しい伴侶とともに暮らしたいと望むなら、同意する以外にはなかった。彼は、この枠組の外に出ることに何の利益もないと知っていたし、自らの身分については沈黙しなければならなかった。これが、シュザンヌと暮らすために支払うべき対価だった。

会計係はどう考えただろうか。多くの場合、この各種文書作成の業務は、植民地に到着して間もない、第三者の推薦に基づき採用された、いずれよりよい職に就くことを希望する（たとえば、自分自身支配人になる、というような）白人の若者が担当していた。しかし、この書記係はトゥサン・ブレダの過去についてまったく何も知らなかった。そのために、表面上奴隷のこの人物を、動産目録に記載する以外にはなかったのである。サトウキビの刈り入れの重労働を経験していないトゥサンが、他の多くの奴隷に比して苦労の刻印が見られず、年齢よりも若く見えた可能性はある。書類の不備もあり、経験の乏しい者にとって、見た目だけで奴隷の年齢を見きわめるのは容易ではない。そのため、間違いや不正確な表記があった可能性は十分にある。この場合には、十歳もの年齢の開きがあり、この差は大きい。ひどい間違いなのか、それとも部下に対して大きな権限を持つバイヨンの圧力による歪曲だろうか。「自由黒人」の記載の欠如についても、バイヨンとしては隠しておくべき事実として、同様に扱ったのだろうか。また、砂糖プランテーションに戻ってきた黒人を、管理者である白人が本当に自由だと認識していたかどうかにも疑問はある。彼らの頭には、黒人イコール奴隷という、忌まわしい方程式が染みついていたからだ……。いずれにしても、この情報操作は支配人に有利に働いた。もし、トゥサン――ブレダ氏の同意なくして解放されたはずはない――が依然として砂糖プランテーションで、それも奴隷女と夫婦として暮らし、作業場の奴隷たちの魂に慰めを与えているとブレダ氏が知ったら、どのような反応があっただろうか。説教への警戒と、バイヨンから報告がなかったことへの怒りから（トゥサンの農園への帰還については、手紙には一切記述がない）、支配人としては解雇される危険もあった。バイヨンとしては、そのようなリスクを冒すわけにはいかなかった。その結果、事情に通じていなければ、目録にあるのは別のトゥサンだと思われるよう、曖昧な表記を行ったのである。

不在で高齢のパンタレオン・ド・ブレダ二世は、恐らくこの書類を受け取らなかったのだろう（しかしながら、その数カ月前に作成された、詳細な注記のない書類は受け取った可能性が高い）。そしてこの捏造は、その後書類を送付されることになる、エリクールの相続人たちの目にとまることはなかった。彼らもまた、不在だったからである。その間、バイヨンはうまくこの事実を処理した、というよりは隠し通したのだろうか。トゥサン・ブレダは、自身に関するこの文書上の工作を知っていただろうか。それはわからない。彼とバイヨンの奇妙な関係において、彼が砂糖プランテーションで暮らすことを承諾し、シュザンヌと子供たちを売り払わなかったことについて、彼はバイヨンに感謝していたはずである。この取り決めには、農園で働き、平穏、忍耐と罪の赦しを唱えることで報いるだけの価値があった。それと同時に、こうした状況は、トゥサンの最初の結婚を知らない者に、後年「ル・モニトゥール・ユニヴェルセル」紙に掲載された記事が語ったところを信じるに足るものと思わせただろう。ささやかな小屋、健康的で健全な労働にいそしむ暮らし、優しい妻、親を尊敬する子供たち……。トゥサン・ルヴェルチュールは、体裁を保てるという利益を得た。バイヨン・ド・リベルタと彼は、言外の言を用いることに精通していたのである。

✽ささやかな資産

フランス革命以前のトゥサン・ブレダの資産については、いろいろ議論が行われている。当人は、はるか後に、当時「何枚かのポルトガル金貨」、すなわち現金資産を所有していたと述べている。しかし、より目につく財産を持つ人々、たとえば実業家ジョゼフ・ルアネ（ブレーズ・ブレダの異父兄弟）、石工ピエール・アントワーヌ、商人ザブー・ベラントン（いずれも、資産は十万リーヴル程度と見積もられる）、あるいは実業家ピエール＝ギヨーム・プロヴォワイユール（資産約七万リーヴル）に比べれば、大きな財産ではない。トゥサン・ブレダが、何枚かの金貨をためたという時、彼は真実を語っているのだ。

コーヒー園経営の試み以外に、彼に関して公証人が記録した取引にはどのようなものがあっただろうか。

自由になると、トゥサン・ブレダは所有していた奴隷の一人を解放している。このような断定は意外に思われるかもしれないが、これは事実である。奴隷制社会にあって、経済活動にとって肉体労働がきわめて重要だった時代に、事業を営む多くの有色自由民は自ら奴隷を所有していた。彼らは、奴隷を働かせるために、白人の事業者よりも穏便な手段を用いたわけではない。誰が奴隷の所有者かを明確にするために、焼いた鉄で刻印することを厭わない者もあった。自ら奴隷だった経験は、決して制度の永続に対するブレーキとはならなかった。

一七七六年に、トゥサン・ブレダは、ジャン＝バティストという名の、メスラド人――現在のリベリア出身――の奴隷を所有していた。いつ、どのような目的で買い取ったのかは知られていない。これでわかるのは、トゥサンに奴隷一人を買えるだけの経済力があったことだ。この奴隷が解放された理由も不明である（奴隷の解放は、財政的には損失となる）。いずれにしても、ジャン＝バティストは自由の身になった。彼自身いくらか蓄えがあったのだろう。なぜなら彼は、東へ数キロのところにあるポール＝マルゴの農園主ベルジェ＝ラプラント氏から、アガトというやはりメスラド人の奴隷女を買っているからだ。彼は、一七七七年九月三日に、さらに東にある町ル・ボルニュの教会で彼女と結婚した。司式した司祭が作成した結婚証明書には、新郎が「自由黒人トゥサン・ブレダにより解放された」とあり、さらに次の注記が付されている。「将軍及び地方長官により、一七七六年に自由を承認された」。これは、通常考えられているようにトゥサン・ブレダを指しているのだろうか、それともジャン＝バティストのことなのだろうか。

それから数年後も、トゥサン・ブレダには一人の奴隷女を買い取る経済力があったようだ。息子のイザークの言によれば、その女性はペラジーという名で、まずオー＝デュ＝キャップに、その後将軍になってから、エヌリー地区（ルヴェルチュール夫妻は、ここに大きな不動産物件を購入することになる）に住居を与えている。そして、イザークは、ペラジーが自分のことを「本当の孫のように」愛してくれたと語っている。これは、ある日ブレダにやって来たアグイア人（現在のベナンの海岸部出身）の奴隷女ペラジーのことだろうか。一家に伝わるところでは、彼女は両親を亡くしたトゥサンを慰めたという。そうであれば、彼女は一七七四年以前に農園に来たことになる。この二人がどの程度頻繁に会っていたのか、またどの程度親密な関係にあったのか（彼女は彼よりもわずかに年長だ）は何も知られていないが、フォン語が彼らの間のコミュニケーションを容易にしただろうとは考えられる。恐らくこの状況は、新参者に理解され、影響力を持つために、アフリカ言語を話し続けることの重要性をトゥサンに認識させたものと思われる……。いずれにしても、トゥサン・ブレダによって買い取られると、彼女は解放されることなく、農場にとどまってシュザンヌ（彼女自身、子供たち同様依然として奴隷だった）の手伝いをするようになったようだ。ペラジーはよい待遇を受け、家族同然に扱われ、事実上の自由民だった。そして、その後の情勢により、シュザンヌとその息子たち同様に、正式な自由民となるのである。ペラジーはいつ、砂糖プランテーションの仕事から有色自由民トゥサン・ブレダの仕事の手伝いへと移行したのだろうか。判明しているのは、一七八九年七月五日、ブレダ・デュ・オー＝デュ＝キャップの支配人が交代した際、新支配人シルヴァン・セギー・ド・ヴィルヴァレイが作成した引継ぎ調書によると、奴隷女ペラジー（当時五十一歳）は二十二歳の若い奴隷女と交換され、彼女もペラジーと命名されたとされたことだ。確証はないが、この交換の背後にはトゥサン・ブレダがいた可能性がきわめて高い。彼が、奴隷主の目に「収益性がより低い」奴隷と交換するために若い奴隷を購入したと考えられるのである。

また、一七七九年四月十八日には、トゥサン・ブレダはオー＝デュ＝キャップに所有していた約二百二十平方メートルの狭い土地を六百リーヴルで、生来の自由民である「クレオールの黒人女」でマティウー・ブレダ――解放奴隷であること以外何も知られていない――の娘エリザベートに売却し、公証人ドレ氏がその証書を作成している。その二年後、一七八一年五月二十五日には、さらに狭い土地を百七十五リーヴル十ソルで売却し、公証人ボルディエ氏（息子）が証書を作成した。この二区画の土地は、もともとジョゼフ・ダルバンの農園だった土地が分譲されたもので、トゥサン・ブレダも含めた複数の有色自由民が関心を示していた。しかしながら、売買金額を見ると、小額の取引である。それでも、こうした事例は、解放奴隷がいくらか資産を保有し、建設用もしくは農業用（食料用作物の畑、もしくはコーヒー園）の土地の取引、さらには奴隷の売買を通じて、財産や収入を増やそうとしていたことを示している。

第6章　獲得した〝いくつかの知識〟

一七八四年十一月十六日、トゥサンとセシルの娘のマリー＝マルトは未亡人となった。彼女は三年間寡婦として過ごし、一七八七年十月四日にル・キャップ生まれのジャンヴィエ・デサリーヌ（「成年に達した、自由黒人女マリー・ジュルダンの庶子」）とキャップ＝フランセの教会で再婚した。彼は、リモナード、ウアナマントとフォール＝ドーファンに農地を所有していたシャバノン・デ・サリーヌ家のいずれかの農園の元奴隷だろうか。確実なのは、ジャンヴィエ・デサリーヌが一七六七年以来民兵団の団員だったことだ。のみならず、彼はアメリカ合衆国の独立戦争に従軍した元兵士だ。軍の記録によれば、彼は「サン＝ドマング志願猟歩兵」――自由民の黒人およびムラートからなり、一七七九年にエスタン提督の指揮の下、小アンティル諸島出身の兵士たちとともに、南部に戦線を開くためジョージア州に出陣した――部隊の軍曹だった。当時、ヴェルサイユが一七七六年以来ロンドンの政府に対して反乱を起こしていた植民者の支援を決め、独立派に協力するために大規模な派遣軍を送り込んだために、フランスと英国は再度戦争状態に入っていた。北部での戦闘に加えて、反乱を起こした十三州の南部に戦線が開かれ、そこでこの肌の色の異なる兵士の混合したアメリカのフランス人部隊が活躍したのである。サヴァンナ攻囲戦は血まみれの戦いの末、敗戦に終わったが、有色人の帰還兵たちは、誇りを持って白人の自由のために戦ったと語ることができた。これに逆行して、サン＝ドマングの白人たちは頑なに、彼らに一切の政治的、社会的な向上を禁じようとした。トゥサン・ブレダが二人目の娘婿とどのような関係にあったかは不明ながら、聞き上手の彼は、ほぼ間違いなくこれらの自由の戦士の話を聞いたはずである。この自由という大義のための戦いが、彼にとってどうでもよいことであるはずはなく、彼が経験的に政治を学習するのに寄与したに違いない。他の多くの有色自由民同様に、ジャンヴィエ・デサリーヌは引き続き民兵団に、より具体的にはル・キャップの自由黒人部隊に属していたから、なおさらである。彼は、岳父を民兵団に加わらせたのだろうか。それは謎だ。しかし、少なくともトゥサン・ブレダは、軍事に関することも、流行の思想も、観察し、学んだのである。

それと並行して、ジャンヴィエ・デサリーヌがマリー＝マルトとの結婚により、かつてトゥサン・ブレダが最初の娘婿であるフィリップ・ジャスマンから一時期借りていたグランド・リヴィエールのコーヒー園の共同所有者になっていたことにも注意しておくべきだろう。ところで、すでに見たように、このプランテーションの奴隷の中にはジャン＝ジャックという者がいた。彼は、トゥサン・ブレダがコーヒー園経営に乗り出した時には既に成人していた（彼は、その際にジャン＝ジャックの気骨と身体的強靭さを評価していた）。このジャン＝ジャックとは、後にデサリーヌの姓を名乗り、ハイチ独立を宣言する人物にほかならない。このことが、齢を重ねたトゥサン・ルヴェルチュールが、やがて彼の後継者となるこの年少の、直情的で粗野な補佐役に対してしばしば軽蔑的な態度を取った理由並びに、後者が前者に対して尊敬だけでなく恨みを抱いていた原因を説明しているのかもしれない。

しかし、一七八七年にはまだそうした状況にはなかった。ジャンヴィエ・デサリーヌとマリー＝マルトの結婚証書には、トゥサンとセシルに関する記載はないが、ガブリエルの署名が見られる。「ガブリエル・トゥサン」というその署名は、トゥサンの息子ガブリエル、の意味である。証書には「マリー＝マルト・トゥサン」と記されているが、これはトゥサンの娘マリー＝マルトの意味で、「トゥサン」を姓として用いる習慣が根づきつつあったことを示している。これは、有色自由民に元の奴隷主の名を名乗ることを原則として禁じた――この場合、ブレダ姓を名乗ること――一七七三年の規則の運用が強化されたからだと考えるべきだろうか。また、小教区の記録は、ガブリエル・トゥサン青年が軍の人々と親交を結んでいたことを示している。民兵団は社会的地位の向上のためのよい手段だった。さらに注意すべきは、新郎とその義弟以外に、証人でいずれも有色自由民のピエール・アントワーヌ、ピエール・アントワーヌ（息子）、ピエール・ドロールの全員が署名できたことである。しかし、マリー＝マルトは署名ができなかった。

この社会において、軍服の権威は無視できないものだ。実際、男性自由民は民兵団で役務につく義務を課されていたが、これは農地の所有や商業活動と並び、有色自由民が選ぶ社会的地位の向上のための手段だった。ジャンヴィエ・デサリーヌは、この道を選択した。アメリカ合衆国独立のために戦ったことは、帰還兵に大いなる名声を与えた。マルスの異名で知られたジャン＝バティスト・ベレイという商人――彼は帽子屋だった――は、彼の属する共同体にとって特に重要である。彼は長い間、セネガルのゴレ出身で、生まれて間もない時期にサン＝ドマングにやって来たと信じられていた。彼は実際には、死亡証明書――彼は一八〇五年八月六日、モルビアン県ベル＝イル＝アン＝メールで拘留中に亡くなった――に書かれているように、レオガーヌ生まれのクレオールだった。一七七七年から一七八八年の間のル・キャップの小教区記録は、およそ五十回にわたり彼に言及している。この回数は記録的だが、彼の名はすぐ隣の村落カルティエ・モランの記録にも見られる。彼は頻繁に結婚もしくは埋葬の証人となり、代父も四度務めた。三十代で活動的な彼は、さまざまな依頼を頻繁に受けていた。

もう一人、表舞台には登場しないが、トゥサンの重要な知人を挙げておこう。老ブレーズ・ブレダは、トゥサンと彼がその名を使うことになるブレダ砂糖プランテーションにいた時分にトゥサンの面倒を見ていた。その後、ブレーズがノエ伯爵に料理人、また恐らくは御者としても仕えていた時期に、二人は再会している。ブレーズ・ブレダは、地元の小名士の代表例だ。アラダ人奴隷で、一七七〇年以前に自由になった彼は、財産としてル・キャップに二軒の家を購入するまでになった。一七七五年にフランスに帰国するにあたり、ノエ伯爵が彼に箪笥を一つ、四百五十リーヴルというそれなりの金額で売ったというのは、意味のない話ではない。いくつもの公正証書が、ブレーズ・ブレダが多くの商取引で、代理人として仲介役を果たしたことを示している。中には、奴隷の解放に関する事案もあった（特に、一七七八年の妻の姪にあたるエリザベートのケース）が、彼は奴隷の売買にも関わっていた。彼はまた、一七七八年に、若い自由民ムラート、ニコラ・モンテイユの後見人になっていた。一七八四年には、ジュリーの息子の自由黒人ジャックの後見人も引き受けている。彼は、裕福な商人のジュヌヴィエーヴ・ゾクエ・サラザンを初め、建設業に携わる何人もの有色自由民と交流があった。

トゥサン・ブレダは、家族や友人を通じてこの小世界を知っていただけではなく、単純に近所づきあいによっても知っていた。オー＝デュ＝キャップの町――上記の人々のほとんどがここで暮らしていた――は決して大きくはなく、およそ六十人の解放奴隷がここに居住していた。そもそも、有色自由民も巨大な集団を形成していたわけでは決してない。フランス革命直前の時期には、キャップ＝フランセと周辺の町で千四百人ほどがいたものと考えられる。このような、個人的なつながりと相互扶助の精神が重要な環境にあって、人々は多かれ少なかれ知り合いだった。

✽読み書きを覚える

一七八五年十一月十七日、二十四歳で原因不明の死を遂げた（横転した荷車の下敷きになったのか、それとも病死したのか）トゥサン・ジュニアの埋葬式を執り行った司祭は、埋葬記録作成にあたり証人に自署を求めた。弟の埋葬に立ち会ったガブリエル・トゥサンは、「ガブリエル・トゥサン」と署名しているが、彼が「トゥサン」と書いた筆跡は彼の父の筆跡に酷似していて（少なくとも、ガブリエルの筆跡が変化し、より力強くなるまではそうだった）、一見しただけでは見分けがつかないほどだ。彼ら親子は、一緒に同じ人物から教わったのだろうか。何がきっかけで、読み書きを習おうと考えたのだろうか。それはわからないが、生涯のある時点において、トゥサン・ブレダがペンを手にすることを覚えたのは事実だ。彼の筆跡は、苦労して書いたことがわかり、不器用である。綴りの間違いも多く、文章表現にはクレオール語の強い影響が見られる。しかしながら、書くことを覚えた彼は、社会生活において大きく前進した。これは大きな勝利だった。この能力を持つということは、より上級の世界、より高度な知識に達することが可能になったということであり、別の言い方をすれば未来への道が開けたのである。残る疑問は、誰が彼に読み書きを教えたかということだ。一家に伝わる伝説が語るように、受洗時の代父であるピエール・バティストだろうか。どこかの聖職者だろうか。元志願猟歩兵で、黒人民兵団の団員だった彼の娘婿だろうか。トゥサン・ルヴェルチュール自身は（ラクロワ将軍の報告によれば）、次のように語るのを好んだという。

サン＝ドマングで最初の混乱が起きて以来、私は大いなる事業を成し遂げる運命にあると感じていた……（中略）……私は読み書きができなかった。私は、若干のポルトガル金貨を持っていた。私は、それをル・キャップの連隊に属する一人の下士官に与えた。そして、彼のおかげで、数カ月のうちに署名をし、すらすらと読むことができるようになった。

この、自らの知識を提供する白人の軍人――事実関係は確認不能である――に習ったという説明は、共和主義的な意味合いが強く、真偽のほどには疑問がある。なぜなら、これははるか後年の証言であり、その当時のトゥサンはサン＝ドマングの支配者として絶頂期にあったからだ。

事実の探求をさらに困難にするのは、一八〇一年末に、トゥサン・ルヴェルチュールが参謀本部の将校たちに、秘密を打ち明けるようにある事件を語ったことである。後にハイチの大歴史家トマ・マディゥーがこの事件を書き記した（マディゥは十九世紀前半に、一次資料にあたっている）。

「フランス革命以前、私は私の奴隷主だった人物を敬愛していた。この人が、私に読み書きを習わせてくれたのだ。日曜ごとに、奴隷主は私をミサに参列するためにル・キャップに行かせてくれた。私はいつも、祈祷書を持参していた。ある日、私は一人の白人と出会った。彼は私の頭を棒でたたくと、こう言った。知らないのか、黒人は読むことを習ってはいけないのだ、と。私はへりくだって許しを乞い、私は読むことができるという罪を告白した」。トゥサンの声が上ずり、目が涙でいっぱいになった。「私の着ていた胴着は血だらけになっていた」と彼は続けた。「奴隷主のところに戻っても、私はこの胴着を着続けた。この時の辱めにいつか復讐しようという気持ちを忘れないためだ。革命が起きてから、私はその白人と邂逅した。オー＝デュ＝キャップでのことだ。私は彼に近づき、チョッキを見せてこう言った。この血に見覚えがあるか、と。彼は青ざめてよろめき、赦しを求めた。私は、持っていた短刀で相手の腹を刺した。友人たちよ、人間は決して受けた辱めを忘れてはならない」。

この物語についても、事実関係は確認できないが、これもまた文字通りに受け止めるべきではない。しかしながら、この事件は彼が革命以前から読み書きができたことを語っている。あるいは、バイヨン・ド・リベルタがトゥサンが読み書きを習うよう後押ししたのかもしれない――これは、考えうる仮説ではある。しかし、トゥサン・ブレダは自由民だったから、それを隠し、恥ずかしく思う必要はなかった。何よりも、この話が示しているのは、彼が辱めを受けることに耐えられず、恨みを引きずる性質だったということだ。奴隷の身分がトゥサンにどれほどの傷を与えたか、彼がどれほどの辱めを受け、それに無言で耐えたかを知ることは恐らく永遠にできないだろう。しかし、彼の心の奥底に深い傷が残り、いつか物事は変わるだろうとの希望を抱いたことには間違いがない。彼の性格の重要な特徴は記憶力のよさであり、受けた恩恵――これに対する感謝を、彼は示した――も、耐え忍んだ攻撃も忘れなかった。しかし、後者の場合には、傷つけた相手を必ず赦したというわけではない。これは、彼がかつてブレダ農園で説いていた公教要理と矛盾するだろうか。それとも、緊張が高まるにつれ、考え方が――より厳しい方向に――変化したのだろうか。

✽バイヨン氏の動機

革命の動乱に先立つ数年間は、鋭い洞察力を持つ者にとっては、特に意義深い時代だった。さまざまな出来事が起こる中で、バイヨン・ド・リベルタと関係を保ち続けることは、トゥサン・ブレダにとってこの人物の態度、経営のしかた、任務の遂行法を間近で観察する機会となった。彼の実際の行動を知ることはできないにせよ、少なくとも彼が経験した環境を描いてみることは不可能ではない。

バイヨンの私生活について、簡単に見てみよう。彼の妻が一七七四年から一七七七年にかけてサン＝ドマングを離れ、健康を回復するためにフランスに帰国したのは先に見た通りだ。しかし、この当時の公正証書に、オー＝デュ＝キャップに「マルゴ、別名バイヨン」という「自由黒人女」がいたことが示されている。これは、彼が妻に忠実であったかどうか、深刻な疑問を抱かせるものだ。

バイヨンが不在の農園主に宛てた書簡によれば、彼は率先してさまざまな措置を講じ、しかもそれを売り込むのに余念がなかった。そのことには何の不思議もない。彼のポストがかかっていたからだ。一般的に言って、フランスにいる農園主に支配人が書く手紙は、問題点を長々と列挙する退屈なものだった。農作業や維持管理業務、生産と販売、行うべき支払などである。バイヨンの手紙を読む限り、彼は最善を尽くし、農園は繁栄していたようだ。

奴隷に関しても、彼らの待遇はよくなっていたようだ。バイヨン・ド・リベルタは、さまざまな作業に必要な人員の補強をすべく、労働力を買い入れていた。しかしながら、奴隷の購入は非常に高くついたので、彼は――何度も手紙に書いているが――出産の奨励が長期的にはより安上がりになると考えていた。プランテーションの管理担当者にとって、労働力の再生産は、繰り返し直面することになる問題だった。厳密かつシニカルな会計的見地からすれば、奴隷の輸入は、幼い子供を成人として働けるようになるまで長期間にわたり養育するよりは経済的だ。しかし、議論となる点は、「ボサル」はアフリカの記憶とともに島に上陸し、アフリカと島を比較する能力を持っている上、労働に従事できるようになるまで、新たな環境に適応するため、何カ月もの時間をかけなくてはならない。これに対して、最初から奴隷制度の中で育った者は、熱帯の「すばらしい新世界」のような環境にあって、批判を行い、反乱を起こす傾向が少ないと考えられた。実際、十八世紀末になると、需要の増加に伴う「黒檀の木」の供給減の状況下で、思春期の、あるいは成人した「ボサル」を買うべきか、それともクレオール（あるいはごく幼いうちに島に来た子供）を育てるべきかの議論が、サン＝ドマングの入植者の間では再燃していた。バイヨンは、出産奨励策に傾いていた。しかし、ブレダ農園では常に新たな労働力を買う必要があったため、彼の努力だけでは結局のところ不十分だった。奴隷たちを最良に近い状態で維持できるよう配慮していたバイヨンは、天然痘の予防接種を取り入れた。

日常生活において、死者や病人が出ることはあったが、バイヨンはもはや大きな被害をもたらす災厄について述べることはなくなった。幸運だったのかもしれないが、彼は管理が行き届いていることを強調しているように思われる。しかしながら、農園の維持管理について手落ちがあったことを認める記述も見られる。たとえば、一七八三年十二月十四日付の手紙で、支配人は「サヴァンナ（牧草地）を横断する雨水溝が極端に広くなっており、底部を固める必要があります。特に、水車の横と奴隷小屋の真ん中を通る溝の処置が必要です」。つまるところ、ジイーも、彼自身も、それまでこの問題に対処してこなかったのだ。そして、その後の降雨により、事態をさらに悪化させてしまう。所有者が支出に同意しなかった結果だろうか。

しかし、この問題を別にすれば、目につくのは自己満足の連続である。パンタレオン・ド・ブレダ二世が一七八六年七月七日に亡くなり、所有する二つの農園が四人の甥と姪（エリクールとノエの両伯爵、ポラストロンとビュトレールの両伯爵夫人）のものとなってからも、バイヨンの手紙の調子は以前と変わらなかった。

彼個人の状況に関しては、変化が見られた。一七八四年に、彼の一家は悲劇に襲われた。植民地にしかるべき教育施設がなかったため、早くから姉とともにフランスに送られ、修道女たちの下で教育を受けていた下の娘が死んだのである。一方、彼の社会的地位は大いに向上した。彼の手紙には、自身で所有するランベ地区――キャップ＝フランセの西側にある、二つの丘に挟まれ、直角に海に向かう細長い地域――にある砂糖プランテーションが徐々に整備されていく様子が語られている。農園主になるという彼の夢は、一七七〇年代末から一七八〇年代半ばにかけて、ケール農園とラ・フォレストリ農園の土地を次々と買い取ることで実現しつつあった。しかし、製糖作業のための建物を建設し、サトウキビ畑を整備し、人および家畜からなる労働力を導入し定住させなくてはならないため、実際の生産活動開始までには何年もかかる。この建設中のバイヨン農園はランベの海岸に近い地区に位置していたが、ル・キャップからはかなり離れており（九里近く）、クレオールの入植者で、農園主たちの狭い世界では評判のよいジャン＝ポール・ブラン・ド・ヴィルヌーヴが共同所有する農園に隣接していた。この人物については、後述する。

第7章　〝高潔なバイヨン〟に学んだこと

アントワーヌ＝フランソワ・バイヨン・ド・リベルタは、いくつもの支配人職を兼任し、それによって収入を増やそうとしていた。そうしていたのは、決して彼だけではない。たいした資金も持たずにやって来たが、しかるべき推薦状を持っているか自分で勝手に推薦状を作り、所有者がフランスに住む砂糖プランテーションのポストを狙う「小白人」にとって、この種の競争は植民地におけるスポーツのようなものだった。慣習によれば、収入は固定給と、生産に応じた歩合からなっていた。会計係は、平均年千五百リーヴルで満足しなくてはならなかったが、支配人は、最大で年収一万サン＝ドマング・リーヴルを期待できた。嫉妬は避けがたかった。一方で、これらの管理者が第三者の財産管理にかける情熱は冷めやすいものだったし、会計帳簿を改竄して現物収入を得ようとする誘惑は、大きな不幸をもたらした。トゥサン・ブレダは、彼の傍にいることにより、バイヨンの行動を仔細に観察し、多くを学ぶ機会を得た。人生の教訓となるいくつもの出来事が、それを示している。

✽教訓一　「時の必要に応じて行動するのが成功への道である」

レ・マンケ小郡（キャップ・フランセの南西三里にある、アキュル＝デュ＝ノール地区の一角）にノエ伯爵と従兄弟のエリクール騎士が会社組織で設立した大砂糖プランテーションの支配人職をどうすれば手に入れることができるのか。二人の従兄弟はフランスに帰国するにあたり、資産をナントの貿易商の一家出身の商船の船長アレクシス・モヌロン・ド・ロネーに託した。彼らはまた、タルブ出身の野心的な若者で、有力者の推薦を受けていたシャルル・ド・レピネを会計係として採用した。ところが、モヌロンの仕事ぶりはすばらしいというわけではなかったのに加えて、二人の従兄弟にポール＝マルゴにあるコーヒー園を、詐欺まがいのやり方で、多額の利益をもたらすと称して売りつけた。このコーヒー園からの収益はあまりに少なかったため、エリクール騎士は一七七八年にサン＝ドマングに戻ってきた。彼がモヌロンに対して激怒すると、モヌロンはレ・マンケを去った。一方、シャルル・ド・レピネは、より穏やかな雰囲気を求めて、リモナード地区のラ・シュヴァルリー夫人の農園に職を求めた。エリクール騎士はサン＝ドマングにとどまり、自ら経営に乗り出した。当然、バイヨン・ド・リベルタは彼に会いに行き、旧交を温めた。しかし、コーヒー園の失敗が騎士の健康をむしばみ、彼は病に倒れた。一七七九年九月以降にバイヨンがノエ伯爵に自発的に送った手紙によると、騎士は一種の鬱状態に陥り、他界したのだという。同時に、バイヨンは騎士より砂糖プランテーションの経営を委託されたことを伝え、ノエ伯爵はこれを暗黙のうちに了解した。

しかしながら、このポストを狙っていたシャルル・ド・レピネは、本人の弁によればこのポストについて何らかの約束を得ており、やがて辛抱しきれなくなった。二年間の待機と状況観察の末に、彼は一七八一年十月二十八日にノエ伯爵の友人ゴントー伯爵に書簡を送り、はっきりと「ノエ伯爵の農園の経営は非常に杜撰で、私が（一七七八年九月に）農園を離れてから多数の黒人奴隷と作業所の熟練労働者を失い、この農園が得ることのできる収入よりもはるかに少ない収入しか上げていません」と述べ、さらにバイヨン・ド・リベルタが「この農園をかなりお粗末なやり方で経営しており、多くの人が疑問に思っています」と付け加えた。シャルル・ド・レピネがこう書いたのは、バイヨンに先を越された悔しさによるものでもあるだろうが、バイヨンがほとんどの時間をオー＝デュ＝キャップで過ごし、レ・マンケには「ごく稀にしか訪れない」とレピネが指摘したことは、事実でもあった。しかし、この当時ノエ伯爵はサン＝ドマング滞在中に友情で結ばれ、地元の有力者たちをよく知っていたこの人物に信頼を寄せていた。若いレピネの批判は、いかなる効果も生まなかった。

こうした条件のよいポストの争奪戦に、トゥサン・ブレダは注目していた。目的のためには手段を選ばないこの世界で、嫉妬、愚弄、金銭欲は、地位を求める白人のグループ内では頻繁に見られた。トゥサンはすでに、ブレダ農園の支配人職をめぐるバイヨンとデルリバルの激しい争いを目にしていた。恐らく、レ・マンケの経営を手がけたいと望み、不在の農園主の関心を引こうとして不満を訴える手紙まで書いた自惚れの強い若者に対する気持ちをバイヨンがぶちまけるのを彼は聞いたに相違ない。シャルル・ド・レピネが一七八七年にランベにあるレイノー農園の支配人となった時、バイヨンは同じ地区に自らの砂糖プランテーションの整備を終えようとしていた。これにより両者間の緊張が再燃し、隣人同士の争いに発展したのだろうか。農園主になったことをうらやむ「やきもち焼」を馬鹿にしたがるバイヨンの手紙を信じるなら、そう考えることもできる。しかも、こうした卑劣な行為や欲深さは、一七七三年にオー＝デュ＝キャップのブレダ農園で起きた出来事にも見られるように、奴隷の日常にも影響をもたらした。レ・マンケでのバイヨンは、周囲の不穏な空気を例証する結果となった。

✽教訓二　奴隷のストライキを終結させる方法

植民地では、奴隷たちが日常の苦しさを訴えることがないわけではなかった。それがどのような形を取るかは、現場の状況によって変化した。ここで取り上げる一件について、唯一の情報源のバイヨンはどのように語っているだろうか。

一七八〇年代初頭、広大なレ・マンケ農園は二百二ヘクタールのサトウキビ畑と、約四百人の奴隷が働く作業所を保有していた。一人当たりの作業の負担は大きかった。いずれにしても、バイヨンは農園には稀にしか姿を見せなかった。日常的な管理は、農園に住み込みの会計係が担当していたが、彼も仕事に十分な熱意を傾けているとは言えず、その結果農園の活動は満足の行くものではなかった。

ここで、二人の重要人物が登場する。農園のコマンドゥール（奴隷監督）、ジャン＝ジャックとイポリート（別名ポリート）である。復習すれば、奴隷監督とは奴隷で主人の信頼を得ている者のことだ。レ・マンケでは、エリクール騎士は一七七九年に亡くなるまでジャン＝ジャックとイポリートを信頼し、バイヨンは一七七九年十二月二日付の手紙でノエ伯爵に、騎士が「私に強く推薦し、彼らとイポリートの妻フランシェット並びにその子供たちに自由を与えるよう約束して欲しいと繰り返し述べました」と書いている。

ここに、問題の核心があるように思われる。なぜなら、それから三年を経ても、なお解放は実現していなかったからだ。実際、奴隷の解放は主人に大きな負担がかかる。働き手を失い、「自由税」を納めなければならない。だが、ノエは多額の借入金を抱えていたために支出を渋り、明確な回答を避けていた。バイヨンは、一七八一年三月十日の書簡に、二人の奴隷監督に、彼らに関する奴隷主の手紙の一節を読み聞かせたと書いている――残念ながら、この手紙は失われてしまったが。

> 彼らはあなた様のありがたいご意向に深く感謝しており、その旨を私に述べました。彼らは、いつまでもあなた様に愛着を持ち続けることを約束しましたし、奴隷たち全員によい影響を与えたことに私自身気がつきました。

それ以上のことはわかっていない。「ありがたいご意向」とは何なのか。「サヴァンナの自由」を与える約束なのか。その可能性は非常に高い。しかし、この種の自由は、当事者の行いが悪ければ奴隷主が取り消すことができ、公正証書により取り決められた最終的かつ正式なものではない。ノエ伯爵の「ありがたいご意向」の表明から一年余りが過ぎた一七八二年五月十九日、バイヨンは危機感をあらわにして次のように書いた。

農園の奴隷監督たちはとんでもない混乱を起こそうとしています。エリクール騎士様は、彼らを信用しすぎ、農園の白人よりいわば上の立場を与えて、甘やかしてしまったのです。そこにあなた様のお手紙が加わり、彼らの頭はおかしくなってしまいました。

白人管理者に異議を唱えてもよいと奴隷監督に思わせた厚遇がいかなるものであったにせよ、問題はどこにあったのだろうか。この季節は、砂糖製造の繁忙期にあたる。農園の売上高（および管理者の収入）を左右する、したがってきわめて重要な時期である。作業量は非常に多く、労働は長時間に及んだ。こうした状況はすべての人に当てはまったが、普段から消耗していた奴隷にとっては、この仕事のペースは余分な疲労と緊張、苛立ちを招くものだった。まさに、そうした事態が起きていた。五月十九日付の手紙で、バイヨンはこう続けている。「ポリートが起こした騒ぎについては、お知らせした通りです。それは、長くは続きませんでした。奴隷たちが農園を離れていたのは二十四時間だけでした」。この件については、残念ながら失われてしまった以前の手紙で報告済みらしく、それ以上の記録は残っていない。しかし、より重要なのは、次の一節である。

ジャン＝ジャックは、もう少し長期にわたる行動を仕掛けてきました。彼の砂糖製造における仕事ぶりが不十分なことを指摘しただけで、彼は製糖工、荷車の御者、樽作り職人などの熟練した奴隷六十四人を率いて逃走し、それから一週間がたちました。この二人の黒人奴隷［ジャン＝ジャックとイポリート］は、あなた様の農園を破綻させてしまうでしょう。彼らは作業所の奴隷に邪悪な助言をし、彼ら自身がどうしても主人となって指導し、取引を行いたいと考えているのです。いかなる白人も、彼らに命令する立場にはないと考えています。彼らは人から指導されるのではなく、自分で選択したいと思っています。伯爵様、彼らを処罰することがどのような結果をもたらすか、おわかりになるでしょう。もしも明日、陽のあるうちに彼らが義務を果たすべく戻ってこないのなら、私はムラート部隊［自由ムラートで編成された民兵団］に彼らを追跡させるか、あるいは農園の管理者全員を動員するつもりです。それは小さな苦労ですが、きっと大きな成果をもたらすでしょう。彼らがいなくなっても、大きな損害はありませんが、サトウキビ畑が三区画まだ整っていません［未収穫のままになっている］。それを除けば、農園の状態は非常に良好で、食料はこれまでになく豊富で、農園中どこへ行っても足で踏んでしまうほどあり、無駄になってしまいます。この四カ月余り、バナナは毎日百五十房の収穫があり、それでも取りきれずに無駄になるものもあるくらいです。あなた様の農園のどこに行こうとも、黒人たちは食料を手に入れることができます。彼らがこれほど優遇されていたことはないのに、あの哀れな二人の奴隷監督のせいで頭がおかしくなっているのです。できることなら、私は彼らを見せしめにしてやるでしょう。この一月以来、いくつもの困った出来事と、不満を言い続け、奴隷たちにお前らは働きすぎだと言い続ける奴隷監督たちにも拘わらず、私は砂糖六千台分を生産しました。伯爵様、ジャン＝ジャックとポリートはこのような性格です。その上で、農園の潜在能力に相応する収益を確実に上げることができるかどうか、ご判断いただきたく存じます。これは、実に情けないことです。これまで、私はこのような状況に直面したことは一度もありません。しかし、私はあきらめていません。近いうちに、彼らを戻って来させることができると期待しています。そのために、私が取る策について、ご同意いただけるようお願いする次第です。あなた様の財産がかかっているのです。この二人の首謀者には、厳正に対処せねばなりません。彼らがいなくなれば、すべては静かになるでしょう。

こうした動きは、サン＝ドマングでは非常に珍しく、バイヨン自身それを認めている。支配人によれば、奴隷監督は二つの理由を挙げて不満を訴え、砂糖製造所の奴隷全員を脱走に引き入れるほどだった。一方には、仕事量の増加があった。事実、一七八〇年から一七九一年にかけて、サトウキビ畑の面積は平均して年に十三ヘクタールずつ広くなったのに対し、人員の数はほとんど変わらず、したがって奴隷一人あたりの作業量は増加した。一七八二年には、この傾向はすでに明確に始まっていた。バイヨンはこうした指摘を一蹴し、奴隷たちは仕事を少しでも減らそうとしていたと匂わせているが、これは奴隷が生来怠け者で、前進させるには鞭を用いるしかないと考える奴隷主の見方を端的に示している。だが、あまりにも頻繁に使われるこの理屈は、安易なものだった。

バイヨンが糾弾するもう一つの論点は、白人管理者の能力に疑問を呈する奴隷たちの大胆さである。彼はこの白人に対する不敬に反駁したが、奴隷たちの主張には根拠がないわけではなかった。しかし、バイヨンはそれを口にしはしなかった。だいぶ後になってから実態が明らかにされるのだが、それは支配人の手紙によってではない。この時点では、バイヨンは農園主に対し、奴隷監督を「厳しく罰する」ための指示を仰いだ。なぜなら、彼は見せしめのために処罰を行うのが唯一の適切な対応だと考えたからだ。

この糾弾と並行し、支配人は逃亡の指導者たちを、悪意に満ち、不正取引――食料の不正取引を匂わせている――を行っていると非難して、彼らの信用を失墜させようとした。不正取引を行った可能性はあるかもしれないが、だからといって問題に変化があるわけではない。バイヨンが、「食料が豊富」（主として根菜類とバナナ）だとして自分の成果を自慢したのは、実際にそうだったか証明が必要ではあるが――レ・マンケでも他の農園でも、炭水化物が食料の大半を占めていたことを間接的に明らかにしているが――、まず労働強化から目をそらすための工作だったように思われる。毎日の食事を保証する義務を果たしたからといって、仕事の配分における問題を隠せるわけではないのだ。バイヨンは自己矛盾に陥っているようでさえある。というのも、もし実際に食料が豊富であるなら、なぜ奴隷監督が中心となって食料の闇取引を行わねばならないのか。むしろ、食料が不足しているからこそ、それを補うための闇市場ができるのではないだろうか。

その数日後、一七八二年五月二七日、彼は安堵をもたらす知らせを伝えるべく再び筆を手にした。

先の手紙を出した翌日、幸いなことに全員が持ち場に戻ることを決めました。私が、ムラート部隊に彼らを追跡させる決断をしたと知ったからです。ジャン＝ジャックは、反抗者全員とともに持ち場に戻り、私の足元に身を投げ出して、何でも私の言うとおりにする、もう二度とこんなことはしないと述べました。

こうして、首謀者が非を認めて許しを乞うたことで、この「逃亡・ストライキ」事件は終結した。もっとも、これは両者の面子を守るための芝居だったと見ることもできる。支配人も、最も肝心な砂糖の生産を行うには、譲歩する必要があると理解したからだ。そこで出てくるのが、次の解答のない疑問だ。両者間で当然交渉が行われたわけだが、その仲介者となったのは誰なのか、というものだ。それは、いずれの側の心理状態をも熟知し、逃亡者に何らかの医療を施すことのできたトゥサン・ブレダだろうか。

バイヨンは交渉については詳細に触れずに、ただ首謀者に責任を押しつけるばかりだった。

あなた様がジャン＝ジャックとイポリートを遠ざけるなら、農園ははるかにうまく行くと保証することができます。彼らは、あなた様が考えておられるよりもはるかに有害なのです。［エリクール］騎士が彼らに約束したように、自由にしてやってください。彼らは常に混乱と対立を招くので、そのほうがあなた様のためになります。彼らはもはや可哀そうな連中から食料を横取りして、それを売っては自分の懐に入れることができなくなります。彼らは毎日七、八人の奴隷に他の仕事をさせていました。これが、彼らが作業所のまとめ役たちに反乱を起こさせた理由なのです。

バイヨンはしたがって、ノエに二人を解放するように進言した。同時に、彼は二人を食料の不正取引――彼の言うところを信じるなら、彼はそれを取り締まろうとして、その結果反乱が起こったことになる――を行い、また奴隷たちに悪影響を与えたとして非難した。

その二カ月後、一七八二年八月二日付の手紙で、バイヨンは再びこの一件に触れているが、それは以前の手紙の調子をいくらか弱め、補足をするためだった。

これは、責任者のパスコー氏を私が解任するよう仕向けるために、彼らが仕組んだ策略でした。私としては、パスコー氏には十分満足しています。ジャン＝ジャックとは、これからは正しく振舞うと彼が私に約束して以来関係を修復し、現在では私は彼の仕事ぶりにすっかり満足していて、ポルトガル金貨二枚を与えたほどです。もし、彼がこのまま続けてくれれば――私には、そうしてくれると思う根拠がありますが――、これにとどまることはないだろうとの希望を持っています。ご存知のように、騎士はこの黒人に多額の金銭を与えていましたが、控えめに与える限り、あなた様に大いに有益だと私は信じます［抹消箇所あり］。イポリートは小屋にとどまり、奴隷を監督してはいません。彼がいないほうが、仕事ははるかにうまくいきます。

この黒人奴隷は何の役にも立たないどころか、むしろ有害です。［食料を］横取りするばかりです。あなた様がどのような判断を下されるかをお待ちしますが、いまのところは割におとなしくしています。

彼は、白人責任者パスコー氏に問題があることを仄めかしている。パスコーは、奴隷を厳しく働かせ過ぎたのだろうか。彼らを辱めるような言葉を吐いたのだろうか。彼のせいで、事故が起きたのだろうか。それを知ることはできない。特に、バイヨンは彼に仕事を任せきりにし、監督をおろそかにし、パスコーの失態をかばったのである。そして、事態の沈静化を図るため、彼はよく使われる手段を持ち出した。それは、勤務成績がよい場合に褒賞を与えるというものだ。この島では現金が常に不足していたため、金貨は特に貴重な賞与となっていた。平穏を得るために金を払ったのではないかと、疑うこともできるだろう。

二人の奴隷監督の足跡が最後に現れるのは、それから一年以上が経った一七八三年十月八日付の手紙である。バイヨンの書きぶりは以前と変わっていた。

ジャン＝ジャックは非常に素行が悪い男です。彼は自由になりたがっています。私は彼を必要としないので、いまのままで構わないと思っています。私が不快に感じるのは、彼が他の黒人たちに悪しき助言を与えて扇動することです。彼は以前からひどい酔っ払いでした。それは、騎士がおられた当時からそうだったのです。彼の目の病気はラム酒の飲みすぎが原因で、そのために治らないのです。イポリートは彼ほど危険ではありません。小屋で妻とともに静かにしています。

二人の奴隷監督は、いまや遠ざけられていた。バイヨンが、サヴァンナの自由を与えたのだ。しかし、結局仕事がなくなったジャン＝ジャックは不満で、ラム酒に溺れた。このアルコールへの逃避は、奴隷の境遇を忘れるための古くからの習慣だったのだろうか、それともなかなか正式に解放されないために、より最近覚えた逃避癖だったのだろうか。というのも、奇妙なことに、これ以前のバイヨンの書簡にはジャン＝ジャックが強い酒を好んだという記述が見当たらないからだ。

結局のところ、予想できたように、バイヨンは自分の成果を売り込もうとするのだが、都合が悪い時には問題を避けて通るのを常とした。したがって、残念ながら歴史家は断片的で偏ったこの証言に頼るしかない。そして、別の類似の状況と照らし合わせることで、より多くを理解できるか確認するのである。逃亡・ストライキの例は、一七四四年にキュル・ド・サック平野（ポルトープランス周辺）の砂糖プランテーションであったことが知られている。反乱は非常に激しく、奴隷に対して暴力的で妊娠中の奴隷女を死なせたこともある管理者が殺害されたほどだった。この人物が乱暴だったことが知られていたせいか、当時、当局はこの作業所の奴隷たちに対して何の処罰も行わなかった。そのほぼ四十年後に起きたレ・マンケのストライキはそれほど深刻な事態には至らなかったが、それでも重要な事件ではあった。というのは、この事件に影響を受けたのか、一七八五年から一七八九年にかけて、サン＝ドマング北部では何件もの奴隷の反乱が報告されているからだ。

一七八二年のストライキに関しては、これを制度に対する抵抗、あるいは適応に関する問題と見て差し支えないのだろうか。バイヨンが匂わせているように、二人のいくらか能力のある首謀者が、自分たちの解放を実現するために圧力をかけるべく、理由をつけて作業所の奴隷に反乱を起こさせたのだろうか。それとも、支配人の言外の言と逃げ腰の態度から見るに、重大な問題を告発するためのストライキだったのだろうか。恐らく、そのいずれでもあったのだろう。この件は、「小逃亡」だった。なぜなら、問題が解決されると逃亡奴隷は仕事に戻り、いかなる処罰も報復も受けなかったからだ。それでも、抵抗のための戦線が形成されたことは事実だ。さらに、逃亡の連鎖の累積的な効果は、たとえそれが短期であっても、どれほどのものだったのだろうか。この反復的な拒絶行為に、一七九一年の大反乱の前兆を読み取るべきだろうか。この問題については、激しい議論が行われたが、解答は得られていない。しかし、「大」であれ「小」であれ、奴隷の逃亡は人数が少なく、短期のものでなければ奴隷主から許容されなかったのは事実である。規模が大きくなり、しかも収穫期に起きた場合には、許されないものとなった。バイヨンの怒りのこもった文章と困惑は、そのせいである。トゥサン・ブレダは残念ながら沈黙したままだが、この件について無関心ではなかっただろう。

✽ 教訓三　いかさま師が勝利を収める時

パンタレオン・ド・ブレダ二世は、一七八六年に亡くなった。生涯独身で、子供はなかった。財産は、いずれもフランス在住の甥と姪四人が相続した。バイヨンが見て取ったのは、二つの農園について決定がなされるためには、相続人四人が集まって合意する必要があるが、彼ら四人はそれぞれ離れた場所に居住しているため、集まるのは容易ではなく、時間もかかるということだった。したがって、バイヨンには準備のための時間があった。

残っている往復書簡を見ると、相続人たちは叔父の生前に比して砂糖生産量の約半分の減少、すなわち収益の急激な落ち込みにかなり驚き、懸念を深めた。バイヨンは自分への不信感を払拭するために、まず手紙で天候不順を訴えた。それだけでは疑念が晴れないと見ると、支配人は堂々と誠意をもって職務に精励していると主張した。しかし、相続人のうちのエリクール伯爵夫人とビュトレール子爵は、現場の状況を視察するために植民地を訪問し、二カ所のブレダ農園ばかりでなく、お忍びでランべまで足を伸ばした。エリクール伯爵夫人の行動については知られていないが、確実なのはビュトレール子爵がトゥサン・ブレダと会う機会があったことだ。それは恐らく子爵がバイヨン・ド・リベルタと面会した時だが、農園の案内を彼に依頼したとも思われる。

一七八八年十月八日付の長文の書簡で、ジャン＝パンタレオン・ド・ビュトレールは、妻の従兄弟であるポラストロン伯爵に対し、糾弾調でこう書いた。

親愛なるわが従兄弟よ、これらの資産の実際の状況を描写することは不可能です。維持管理が行き届いていません。下水設備がなく、栽培もうまくいっていません。黒人奴隷の使い方も不適切で、仕事をしていない者もあります。というのは、百九十九人の黒人奴隷のうち、働いているのは七十人にすぎないのです。驚いた旨を伝えると、私は検査に立ち会わされたのですが、私の受けた説明がすべて正しかったと仮定しても頭数が足りないので、それを指摘してやりました。障害のため働けない奴隷が二十五人いるとの説明を受けましたが、同様の黒人女と子供が同数いたとしても合計で七十五人、これに働いている七十人を加えても百四十五人にしかならず、五十四人不足しています。この人数が全員診療所にいるとは考えられませんし、奴隷菜園は障害で働けない者は数に含めないことになっています。私の質問には、これ以上のことはできない、使えるものはすべて使っているとの答えが返ってくるばかりでした。私は納得させられたような顔をしていました。解任するまでは、そのように行動したほうが好ましいからです。しかし、もし私たちが利益を守り、破産を避けたいと思うならば、解任する以外にはありません。これは、プレーヌ＝デュ＝ノールの農園に関してです、家畜の状態はよくありませんが、家畜はわが農園の仕事に使われているだけでなく、八里の距離にあるランベのバイヨン氏の農園の整備のためのすべての運搬作業にも使われているので、当然のことです。石工たちも彼の農園での建設作業を行っていて、この二年間そこから一歩も外に出ていませんでした。エリクール夫人と私が来たことで、ようやく戻ってきたのです。一言で言えば、私が発見したのは、経営状態が悪く、怠慢であることの証拠だけでした。非常によい土壌で、百二十八カロ［百六十五ヘクタール］

のサトウキビ畑、百九十九人の黒人奴隷で、今年の砂糖生産量は三十万［リーヴル］ですが、年間四十万から四十五万あってもよいのです。

「オー＝デュ＝キャップは、これよりさらに悪いのです」とジャン＝パンタレオン・ド・ビュトレールは続けて書いている。

この農園では、少なくとも十二万くらいの砂糖が生産されてしかるべきですが、実際には六万しか生産しておらず、売上高は三万六千［リーヴル］にすぎません。送られてきた会計報告から、それぞれの農園の分を分けて精査すればわかります。現在の経営方針により、オー＝デュ＝キャップでは収入以上の支出が発生していますす。だからこそ、バイヨン氏は詳しい説明をすることを恐れて、二つの農園の支出を一つにまとめてしまい、本来会計報告では農園ごとの割り振りを説明すべきなのですが、それがわからないようにしているのです。

疑問の余地はない。少なくともブレダ氏が他界して以降、バイヨン・ド・リベルタは何の遠慮もなく農園の奴隷と家畜双方の労働力の一部を、ランベにある自分の砂糖プランテーションの整備と、砂糖生産の開始を早急に進めるために利用したのだ。これは明確な労働力の収奪だった。プレーヌ＝デュ＝ノールの奴隷の四分の一を占める石工が、二年にわたりバイヨンの農園で働き、運搬用の家畜は一回あたり三十キロを超す長い行程で荷物を運び、疲労困憊していた。当然ながら、ブレダ農園の経営と収益は直接悪影響を受けた。維持管理が杜撰になり、支出に対する配慮が不足したことも忘れてはならない。これらの怠慢は、いい加減な会計処理に埋もれて見えなくなっていた。当然ながら、処分が決定した。ブレダ農園の共同所有者は、バイヨンに代えて、ビュトレール・デュ・ボワ＝ド＝ランスの管理責任者、シルヴァン・セギー・ド・ヴィルヴァレイを支配人に選んだ。ノエ伯爵も、レ・マンケの農園に関して、同様の決定を下した。

トゥサン・ブレダは、この一件のすべてを舞台裏から見ていた——彼は、処分の理由となった荷物の運搬作業の一部に関して、バイヨン・ド・リベルタのために働いたのかもしれない——から、問題を仔細に知っていた。バイヨンの二股作戦が奏功したことに、彼は気がついていた。というのも、支配人を解任された時点で、ランベの彼の砂糖プランテーションは、砂糖の生産を始めていたからだ。バイヨンは、人生の目的を達成したのだ。サン＝ドマングでよく知られているように、農園の支配人は信用できないという評価を、この人物もまた証明したというわけだ。彼らはまず自分たちが儲けることを考える。多くの農園主が不在であることで、この傾向に拍車がかかった。しかし、バイヨンが彼の御者にとっていかなるモデルたりえたかを考える時、その行動は特別な意味を持つようになる。いくつもの支配人職を兼ね——所得もその分多くなる——、仕事ぶりは杜撰で、労働力を無断で流用する。バイヨンは、そうすることに躊躇しなかった。目的のためには、手段を問わなかったのだ。権利を侵害された所有者が叫び声を上げようが、解雇されても影響がないように準備を整えておけば、それでよかった。

元奴隷は、このような怪しげな態度、ごまかしと二枚舌がどのような結果をもたらすかを観察していた。現場を視察しに農園に戻ってきた所有者が、どのような点にまず注目するかを彼は知っていた。しかし、彼は奴隷主が語らないことも見て取った。それは、こうした状況で最も苦しむのは奴隷だ、ということである。

✽教訓四　常に大きな流れをとらえること

レ・マンケの大農園の変遷を追ってみると、極端な怠慢が見られ、それは、重大な結果をもたらしていた。バイヨンが去った後に、ノエ伯爵はジャン＝ジャック・ラングロワ・ド・ラウーズという人物に経営をまかせたが、彼は一七九〇年に急死したため、その能力を発揮するには時間が足りなかった。しかしながら、彼が伯爵に宛てた手紙が保存されており、その中でこう指摘している。

物品の現状を把握できる管理簿や業務日誌の類は、農園に一切ありませんでした。バイヨン氏が支配人だった間に生まれた奴隷の子供たちの年齢さえわからないのです。（一七八九年十一月二十六日）

後任者が前任者の仕事ぶりを批判するのはお互い様ではあるが、会計文書の欠如は客観的な事実で、バイヨンによる管理がおざなりだったことは明白だ。

ラウーズの後を継いだジョゼフ＝ニコラ・デュメニルは、以前レ・マンケで会計係を務めていた。彼は、したがって農園を知っており、一七九一年一月末に正式に就任した。ノエは、彼を任命するにあたり、サン＝ドマング滞在時に知己となったキャップ＝フランセの貿易商、フランソワ・ギルボーを名誉支配人に指名した。その手続きが完了すると、ギルボーは報告の手紙を書いた。一七九一年一月二十八日付のこの書簡は、妥協のない監査報告書とも言うべきものだ。それは、現実に引き戻すつらい目覚めのように思われた。建物の状態は総じて良好で、作物も豊作が期待できるが、労働力不足は明らかで、これについてはまったく楽観的ではなかった。「作業所の奴隷の状態について、私は満足できませんでした。あなた様の命令どおりの状態を回復するには、今後二年間で黒人奴隷百人が必要になります」と、フランソワ・ギルボーは書いた。バイヨンとラウーズは手紙で問題を矮小化していたし、ノエ伯爵は浪費家で、収入を増やすよう求めはしても、費用がかかることには消極的だった。いずれにせよ、フランソワ・ギルボーは続けて書いている（彼は、奴隷制度の支持者である）。

これまでの管理者の下で、奴隷たちはあまり大事されてきませんでした。将来を考えず、砂糖の生産一辺倒だったのです……（中略）……黒人奴隷たちは過重労働に陥っており、身体を消耗しています。いまは、無理をさせないことが肝心です。

そして、労働力補充のため、緊急に奴隷二十人余りを購入するよう提案している。

長期で見ると、奴隷の人数は明らかに減少傾向にあった（一七九一年には、乳飲み子から老人まで含めて、奴隷の数の合計は三百五十四人だった）が、サトウキビの耕作面積は一七七九年から一七九一年にかけて二百二ヘクタールから三百四十ヘクタールとなり、ほぼ三分の二も増加した。有能な仲介業者であるこの貿易商が、この状況に乗じて提案している奴隷の購入により個人的な利益を得ることができるため、完全に無欲ではなかったと疑うことは可能だ。それでも、生産量が絶え間なく増加し、奴隷たちが過重労働の状態にあるという重大な問題が発生していたことには間違いがない。そのため、一七九一年初めには、陸の孤島であるレ・マンケの農園では緊張が極限に達していた。しかし、それよりも重大なことがある。いかなる文書にも記されていないが、それは管理者側の暴力的な態度だ。そして、そこから発生した奴隷たちの内に秘めた恨みはふくらみつつあった。

極端なケースだったのだろう。しかし、それは実際に起きていたことだ。トゥサン・ブレダは、それを知っていた。問題は、もはや単なる職務怠慢や無関心ではなく、明白な緊張関係だった。当時の有力者たちは、それに関心を持っていただろうか。植民地の白人エリートのうちで最も開明的な人々でも、奴隷の運命については距離を置いて見ているにすぎなかった。したがって、権威あるル・キャップ・フィラデルフ協会――一七八四年創立の、教養ある、洗練された人々のサークルで、国王の特認状によりキャップ＝フランセ王立科学芸術協会の名称を付与され、ベンジャミン・フランクリンを名誉会員に数えた――会員の書いた論文や出版物では、この知性ある人々が奴隷の待遇よりも、衛生状態の改善、新たな植物の環境への順応、耕作地の拡大に多くの関心を払っていたことがわかる。一方、当時の有色自由民の第一の要求は、主として白人との市民的、法的平等に関するものだった。

✽人間性の光

この変化、白人管理者一般の暴力的態度、すなわち結局のところ多数の奴隷たちに対し彼らが持つ恐怖と警戒感の表れである暴力的態度について、トゥサン・ブレダがどう考えていたかは不明である。彼は、いまや大半が不在農園主となった砂糖プランテーション所有者たちの家父長的温情主義の経営方針に代わって、管理者側からの不正行為、金銭欲と、以前よりも対立的な人と人との関係が定着しているのを観察することができた。彼はまた、島に来たばかりの「小白人」たちの鬱屈した感情が、直接的な競合関係にある有色自由民との緊張を醸成したことも目にしていた。とはいえ、トゥサン・ブレダはこれらを相対化して見ることができたと考えられる。心の広い医師、優しい心の清廉な人々、時折好意的な態度を取る白人――事実、彼は解放されたではないか――、あるいは自分とは肌の色の違う女性と結婚し、仲間から村八分にされてしまう白人もいたからである。彼は、一部のヨーロッパ人がこの粗暴で、開拓途上だが、豊かな未来をもたらすはずのアメリカの地と一体になり、父祖の地であるフランスを忘れたことも知っていた。そして、彼は鋭い観察眼の持ち主だったから、彼らのうちの一部の人々が不安にさいなまれることがあるのを感じとっていた。

例を挙げるならば、ジャン・マムスという人物の悔恨がある。故郷であるガスコーニュ地方の町エスタンに戻った彼は、一七七七年に隣村のカゾーボンの公証人カイヤヴァ氏に遺言書作成を依頼し、自らの資産を整理した。この文書には、何が書かれていただろうか。

一七七七年八月十二日……（中略）……ラレー小教区のコンダの家において……（中略）……エスタンの住人ジャン・マムス氏は……（中略）……この家において遺言書を作成した……（中略）……鎮魂ミサを挙げるために二百二十リーヴル、自己の魂の救済のために二百リーヴルを遺贈する……（中略）……うち三十リーヴルをモーパの司祭様に、三十リーヴルをカステの司祭様に、同じく三十リーヴルをスベールの司祭様に、そして残る百十リーヴルはエスタンの司祭様に遺贈する、また遺言者は費用二十リーヴルで、かつて虐待したアメリカの奴隷たちの魂の救済のためにミサを挙げるよう希望し、かつ命ずるものである。

この公正証書が伝えているのは、稀有な告白だ。このジャン・マムスについては、当時の他のガスコーニュ出身者と同じように、一時期大西洋の向こう側の植民地に滞在して、奴隷を使った経験があること以外にはほとんど何も知られていない。「アメリカ」とは、この大陸にあるフランス植民地全体を表すのだが、黒人奴隷が熱帯作物を生産する、非常に厳しい管理体制下にあるアンティル諸島の島、もしくはルイジアナかギアナに彼が滞在したのは明らかだ。後年になって、ジャン・マムスは、植民地で奴隷を鞭で打ったこと、あるいはさらにひどい行為を命じた、あるいは自ら行ったことを後悔したのである。

彼が課した虐待――それを彼は後悔したわけだが――によって、あるいは死に至った者があったのかもしれないし、あるいはそれは遠い昔の出来事なので、その被害者はすでに鬼籍に入っていると遺言者は判断したのかもしれない。彼は凝り固まった思想の持ち主だったが、晩年になってほのかなヒューマニズムの光に照らされたのだろうか。あるいは、ジャン・マムスは生来感受性豊かだったが、奴隷制度の重圧は凄まじく、いかなる人間性をも押し潰して、穏和な性質を沈黙させなければならなかったのだろうか。奴隷には厳しくしなければ奴隷主の方が粉砕されてしまうのだと絶え間なく聞かされれば――実際、こうした言説が絶えず行われていた――、思いやりのある人でもついひきずられて暴力的行為に及ぶことがあったのだろう。良心が咎め、後悔したために、後にこうした遺言につながったのだろう。数字を見ると、ジャン・マムスは自分自身のミサには二百リーヴルを、奴隷には二十リーヴル（すなわち十分の一）を遺している。慈愛にも序列がある、ということだろうか。それとも、彼には許しを乞うべき罪がよほど多かったのだろうか。それでも、彼が苦しんだ者たちのことを思い出したのは特筆に値する。真実が知られることはないだろうが、この貴重な文書は私たちの注意を促し、良心に不安を抱える者の足跡を示している。

このように、入植者は皆が石の心の持ち主だったのではない。財をなしてフランスに帰国した白人、あるいは得た利益を享受するために植民地にとどまった白人で、同様の後悔を覚えながら沈黙したままだった者がどれだけいたのだろうか。恐らく、無駄な質問だろう。それでも、それを問う価値はある。しかし、もう一つの重要な質問を忘れてはならない。良心の呵責を感じる者一人に対して、何の不安も感じない者がいったい何人いたのだろうか。

第8章 「私は大事業を行うために生まれた」

トゥサン・ブレダは、植民地が、少なくともその北部が、急速に発展していると感じていた。キャップ＝フランセに「アンティル諸島のパリ」という結構な異名がついたのも、理由のないことではない。一七八〇年代には、ル・キャップの人口は一万八千五百人で、これは北アメリカのボストンと同規模だった。十八世紀初めには板を打ちつけただけのバラックが立ち並ぶ小さな町だったのが、次第に石造りの建物でできた堅牢な町に変わったのだった。

この植民地では、最も重要で、最も洒落ていて、最も先進的なものは、すべてまずル・キャップで行われるか、話題に上っていた。この行政都市は、一七四九年にポルトープランスが創建されるまで、王国行政府（軍事を司る総督と、民政を担当する知事からなる双頭の行政府だった）の所在地で、その後も植民地の非公式な首都であり続けた。一七八七年までは、王の勅令を登録し、司法判断を行う高等司法評議会の所在地だった。軍の駐屯地があり、大規模な兵営が存在した。市場の活動は活発だった。町には少なくとも三つのフリーメーソンのロッジがあった。千五百席の劇場があり、社交の場として、また男女の交際の場としても活用されていた。上流階級の白人ばかりでなく、多くのムラートとムラータも劇場に姿を見せた。席の差別のために、それぞれ指定の場所にとどまらねばならなかったのではあるが。パリで上演許可が下りた数カ月後には、『フィガロの結婚』が劇場で上演された。また、フィラデルフ協会は、町の知的で洗練されたすべての人々を集めていた。アメリカにおける最初の熱気球の飛行が行われたのは、その会員の発案によるものだった（フランスでの最初の試験飛行からちょうど七カ月後、一七八四年三月三十一日に行われた）。会員たちは、一七六四年にル・キャップで創刊された「レ・ザフィッシュ・アメリケーヌ」誌の最初の読者だった。この雑誌は、王国行政府の命令により一七六八年に発行場所をポルトープランスに移した。しかしながら、「レ・ザフィッシュ・アメリケーヌ」誌は北部の大都市ル・キャップのための特別版「レ・ザヴィ・デュ・キャップ」誌を発行し続けた。一七八八年には、文学サークルも創立された。

キャップ＝フランセは、何よりも植民地の町だった。白人一人に対して黒人五、六人の割合で、主たる使用言語はクレオール語だった。港町で、倉庫と貿易商の店が軒を連ね、非常に多くの酒場があった。船員同士の喧嘩があり、夜の町は結構騒がしかった。都市部にも奴隷がいて、埠頭、倉庫、手工業者の工房で、あるいは召使として働いていた。キャップ＝フランセでは、荷役人夫、あるいはラバの引く荷車の御者として、千五百人から二千人が働き、商品の積み下ろしを行っていた。それ以外にも、多くの者が技能を習得して、奴隷主と日常的に接触しながら仕事についていた。農園の奴隷に比べればはるかに多くの人と交流し、よりよい食事を与えられ、身だしなみもよく、町中に伝わるものの見方にもはるかに通じていた。この町での彼らの総数は一万人ほどで、人口の半分以上を占めていた。

入江の中では、平均して百隻ほどの船が錨を下ろしているのを見ることができた（このうち、約三十隻が「ニュー・イングランド」、すなわち米国の船である）。繁忙期には、最大六百隻を数えることもあったが、それはこの港の商業上の重要性を物語るものだ。戦時下でのこの港の役割は、アメリカ大陸の英植民地十三州と英国の間の紛争の際に十分に証明された。反乱側を支援するために多数のフランス船およびスペイン船が来航した事実は、サン＝ドマングが重要な後方基地であることを確認するものだった。それは単に、停泊している船舶だけによるものではない。陸上には多数の部隊が駐留し、町の外に兵舎を建設しなければならないほどだった。そのため、少なくとも一七八〇年八月から一七八二年六月まで、ブレダ・デュ・オー＝デュ＝キャップ農園にも兵舎が設けられていた。このフランスとスペインの素行の悪い兵士たちと、彼らが罹患した病気の存在――彼らは性病を広めもした――は、バイヨンの好むところではなかった。彼は、兵士たちが迷惑な滞在を終えて出発すると、手紙でその喜びを述べている。実際、彼はパンタレオン・ド・ブレダ二世に、「戦争中あなた様の農園やオー＝デュ＝キャップの町に駐留したフランス軍とスペイン軍の部隊は、あなた様の奴隷女たちに病気を広めたのです」と明確に書いている（一七八三年七月七日）。恐らく、文字通り受け取るべきではないのだろうが、病気が蔓延し、この部隊と周辺の奴隷たちとの関係に疑念が持たれたことを明らかにしている。

他方、フランスあるいはスペインから来た将校たち多数が、ル・キャップ市内と周辺を往来し、要塞の視察を行っていたが、彼らは時に農園主たちと言葉を交わすことがあった。トゥサン・ブレダはこうした軍人を馬車で案内したのだろうか。いずれにせよ、こうした軍部隊の存在は、彼に強い印象を残したことだろう。

キャップ＝フランセは、強力な植民地構造の中核となっていた。プレーヌ＝デュ＝ノール一帯には、ル・キャップ山の堂々たる姿とともに、この島で最も古くからある、最もよく知られた砂糖プランテーションがいくつも存在した。すべてが豊かだったわけではないにしても、少なくともアメリカに特有の活力を見ることができた。この山がちな国のどこを訪ねても、旅人の交通を困難にする起伏の多い地形に出会う。それゆえ、人にせよ物資にせよ、ある地方から別の地方に移動するためにまず海路を使ったことは意外ではない（海軍の水路測量技師たちは、きわめて正確な海図を作成したばかりだった）。北部で見られる喧騒は、ポルトープランスが創建された西部地域、さらにはより後年になって開発が始まった、レ・カイユの町を中心とする南部地域でも見られるようになった。

サン＝ドマングの植民地全体では、当時のフランスの貿易量の三分の一を占め、フランス王国における雇用の八分の一（一部の人の説では六分の一）を、直接あるいは間接に占めていた。サン＝ドマングは砂糖の生産量の四十％、世界のコーヒーの三分の二近くを輸出し、また藍、糖蜜、熱帯木材も多量に輸出していた。これによって、ナント、ボルドー、ラ・ロシェル、さらにはマルセイユ、ダンケルク、サン＝マロー、バイヨンヌの貿易商の繁栄を保障していた。外国船も多数往来し、特にニュー・イングランドからの「アメリカ船」が多く見られた。毎年、千五百隻に達する船舶が来港した。特に島の南部では、密貿易船の往来もあった。当時、サン＝ドマングは「世界最高の植民地」と呼ばれていたが、この名は決して不当ではなかった。

そうなるために、どれだけの奴隷が必要とされたのだろうか。公式には四十万五千人とされているが、奴隷主は人頭税逃れのために過少申告する傾向が非常に強く、王国行政府自身、その数を五十万人と見積もっている。この見積りもまた、実態より過少だと思われる。というのは、植民地時代末期には多数の奴隷が来島した上に、特に島の南部では奴隷の密貿易が盛んに行われていたからだ（その数は最大で七十万人とも言われる）。結局のところ、グアドループ（奴隷八万九千八百人）、マルティニク（同八万千人）、ブルボン島（同三万八千人）、フランス島（同三万七千人）、ギアナ（一万人）に比べると、サン＝ドマングの奴隷人口は巨大だった。見方を変えれば、サン＝ドマングの白人はわずか三万人で、これは奴隷人口の十六分の一（もしくは十七分の一）だった。両者の中間には、少なくとも二万七千人の有色自由民がいた。

✲台頭する有色自由民

徐々に構成されてきた非白人自由民層は、ますます目につくようになり、植民地の経済および社会生活において重要な役割を果たすようになっていた。フランス革命直前には、有色自由民は、彼らのフランスにおける代表者の一人ジュリアン・レイモンの当時の言によれば、土地の三分の一と奴隷の四分の一を所有するまでになっていた。彼らの強い希望は、白人と同等の、完全な自由民として認められることだった。
しかしながら、両者の間には明確な区別が残っており、緊張は時とともに地理的、社会的に拡がりつつあった。地理的には、一部の白人は現地に根づきクレオール化、アメリカ化して、フランスをはるか遠い祖国としか見なくなったが、大多数の白人――特に近年になって来島した多数の者――はまずひと財産を築いてヨーロッパに戻り、稼いだ財産を活用して農地を買うか、実家を改築しようと考えていたのである。これとは反対に、有色自由民には帰るべき故郷はなく、結局のところ彼らは、暮らしている土地、ただ一時的に滞在しているだけではない自分の土地の、真の住民だと認識していた。社会的に見ると、どれだけの白人が「カラルー」、すなわちダホメ由来の、肉（または魚）と野菜をオクラと唐辛子のソースで食べる料理を口にしようとしただろうか。この料理を食べることとは、黒人およびムラートと近隣で暮らし、さらには彼らと共存していることを示していた。そういう者は若干いたが、有色自由民は白人と奴隷の中間に位置するグループであり、劣等な地位にとどまるべきだと考える社会においては、例外的な存在だった。これは、生存にかかわる問題なのだ。そうしなければ、

白人と奴隷の中間にいかなる防御線もなくなれば、奴隷たちは自由になることで白人と同等になると考え、誰も彼らを労働という義務の中にとどめることはできなくなるでしょう。

この文章（一七九一年七月十一日、緊張が一層高まった時期に書かれた）の筆者はル・キャップの白人貿易商ジャン＝ピエール・ポンシニョンで、彼は書簡を宛てたマルマンド（南西フランス）在住のエティエンヌ・デュソーのコーヒー園を管理していた。

✿白人の自治要求と王国の政策

しかし、それだけではない。サン＝ドマングの白人の間では、三つの問題について不満が高まりつつあった。その問題とは、商取引の自由、内部における自治の拡大、そして奴隷制度に対する批判である。

商取引の自由の問題は、次のようなものだ。欧州列強は、いずれも独占商業体制に基づき植民地の発展を図った。それは、入植者たちは排他的に自国の商船から物資を調達し、また取引を行うというものだ。しかし、特にフランスの場合、自国船が需要に見合うだけ来港しないか、あるいは異常に高い価格でしか取引に応じないため、原則と実態はかけ離れることになった。植民者の間では、独占商業体制の緩和、さらには廃止の要求が繰り返し行われ、時には重大な衝突に及ぶこともあった（マルティニクでの、一七一七年のいわゆるガウレの反乱、一七二三年のサン＝ドマングの反乱）。物資調達の困難とその価格の高さに直面して、オランダ人、デンマーク人、英国人、――あるいは一七八三年以降――米国人（アメリカ合衆国市民）から物資を闇で、したがってリスクを冒しても購入したいと考える誘惑は常に大きかった。一七六七年までは、王国政府は強硬だったが、ショワズル＝プララン公（当時の海洋大臣）は、カレナージュ（サント＝リュシー）とモール・サン＝ニコラ（サン＝ドマング）に、外国船用の港と倉庫を設けた。次の新たな段階に達したのは、一七八四年八月三十日だった。カストリー元帥が、サン＝ドマングに三カ所の自由港の開港を許可したのである。キャップ＝フランセ（北部）、ポルトープランス（西部）、レ・カイユ（南部）の三カ所だった。これは「緩和された独占商業体制」と言われたが、ヴェルサイユは一方で商取引の監視を大幅に強化した。外国船の寄港はいくつかの港に限定され、商品の種類も制限された。入植者にとって、それは結局得にならなかった。当時「密輸船」と呼ばれた船舶による密貿易を取り締まるために、王国海軍の艦船十二隻が沖合を航行していた。

二つ目の問題は、植民者による自治要求である。時が経ち、アンティル諸島のプランテーション所有者の家族の一部には、アメリカ独自の個性が確立しつつあった。特に、入植してから何世代も経た人々は、確かにフランス王の臣下と自覚していたが、クレオール人意識もあり、決定および規制に関してはより多くの自治を要求する傾向にあった。常に国王の代官と交渉せねばならず、島から二千里も離れたヴェルサイユの決定に従わざるをえないという状況は、一部の人々には重圧に感じられた。エミリヤン・プティ（一七七一年刊の『公法あるいはフランス植民地の行政』の著者）、あるいはミシェル＝ルネ・イリアール・ドーベルトゥイユ（一七七六―一七七七年刊『サン＝ドマング植民地の現状に関する考察』）のようなクレオール出身の才能ある法律家は、こうした方向性で理論構築を行っていた。フリーメーソンで影響力のある弁護士だったメデリック・モロー・ド・サン＝メリは、一七八四年から論文集『サン＝ドマングの法律と制度』を刊行して、現地の法的特殊性を強調した。

第三の問題は深刻なものだ。それは、奴隷制の維持に関わる。奴隷の所有者も、フランスの主要な港の貿易商も、十八世紀を通じて奴隷制度はフランスの繁栄のために必要であり、もしも「親黒人」派がフランス本国の世論において勝利を収めるなら、破滅を免れないだろうと書き続けた。しかるに、「親黒人」派は毎年勢力を拡大し、奴隷制の段階的廃止を唱える「黒人の友協会」を創立するまでになっていた（もっとも、一七八八年になってのことだが）。しかし、その数年前に、王国政府がこの問題に介入し、「専横」、「独断的」という批判の声が上がった。これらは、当時流行していた言葉だった。実際、一七八四年十二月三日に、海洋大臣カストリー元帥は不在農園主の利益を擁護する政令（給与を得ている管理者に、明確かつ定期的な報告を義務づける等々）を公布し、さらに「黒人法典」の厳守を求めた。すなわち非人間的な扱いを行えば、犯罪になるということだ。奴隷は、奴隷主の権利の濫用および暴力行為に関し、国王の官吏に訴えることが認められた。植民者はこれを事業への介入と見なし、いずれ税務調査（奴隷の数に対する人頭税に関し）の強化が行われるのではないかと疑った。キャップ＝フランセとポルトープランスの高等評議会の司法官たちは、一七八四年の政令を登録せず、したがって島では施行されなかった。翌年、第二の政令（一七八五年十二月二十三日）が最初の政令と同様の文言で、奴隷は奴隷主を尊重し、従わなければならないとしつつも「農園主と管理者」の義務を繰り返し謳ったことに対して、再び抗議の声が上がった。ル・キャップとポルトープランスの高等評議会は引き続き登録を拒否したため、カストリーは一七八七年一月に両評議会を統一してサン＝ドマング評議会を発足させ、その所在地をポルトープランスに定めた。この「専横」に対して、再び植民者からは怒りの声が上がった……が、それはこの措置が特に北部の農園主にとって不便だったことにもよる。法的問題があるたびにポルトープランスまで出かけざるをえないのは大変だったからだ。さらに、この小世界の人々は、ヴェルサイユ政府が奴隷の解放に積極的な考えを持っていたと知ったなら、どう考えただろうか。事実、カストリーは一七八五年に厳秘の文書をギアナ（人口が少なく、主要な貿易航路とは離れた植民地）の行政官に送付し、王立工場の奴隷の解放を容易にするよう求めるとともに、将来、全奴隷を解放することを視野に、何人かの先進的な植民者に同じ方向の対応を勧奨するよう指示していた。そのことをサン＝ドマングで知る者はいなかった。知られたなら、衝撃的な状況になっただろう。驚くべきパラドックスは、「独断的」だと非難される王国政府の方が、より自由な行動を求める農園主たちよりも進歩的だったことだ。

一方、地方長官バルベ・ド・マルボワの命令で行われた人口調査は非常に評判が悪かった。行政による調査件数の増加と追加徴税は、農場主が自分の好きなように振舞い、利益追求が第一という土地柄にあっては重大な問題だった。こうした性向は、行政文書や規則とは相入れることが難しかった。しかし、政府がこうして立て直しを図る一方で、その翌年、入植者の社会はルジュヌ事件、というよりは第二のルジュヌ事件で揺れることになった。というのは、一七八三年に、プレザンス（内陸部、ランベに近い地区）にあるルジュヌ農園の奴隷二人がキャップ＝フランセで、まず両手を切断された上で、激しく殴打されていたからだ。しかし、この最初の事件では、奴隷たちは大胆にも農園の白人会計係を殺害していた。「黒人法典」の定めるところにより、当時の王国の司法は情け容赦なかった。これに対して、一七八八年の事件はまったく性質が異なっていた。二人の奴隷女を毒殺者だと疑ったルジュヌは、二人の脚に樹脂を塗った上で、火をつけたのである。奴隷主の怒りを恐れて農園から逃げ出した奴隷たちの証言を記録した担当判事は、この虐待行為に対して植民者を訴追するに及んだ。しかし、他の農園主の圧力により拷問者は無罪となり、一方、不幸な奴隷女はいずれも死んだのだった（火傷のせいによるものだろうか、それとも司法当局による尋問の結果によるものだろうか）。主人が自分の奴隷に対して抱く疑いは、このように短絡的かつ恐ろしい結果をもたらすことがあった。しかし、これらの主人たちにとって、王国の司法が私的な分野に首を突っ込むことは、好ましからぬ前例を生むものだった。奴隷たちは、すぐにさらに大胆な行動を起こしかねなかったからだ。

カストリーに反対する白人エリートの代表格には、バイヨンの岳父である司法官ベルナール・ド・サン＝マルタンがいた。評議会の合併に抗議するために、彼がル・キャップの高等評議会主席の職を辞任したとの知らせは、島中を駆け巡った。特に、サン＝マルタン氏と知り合うことは、すでに見たように、植民地の知的階層と関わりを持つことを意味した。家族そろっての食事の席では、政治と経済に関わる重要問題がよく話題に上った。トゥサン・ブレダは、この白人エリートを仔細に観察したと考えられる。彼は、こうした会話から何を知ったのだろうか。

✽〝慈善家〟、それが我々の敵だ！

農園主たちには疑問の余地がなかった。このような状況に至ったのは、アンシャン・レジーム末期における社会的論争に積極的に加わった「親黒人」派の仕業だった。一七八九年にノエ伯爵の砂糖プランテーションを管理していた支配人ラウーズは、彼の属する集団のメンバーの考え方をよく表す言葉を書き残している。

我々は慈善家からも脅かされています。慈善家は恐怖から生み出されたものです。この慈悲深い人々は、将来確実にフランスにとどまって、サン＝ドマングよりもはるかに多い不幸な人々を慰める仕事に精を出すことでしょう。日雇い労働者の運命が、空腹も寒さも決して知ることのない我々の奴隷と比較できるでしょうか。

この理屈は、入植者が取る古典的な立場で、彼らが面倒を見なければならない奴隷たちの境遇は、結局のところ、本国の哀れな連中に比べれば耐え難いものではないというのだった。

同時代の人間でまだ疑問を持つ者のためには、ヨーロッパ人は追い抜かされることのない文明の保持者であり、低木叢林地帯から引き剥がされた黒人はその恩恵にあずかる以外にはないことを証明しようとする政治的な出版物が多数出回っていた。一七八九年末に、植民者でランベ地区の砂糖プランテーション（バイヨンの農園からも近い）の共同所有者であり、製糖技術の改良で農園主たちの世界では有名だったジャン＝ポール・ブラン・ド・ヴィルヌーヴは、そうした意見を歯に衣着せずに書いている。革命の初期にパリにいた彼は、当時の白人大農園主が主張していた奴隷制支持の立場の典型的な表明である『「黒人の友」と称するパリに所在する協会へのサン＝ドマングのクレオールからの手紙』を発表したのだ。

アンティル諸島の奴隷の境遇は、「どこでも気まぐれで野蛮な専制君主に虐げられている」アフリカのアフリカ人のそれよりも羨むべきものだと評した後で、彼は明快に「黒人にとって奴隷状態は、野蛮から文明へ至る一つの過程」なのだと主張した。農園主の見方では、隷属状態は煉獄のようなもので、黒人が白人の水準に達するために必要な過渡的段階だというのだ……。それは、もしそうなれるなら、というもので、その水準に達するために必要な期間が定められているわけではなく、その一方で明確な人種差別がその入口をどこまでも遠くに押し戻していた。加えて、ブランは――これは何十年も前から貿易商たちが繰り返していた理屈だが――奴隷解放は本国にとって貿易の破綻を意味し、港は衰退し、農民や手工業者は作物や製品の販路を失うことになると言うのだった。

あなた方は五十万人から六十万人の黒人奴隷が耕作しなくてもよくなるよう望んでいます。そして、この気まぐれな考えのために、法によって完全に保護された農園を攻撃することで、あなた方は植民地貿易で生活している白人五百万人から六百万人が物乞いをしなくてはならなくなるよう仕向けているのです。

さらに、彼は黒人奴隷の代わりに白人の賃金労働者を雇用するとの案は非現実的だと見ていた。

考えてみてください。サン＝ドマング島だけで二百万人の白人を移住させても、そのうち現地に適応して農作業ができるのは十万人ほどです。黒人はアンティル諸島の焼けつく太陽にも帽子さえ被らずに持ちこたえられますが、白人は耐えられないのです。

そして、彼はこれに加えて植民地の破綻と政治的混乱を予言している。

五十万人の黒人奴隷は、自由になったとわかれば、すぐに少数のフランス人が所有する土地に侵入するでしょう。あるいは、島のスペイン領側の人の住んでいない豊かな平原になだれ込むでしょう……（中略）……

［解放されたなら］現在は白人の監督の下で用心深く、器用に働くこの農民たちは、ただちに怠惰と、愚かさと、原始的な野蛮に戻ってしまうでしょう。黒人たちは、他の者よりもいくらか勇気のある同じ人種の指導者たちに従うようになり、この指導者たちはそのうち仲間同士で戦争を起こし、残忍な専制君主になるのではないでしょうか。

さらに引用を続けることもできるが、彼が目指した目的は一つ。それは、人間性を守るとの口実の下、現状を一切変更しないことだ。なぜなら、解決を図ろうとすれば、かえって悪い結果がもたらされるから、と言うのだ。このような態度は、多くの白人が奴隷とバオルコ山（島の南部のスペイン側）などに潜む逃亡奴隷の集団に対して警戒心、あるいは恐怖心を持っていたこともあって、一層頑なものとなった。白人の目には、手綱をゆるめればあらゆる災難への扉が開かれると映っていた。そのようなことは論外だった。

✽声高に主張するか、声をひそめるか

有色自由民からの平等の要求と、奴隷制度廃止の問題を前にして、農園主たちはどうすれば自分たちの意見に耳を傾けてもらい、状況を有利に運ぶことができただろうか。革命直前のこの時期、三つの選択肢があった。

一つは、陳情書を送り、代表団を派遣して、声を上げて反応することだ。しかし、これには植民地の事情に疎い本国人と摩擦を起こす懸念があった。

あるいは、より控えめに、奴隷の運命に敏感になっている世論に訴えることを避け、持てる影響力を行使して、宮廷の覚えがめでたい人々に舞台裏で接触する方法を選ぶこともできた。

最後は、分離独立の選択である。それは、本国の問題に関する立法を行うためには、本国人で構成される本国

議会、植民地の問題に関する立法を行うのは植民地住民で構成される議会、という原則に基づくものだ。しかし、この場合には自治拡大の要求、あるいは独立の要求につながってくる。もちろん、奴隷主たちに有利な形で、ということだ。

サン＝ドマングの白人たちは、したがって一枚岩では決してなかった。その後の事態の展開が、それを証明することになる。三部会招集の時点では、植民地は対象ではなかったが、何人かの「白人有力者」はそれを無視した。宮廷でよく知られたルイ＝マルト・ド・グイー・ダルシー侯爵――彼の妻はクレオールで、砂糖プランテーションとコーヒー園を所有していた（彼は国王に向かって、「陛下、陛下の宮廷は婚姻を通じてクレオールになりました」と述べたと伝えられる）――は、法の規定に反して、農園主の代表を選ぶ選挙の実施を促した。一七八九年六月と七月のヴェルサイユの混乱した状況下で、サン＝ドマングの議員三十名ほどのうち六名が国民議会への参加を認められた。その一方で、目立つことを避け、ロビー活動を選択した植民者たちは、一七八九年九月に、自らの権益を擁護するためのクラブを結成した。この圧力団体の初期の会合は、マシアック館（アルティボニト地方に農園を所有するルイ・モルダン・ド・マシアックの名からこう呼ばれる）で行われたため、「マシアック・クラブ」の名で後世に伝わることとなった。しかし、この間に、島の状況は非常に悪化していた。

✽革命、サン＝ドマングに及ぶ

フランス革命をめぐる出来事の知らせが届くと、サン＝ドマングの有力者たちの間には動揺が起こった。植民地の北部でも、西部でも、南部でも、議員の選挙を組織した農園主たちは、主導権を握るべく公然と活動した。それは、北部地方で始まった。早くも十月半ばにはキャップ＝フランセに州議会が設置され（その最初の決定の一つにより、高等評議会が復活した）、市政も刷新された。指導者の一人、ジャン＝ジャック・バコン・ド・ラ・シュヴァルリーは民兵団の部隊を率いてポルトープランスに進軍し、知事のバルベ・ド・マルボワを逮捕しようとしたが、知事は最初に出港する船に乗り込んで逃走した。この間、北部州議会は「国民衛兵」と改称された民兵団の指揮権と財政に関する権限を不当に奪取し、一方では、親黒人的過ぎると見られた一部の人々は民衆による制裁を受け、医師のシャルル・アルトーはロバに乗せられ、キャップ＝フランセの市街を引き回された。島の白人の間では、すぐに穏健でフランスに忠実な王党派（彼らは「白いポンポン」、その後「せむし」と呼ばれた）と、島の自治拡大を求める「愛国者」（「赤いポンポン」とも言われ、次いで「鉤」と呼ばれた）の間で明確な対立が生じた。白人による州議会は、いまや島の三地域に設けられていた。やがて、ムラートとの最初の衝突が起きる。ムラートの人口が白人よりも多いアルティボニト（一七九〇年一月発生）と、キュル＝ド＝サック平野でのことだ。実際、フランスでは憲法制定国民議会が植民地議会の設置およびその権限を認める政令（立憲議会が植民地議会の決定を承認することが条件）を発していた。一七九〇年三月二十八日の政令は、有権者の範囲を定めようとしていた。しかし、白人農園主にとっては、有権者は白人に限られるべきだった。白人と同等に扱われることを望むムラートの農園主は、それに激しく反発した。

一七九〇年四月十六日、サン＝マルクの町で白人植民地議会が召集された。その構成は均一でなく（大農園主だけでなく、「小白人」も含まれた）、バコン・ド・ラ・シュヴァルリーら指導者の下で、最高権限を持つと宣言した。決定的な一歩が踏み出されたのだ。司法は再編され（五月十四日）、植民地は独自の憲法を持つことになり（五月二十八日）、この憲法は植民地に自らの裁量による立法権を与えた。独自に兵を招集し（七月）、すべての港に外国船の寄港を認め、不在農園主が本国においてサン＝ドマングの利益を擁護する役割を果たそうと欲しているることを批判した。しかし、このような大胆な決定は、北部州議会およびポルトープランスの一部住民の好むところではなかったため、激しい反応を引き起こし、衝突が発生した。サン＝マルクの議会は本国政府に忠実な部隊により強制的に解散させられ、彼らのうち八十五人が本国当局に状況説明を行うべく、レオパール号（九月末にブレストから来航）に乗り込むことになった。この「レオパルダン」（レオパール号乗船者）たちは、パリ滞在中に立憲議会のサン＝ドマング選出議員あるいはマシアック・クラブの会員と面会することになる。

この間、ジュリアン・レイモンのような本国在住のムラートは、白人と同等の権利獲得を求めて盛んに活動した。これは、王国内における各種の動きと比較することが可能だ。フランスでは、第三身分のエリートは貴族および聖職者から認められることを望み、「国民」を代表していると考え、功績は認められていないが、民衆の指導者となるべき開明的エリートの一員だと認識していた（彼らは、民衆の一員だとは考えていなかった）。これとのアナロジーで、植民地では有色自由民が白人との完全な一体化を求め、指導層の一員であるとの感覚を持ち、奴隷たちと同一視されることを拒否していた。しかし、この要求は受け入れられなかった。本国に居住する大農園主たちは、声を上げる有色自由民がサン＝ドマングに戻って、現地で自らの要求を通そうとするのを妨害しようとさえした。活動家の一人でムラートのヴァンサン・オジェは、それでも一七九〇年十月に島に戻り運動を展開したが、強い拒絶にあって武力による反乱を起こすに至った。白人側の対応は早かった。重大な危険に直面した当局は、容赦なく弾圧した。ヴァンサン・オジェと副指揮官のジャン＝バティスト・シャヴァンヌ（元志願猟歩兵）は捕えられて、一七九一年二月二十六日にル・キャップで生きたまま車裂きの刑に処された。その一週間後、彼らの仲間二十三人が、同じ刑を受けた。それでも、南部と西部でも混乱が起きるのを防ぐことはできなかった。白人とムラートの間の溝は一層深まった。

この間、本国では立憲議会が相互に整合性のない決定を行っていた。一七九一年五月八日、立憲議会は奴隷に関する法律の制定を断念し、この問題を植民地議会に委ねる（すなわち、この問題を取り上げない）こととした。しかし、五月十五日には、自由民の両親を持つ有色民には市民の資格を付与したのである。島では、混血を仲間に加えることに抵抗を覚える多くの白人がこの決定に対して抗議の声を上げ、一方で一部の少数派は、農園主で、奴隷を所有するこのカテゴリーの人々が植民地制度とプランテーション制度維持のための保障になりうると認識した。白人間の対立が深まる中、植民地議会の白人のみによる第二回選挙が行われた。この挑発行為に対し、一部のムラートは白人よりも人口が多い西部と南部で武装闘争に入った。西部ではピエール・パンシナが指導者となり、南部ではアンドレ・リゴーが指揮を執った。いずれも、元サン＝ドマング志願猟歩兵である。レオガーヌに設立された新たな植民地議会は、事態を掌握しきれないブランシュランド総督にムラート反乱派の解散命令を出させた。この議会はまた、一七九一年八月一日にル・キャップへの移転を決定し、移転後の八月二十五日から審議を再開することとした。その間、島では本国が派遣した二人の民政官の着任を待ち、また本国に忠実な勢力は事態の展開に不安を募らせていた。

植民地では、ポルトープランスとキュル＝ド＝サック平野周辺の地方で暴動が拡大し、事態は複雑化していた。ポルトープランスでは、「小白人」と自治拡大派が市内を支配し、当局の代表者をおののかせ、武力闘争を開始したムラートとの妥協を一切拒否していた。事実、植民地当局はますます混乱する状況の中で、実権を失いつつあった……。

しかし、何よりも、この熱狂の中、暴力が爆発し、利己主義と私的利害が幅をきかせる中で、無視できないはずのアクターの姿が見えなかった。奴隷である。白人たちは仲間うちで争い、有色自由民とのあらゆる妥協を拒否したが、一方で有色自由民は白人との一体化を要求していた。奴隷は、この問題の埒外に置かれていたのだろうか。奴隷の大半は農園にいて外部から隔離されていたため、従来通り働いていたようだ。少なくとも、奴隷主たちは若干の危惧を感じながらも、そう信じようとしていた。奴隷たちは表面的には姿が見えず、彼らに情報が伝わらないよう注意が払われていたが、彼らはどのような情報に接していただろうか。彼らには目もあれば耳もある。白人たちが国王を批判しているのを彼らは見ていたが、それは国王が奴隷の境遇を改善したいと考えていたためだ。彼らは、白人が教会を攻撃していることを知っていたが、宗教の枠組のなくなった社会はどうなってしまうのだろうか。宗教的感情が刻印されたアフリカ的世界にとって、教会批判とは、つまるところ聖なるものに疑義をさしはさむことだ。ここに、根本的な意見の相違があった……。作業所の奴隷の間では盛んに議論が行われ、胸がうずくようなある噂が繰り返し語られた。白人の首領であるフランス王は、奴隷たちに三日間の休息を与え、その間彼らが自分のために活動――自分の菜園を耕し、自分の仕事を行う――できるようにし、また鞭の使用を禁止し、王国の司法が権限を行使できるよう望んでいる。しかし、奴隷主たちはこれに断固として反対している、というのだった。

✽問題意識が生まれる時

この熱狂について、トゥサン・ブレダはどう考えていただろうか。はるか後年、ルヴェルチュールと名乗るようになった彼は、こう繰り返した。「サン＝ドマングで混乱が始まってすぐに、私は自分が大事業を行う運命にあると感じた。神からこの告知を受けた時、私は五十四歳だった」。ラクロワ将軍は『回想録』で、トゥサンという人物についてこう書いた。この事件当時の年齢については疑問があるが（「混乱が始まって」と言う時、トゥサンは何を指していたのだろうか）、繰り返し語られる宿命のようなもの、彼が躊躇なく神から与えられたと言い切る任務は、真剣に受け止めなくてはならない。誇張はともかくとしても、彼は何を語ろうとしたのか。彼の中にあるアガスヴィの血が騒ぐのを感じたのだろうか。先祖への回帰と運命に対し復讐したいという密かな望みが重なり合って、彼は政治闘争の第一歩を踏み出したのだろうか。

ヴィクトル・シュルシェールは、トゥサンを称える内容の伝記『トゥサン・ルヴェルチュールの生涯』に、トゥサン・ブレダが読み書きを学習する過程で、「彼はその時レイナル神父の『両インド哲学史』を読み、それが彼の精神に強い印象を与えたようである」と書き、一家に伝わる挿話を紹介している。レイナルは、著書中で、黒人指導者が仲間の奴隷たちを率いて反乱を起こす脅威について語り、さらに「黒人法典」に報復する「白人法典」の制定と施行を危惧していた。この挿話はいかにも後から作られたものだが、実際には革命の時期に、トゥサンはレイナルについて語られるのを耳にし、黒いスパルタクスのイメージに魅せられた。トゥサン・ルヴェルチュールと頻繁に接触した医師で生物学者のミシェル＝エティエンヌ・デクルティルの『ある博物学者の旅行記』（一八〇九年刊）には、トゥサンが権力の頂点に立った時「著者（レイナル）の胸像が、この思い上がったアフリカ人のいくつもの屋敷の書斎に恭しく飾られていた」と書かれているほどだ。大衆に向けて、正統な指導者としての立場を強調するための、巧みなプロパガンダである。しかし、革命初期において、トゥサン・ブレダが地下から沸きあがる力によって「大事業」が成し遂げられると考えたとしても、おかしくはないだろう。そして、それを利用して自らが重要な役割を果たしたと後から主張することも可能だ。一七九七年八月二十五日付の総裁政府宛て書簡からは、そうした意図が見て取れる。

私の運命ばかりでなく世界の運命を変えたフランス革命が起こった時、不幸な階級に生まれ五十歳に達していた私は、危険を冒しながらも、非人道的な法律の下で我々に獲得することが禁じられていたいくらかの知識を得ていました。

（彼は、本国政府に対して曖昧な形で自己紹介している。また、「いくらかの知識」——読み書きの習得を指しているのだろうか——を得るために冒した危険とは何なのだろうか）。

奴隷に生まれながらも、自由な人間の魂を自然から与えられた私は、しばしば天に向かってため息をつき、天に向かって毎日両手を上げ、最高存在にわが兄弟たちを救済するよう、我々に慈悲をかけるよう嘆願したのです。

そして、こう付け加えている。

主人たちはこの喜ばしい出来事［フランス革命］を隠すのに懸命でしたが、我々のうち最も注意深い者は希望の光が見えているのに気づき始めました。やがて、我々は武器を取り、我々自身で自由を獲得すべく立ち上がりました。我々の自由の要求は、頑なに拒否されていたからです。

フランス政府の総裁たち、つまりは本国のフランス人から反乱奴隷——しかも、密かに知識を獲得したと自称している——と認めてもらいたいと望む自由民が、過去のことを「我々」という言葉を使って語るのは奇妙に見える。一方で、彼は植民地の奴隷の大衆から極めて魅力的に見られるよう注意を怠らなかった。

このころ、多くの有色自由民が結局のところ白人植民者と同等になることを望んでいたのに対し、トゥサンがまだ地位を築いていなかったことは事実である。彼は、そうした大それた望みは持っていなかったようだ。確かに、当時の社会は固定化していた。善と美徳は、一人ひとりに運命を受け入れ、いまいる場所にとどまるよう求めていた。自らが置かれた境遇から抜け出すことは既成秩序に反し、すべての野心家は排除されるべき、あるいは打倒されるべき邪魔者だった。しかしながら、風向きは明らかに変わりつつあり、社会には亀裂が入り、鋭い観察者には弱点が見え始めていた。トゥサン・ブレダの才覚は、社会的、政治的な転換点が形を見せてきたことに気づいたところにあった。

サン＝ドマングを震撼させる大事件発生が間近なこの時期に、トゥサンが積み重ねてきた経験で注目すべきは何だったのだろうか。奴隷出身の彼は、ゼロから出発した。いや、むしろ両親と彼の成長を見守った周囲の奴隷たちから受け継いだ、豊かなアフリカの文化的遺産から出発したと言ったほうがよいだろう。そして、奴隷制社会の厳しく容赦のない人生の学校で訓練を受けた。彼はどのような屈辱を受け、自尊心を傷つけられてきたのだろうか。どのような暴力を受けたのだろうか。反対に、彼を助けようと手を差し伸べた者が何人いたのだろうか。いずれも、議論の対象となる疑問である。彼は経験的に、現場の仕事を通じて、また明晰な頭脳とすぐれた観察眼のおかげで知識を集積し、人や状況や事件を見て評価し、何も語らずにいることを学んだのだ。彼がもし科学的、法的、文学的あるいは手工業的な、しっかりした教育訓練を受けていたら何をしただろうか、と想像してみることもできる。しかし、彼はそうした教育は受けなかった。彼は暴力的で人種差別的な環境にあって、時間をかけて経験を重ねることで、独自の倫理観を築き上げた。彼は開拓者の心を持ち、力強く、現実主義的で、大胆で、拝金主義と人種的偏見が幅をきかせる世界にあって、自らの価値基準を構築し、社会の底流を見きわめるには物事の表面の背後にあるものを見なければならないと学んだのだ。人間に関しては、彼はその弱さや卑劣さ、ご都合主義と利己主義を、さらに時として、偉大さと心の広さを間近に見てきていた。

「私は限られた知識しかなく、教育もないが、常識はあるつもりだ」と、はるか後年、囚われの身となった彼は、奴隷という出自が、人間であることを忘れさせるようではいけないと言わんばかりにして書いた。常識なら、彼にはありあまるほどあった。彼は、どんな本にも書かれていないことを多く学習した。その後の彼の姿から、その経験がどのようなものだったか、想像してみることもできるだろう。たとえば、慎重であるに越したことはないから、お喋りであるよりは無口な方がよかった。鎧を身にまとったように、自分の意見や感情が外から窺えないよう注意し、謎めいた人物像を作り上げた。そのために、後に彼と対話した多くの人々が当惑を覚えたのである。彼はまた人間をありのままに理解すべきだと学んだだろうか。人間は容易に変わるものではなく、頭脳ではなくまず心で反応する傾向にあること、自らの利害に応じて世界を見ていることを。他人の話を聞く能力を持つ者は、本当にわずかしかいないということを。

残念ながら、アンシャン・レジーム末期の数年間にトゥサン・ブレダが何を考え、どのように変化していったのかを知ることはできない。言えるのは、五十代に達した彼が多くの経験を積んでいたことと、当時としてはすでに高齢だったことだ。彼は奴隷として、自由民として苦しみ、最初の妻と別れて新たな家庭を築いた。彼は近親者の死と悲劇を経験した。何よりも、彼は自由を得た。彼は、穏やかに、遠くまで行こうとしていたのか。事実、忍耐強さと時間は彼に有利に働いた。しかしながら、アンシャン・レジーム末期には、彼は足踏み状態にあった。彼は、植民地社会の中心が動かなくなって、爆発寸前になっていると見た。これほど多くの奴隷を植民地に集中させることで、白人たちはいまにも爆発しそうな社会的爆弾を作ってしまったのだ。

彼はまた、教育もなく、途方に暮れ、孤立したままで、政治的経験もなく、ばらばらになっている多くの奴隷たちが時間をかけて立ち直ろうとしている時、彼らは何としてもカリスマ的な指導者に導かれる必要があると見ていたのかもしれない。彼らと似た指導者、しかし同時に強力で、野心的な計画を持った指導者である。そうでなければ、奴隷たちの気まぐれは脱走あるいは混乱の中の明日なき反乱に終わるのである。

恐らく、彼は大多数の白人たちの盲目的な徹底抗戦論について、思考をめぐらしてもいただろう。彼らにとって、有色自由民は本当の競争相手であると同時に、社会の中では下位の存在であり、奴隷はただ働くだけ働いて黙っていればよかったのだ。この集団は下等な存在で、無知蒙昧であり、白人文明とは無縁な、監視し警戒すべき集団だった。

より哲学的な面では、奴隷と自由民を観察し、その肌の色に拘わらず、ある者の偏見と他の者の不安を聞き、自ら成長しようと努める中で、彼が達した結論は、多くの人は牧者になるよりは羊になることを選び、自ら道を切り開くよりは人の後に付いて行くことを好み、自ら決定を下すよりも人に導かれるがままになることを望むということだったのではないだろうか。出来合いの思想、ありきたりな偏見、頑なな考え方は、自分自身で判断し、考えをめぐらし、微妙な差異を見出すのよりも心地がよい。自由とは楽なものでないがために、人間は権威を正当化する理屈に進んで与し、自分自身の安全を求めて敷かれたレールの上を走ろうとするのではないだろうか。ゆえに、指導者としての地位を確立できるだけの大胆さと説得力を備えた者は、反対に無名の状態を脱して自分自身の運命を変えるにとどまらず、彼に従う人々の運命をも変えうるのではないだろうか。

ここでもまた、疑問に対する答えはない。あるとすれば、それは彼がどのように人々を統率するかを見ることだけだ。というのは、彼にとってまたとない機会が訪れることになるからだ。そして、彼はその機会を捉えるのである。

第9章 〝国王軍の軍医〟

一七九一年九月十日

親愛なるデュソー殿

いま、炎と、殺人と、八月二十三日以来我々を取り巻いているその他の残酷な出来事の中で、この書状をしたためております。その日、平野ではいくつもの殺人が犯され、聖バルテルミーの日にあたるその翌日には奴隷たちが反乱の旗を掲げたのです。彼らは出会った白人を手当たり次第に殺害し、リモナード、プティト・アンス、カルティエ・モラン、プレーヌ＝デュ＝ノールとランベの各地区の砂糖プランテーションすべてに火をつけました。放火された農園の数は約二百三十に上ります。グランド＝リヴィエール、スフリエール、アキュルとポール＝マルゴの各地区でも、炎が燃えさかりました。毎日、新たな不幸な知らせが届きます。建物、水車、プランテーション、彼らはすべてに火をつけるのです。

八月二十三日以来、我々はル・キャップの町を守るため、昼夜武器を手にしています。我々は、スパイと敵に取り囲まれています。何人かのスパイと敵を発見しない日は、一日もありません。我々は農村に部隊を派遣しましたが、反乱側の人数は非常に多く、我が方の数は少ないため、強い圧力をかけることができません。我々の推計では白人の死者は二百人、黒人側は二千人ですが、我が方に有利だというわけではありません。同じ割合で推移するなら、反乱側が勝利を収めるでしょう。西部と南部でも動きはありますが、まだ反乱には至っていません。我々は、このとんでもない陰謀は貴族の一部勢力と狂信的な慈善家によって仕組まれ、指導されていると見ています。我々のこうした見方は、反乱側が人権と旧制度維持を唱えていることから確認できます。我々の立場はきわめて苦しく、フランスからの救援を待っていられないほどです。救援が届くには四カ月かかりますが、そのころには我々は［敗北するか?］もしくは勝利を収めているでしょう。

こういうわけで、五月十五日の政令［自由民の両親から生まれた有色人に、市民の資格を与えた］を知った時に我々が懸念したことが現実となったのです。我々は、この政令を白人に対する死刑判決と植民地の喪失だと見ていました。植民地の港では、出港停止命令が出されています。植民地の事情を知らせるべくフランスに向けて出発する軍艦があるので、これを利用して、本状をお届けする次第です。今月四日から、ル・キャップで議会が開会されています。

親愛なるデュソー殿へ、あなたの僕にして友人である、J・ポンシニョン商会

事情に精通した貿易商ジャン＝ピエール・ポンシニョンは、管理運営を請け負っているコーヒー園の所有者に以上のように書いた。この前年に北部州議会議長を務めた彼は、幅広い人脈を通じて、この大規模な奴隷の反乱という想像を絶する出来事に関し、多くの一次情報を収集することができた。

✽導火用の火薬のように

反乱はあまりに早く広がったため、計画的な行動によるものだとしか考えられなかった。しかし、それでも自然発生的な反乱だったと言うことができるだろうか。一人の男が自分を縛る鎖を断ち切るように、最下層民が突然立ち上がったというのか。この出来事に対するこうした見方は、精密な分析に耐えないものだ。なぜなら、反

乱側の要求は錯綜していたからだ。彼らは「アンシャン・レジーム」を求めていたが、それは植民者に対して彼らを保護するとされる王権の復活だった。彼らは「国王の民」を自称し、白旗〈フランス王国の旗〉を高く掲げ、「国王万歳」と繰り返し叫びながら平原を行進した。そう、彼らは「人権」も要求していた。具体的には――風説によれば――鞭打ちの放棄、週三日間の休息と一部の奴隷の解放だった。したがって、彼らが求めていたのは既成秩序を完全に破壊することではなく、改善だった。しかし、それを実行するのは誰なのだろうか。彼らを指導していたのは誰なのだろうか。

最初に名前が挙がったのは、ブクマン（Boukmanと綴られることが多かった）という人物だった。これは、デュティル農園（レ・マンケの、ノエの農園に隣接している農園）の御者のことだっただろうか。クレマン農園の支配人で、以前デュティル農園で働いていた人物が、夜間に武装グループに襲われた際に、その中にブクマンがいるのを目撃したのだという。この人物が農園を管理していた時期には待遇がよかったことを記憶していたブクマンは、仲間が彼に暴力を振るうのを止めさせたが、クレマンの所有者たちは殺害から逃れることができなかった。他にも、ジャン＝フランソワ、ビアスー、ジャノらの名前が挙げられた。

白人たちの反応は自然なものだったが、連携は取れていなかった。一部の植民者は、エネルギッシュなルヴレイ侯爵、ル・ノワール氏を先頭に自警団を組織し、容赦なく反乱奴隷を追い回した。当局の部隊は出足がより遅かったが、それでも行動を開始しようとしていた。ブランシュランド総督は反乱側がガリフェ農園に築いた野営地を奪回し、トゥザールとカンブフォールが率いる軍部隊はランベを支配下に置いた。この間に、新たな証言が得られていた。驚くべきは、ある目撃者によれば、反乱側の指導者に顔を煤で黒くした白人数人が含まれていたことだ。さらに、スペイン人がこの反乱と無縁ではないとする説が繰り返し流れていた。一七九一年九月三十日に、ポンシニョンはデュソーに宛てて書いた。

我々が捕えた何人もの山賊の首領が、スペイン人から弾薬を受け取ったと証言していますが、その条件は黒人奴隷が自由を獲得したなら、民衆に反対してフランス王を支持することだったといいます。そういうわけで、慈善家たちが我々に不幸をもたらしたとすれば（この証言が事実であればですが）、反革命の支持者が我々の息の根を止めるのです。この事態がどのように終わるのか、神様にもわかりません。

複雑な状況と暴力が猛威を振るう中で、この手紙の書き手は少なくとも当惑していて、楽観的とは言えなかった。この出来事は、何と言ってもヴォルテールのせいであり、ルソーのせいだった。次いで、内部の者（「貴族たち」）であれ、外国人であれ、フランスの敵の仕業だった。しかし、「民衆」（白人の農園所有者を指す）の責任についてはどうだったのだろうか。この問題については、誰も何も語らなかった。どれほどの数の者が、この種の疑問を感じていただろう。

✽解説の試み

この出来事から二世紀余りが経ったが、研究者たちはまだ意見が一致していない。それでも、初期のハイチの歴史家たちが原資料にあたり、解放闘争の当事者の証言を聞いて提示し、その後ジャック・ド・コナにより再び研究された仮説が、有力になりつつある。いまいちど状況を確認しよう。白人の自治拡大派は自分たちの目標を達成できると感じて、島に独自の憲法を公布し、植民地を支配しようとしていた。彼らの作った「植民地議会」は、レオガーヌからキャップ＝フランセに移転した。彼らに対峙したのは、本国政府に忠実な白人たちである。彼らは、政治的冒険主義を排し、社会の平和と安定、そして植民地の保護を保障できるのは王権だけだと考えていた。

両者の中間にいる自由民のムラートは、白人との平等を求めたが、白人はそれを拒否していた。一方、多数派である奴隷は、不穏な沈黙を守りつつ、事態の推移を注視していた。時には反乱が起きることもあったが、キュル＝ド＝サック平野やポルトープランスでのように、すぐに鎮圧された。

いまにも爆発が起こりそうな状況下で、批判を受けていたブランシュランド総督はどのような態度を取ることができただろうか。歴史家トマ・マディウーは、『ハイチの歴史』（一八四七年）にこう書いた。

ブランシュランドとその他の王党派の指導者は、党派心により判断力を失い、サン＝ドマングの独立に向けて努力を傾注していた植民地議会の影響力を削ぐために、議員たちの大半がレオガーヌを離れてル・キャップで会議を開く前に、北部の農園の奴隷に反乱を起こさせることに決したのである。

別の言い方をすれば、作業所の奴隷たちの反乱への対処として、正統な権力は奴隷たちの要求をあらかじめ受諾し、その対価として奴隷たちに帰還を命じ、この権力のみが事態を鎮静化できることを示そうとしたのだった。いくらか混乱はあるかもしれないが、それは農園主たちにフランス王国の枠組にとどまるのが彼らの利益だと理解させるためには必要なリスクだった。これが、ブランシュランド総督、トゥザール大佐、さらにはバイヨンのような、不安定な状況を立て直そうとする少数の王権支持者グループの、いささかシニカルな狙いだった。しかし、そのためには、王党派の白人と反乱を起こすべき奴隷との間の連絡役を的確に務められる人物が必要だった。そのような貴重な人材が、どこにいただろうか。

どのような検討が秘密裡に行われたのか、それはわからない。事実は、交渉役となるよう要請を受けたのが……老トゥサン・ブレダだったということだ。歴史家セリニー・アルドゥアンは、『ハイチ史に関する随想』（一八四一年）で、仲介を要請されたトゥサンの回答についてこう書いた。

大規模な反乱を起こすことで、自分たちの階層の未来が広がると見た洞察力の鋭いトゥサンは、思い切ってこの計画に賛同の言葉を述べ、週三日の休息と、鞭打ち刑の廃止を約束すれば奴隷たちが反乱を起こすには十分だと付け加えた。しかし、何人かの主立った奴隷が、仲間を反乱に加わらせることに成功するなら、彼らに自由を与えるよう、彼は求めた。そうすれば、解放された奴隷は、彼らの幸福のために思いやりのある対応をしてくれる人々に従うだろう、というのである。バイヨン・ド・リベルタからの保証を得て、トゥサンは委員会に信任され、ブランシュランドが発行した通行証を与えられた。これによって、彼は以後いかなる訴追も受けないことを保障されたのである。

すなわち、ある程度の混乱を起こさせ、しかる後に王党派が事態収拾に乗り出し、鎮静化を図るという計画だったのだろう……。しかし、そのためにはパンドラの箱を開くという賭けに出る必要があった。いったん解き放たれた悪魔は、容易にまた箱の中に戻るものだろうか。

この時点で、トゥサン・ブレダの「洞察力」をどう評価すべきだろうか。このような、自治拡大あるいは独立すら求める他の白人の意思の実現を阻むために危険な賭けに出ようとしていた、窮地にある王党派の提案について、彼はどう考えたのだろうか。統制可能な反乱を起こしたいと計画した人々の軽率さと無責任をどう判断していたのか、彼らの奴隷の心理についての、また作業所の深層における実態についての無知を、どのように見ていたのだろうか。彼自身、その行きつく先を見通せていただろうか。それはわからない。いまのところ、彼は背後から糸を操り、計画した人々が手に負えなくなるとは考えていない運動を秘密裡に統制することを提案されていた。それに満足は覚えたものの、トゥサン・ブレダはそれを表に出すことはせずに同意した。彼は奴隷たちを知っており、誰に会うべきかもわかっていた。彼は、計画を練り始めた。しかし、彼はこの冒険の中で、自分自身も、家族も忘れなかった。このようなルビコンを渡る決意をしたのも、失うものはなく、ただ得るものだけがある岸辺に達するのが目的だった。最小限でも、シュザンヌと子供たちの自由を獲得すること。それ以上のものがあるとして、それは何だろうか。彼は何も言わなかった。

法律家で政治家のジャン＝フィリップ・ギャラン・ド・クーロンの『サン＝ドマングの騒乱事件に関する報告書』（一七九七年）は、自然発生的な反乱だったとする説への反証となる事実を多数挙げている。同時に、この計画を立てた人々の「無分別」を糾弾する声も上がった。農園主ル・ノワール・ド・ルヴレイ、弁護士グロ（彼は一時、反乱側の捕虜となった）あるいはケルヴェルソー将軍の証言は、独立派白人の目論見を妨害するために作業所の奴隷たちを利用した王党派白人の行動を批判する点で一致している。これらの証言を後から見ると、かかる計画を立案した人々は、予想以上の規模となった反乱を制御できなくなったと考えられる。彼らは騙されたのだろうか。これは、黒人国家独立への第一歩がここにあるとするハイチの歴史家たちが十九世紀以来唱えてきた、事後から見た解釈である。しかし、それは確実なのだろうか。むしろ、運動は徐々に過激化したのではなかっただろうか。その後の数週間の指導者たちの立ち位置を見ると、それが論点であることがわかる。

✽背後から見て

トゥサン・ブレダにとって、キャップ＝フランセの平野を縦横に動き回った経験は、きわめて貴重なものだった。彼が前面に姿を現さないようにしたのは、よりうまく背後から糸を操るためだ。彼に協力したのは、馬車あるいは荷車の御者、奴隷監督など、平野部にある農園の恵まれた立場の奴隷たち、あるいは自由民で、運動全体を連携させる上で彼らは非常に有効な中継役だった。彼らのうち何人かはリーダーとなり、この信じられない好機をつかんで、突如として手にした権威を手放すまいと、尊敬される指導者の立場の確立を図った。当初の勢いが凄まじかったからといって、その一体感が脆弱なものだったことを忘れるべきではない。リーダーたちはそれぞれ、個人的野心への道が開けたと見たが、それが後から重大な結果をもたらすことになるからだ。彼らの中には、すでに登場したブクマンの他、ジャン＝フランソワ・パピヨン（アキュル＝デュ＝ノールのパピヨン未亡人、エレール夫人の農園出身）、ジョルジュ・ビアスー（恐らくはラ・シャリテ修道会の元奴隷）、あるいはまたジャノ・ビュレ（ボワ＝ド＝ランスのビュレ農園出身。この農園の所有者は、バイヨンの縁戚だった）がいた。

はるか後になってからのアントワーヌ・ダルマス医師の証言（一八一四年）では、反乱者によるブードゥー的儀式が、一斉蜂起の直前の八月二十一日に、ボワ・カイマン（カイマン森）と呼ばれる場所、すなわちオー＝デュ＝キャップに近いヴォードルイユ農園内のカイマンの住む放牧地で行われた。それはありそうな話だし、実際に行われた可能性も高い。宗教的感情に満たされたこの世界で、反乱者たちが霊と交感することで、力と保護を受け、計画の成功を求めないとは考えにくいからだ。人類の歴史では、騎士の徹宵における宗教的瞑想はよく見られるものだ。しかし、ここに反乱の起点となる神話を見出すことには慎重であるべきだ。儀式については、証拠には欠けるとしても当然行われたと考えるのが自然だ。残る問題点は、日が暮れて、太鼓が鳴り響き、松明が灯され、豚を生贄にして祖先を呼び出すのは人に知られずにできることではなく、むしろ計画の実行には障害となるということだ。至近にあるル・キャップの町の人々に警戒心を抱かせることにもなる。したがって、この儀式が華々しいものだったのかどうか、大いに疑問である。

実際には、反乱は早い時期から秘密裡に準備されていたが、ランベにあるシャボー農園の一人の奴隷が、辛抱しきれず不用意に情報を漏らしたことから明らかとなった。八月十六日、この農園のサトウキビ畑で不審な火災があり、白人管理者たちは放火犯を拘束した。厳しい尋問の末、放火犯は二日前にモルヌ・ルージュ（プレーヌ＝デュ＝ノール地区）にあるルノルマン・ド・メジー農園におよそ二百人が集まり、行動開始の準備を行ったと告白した。彼は、それ以上は話さなかった。連携を取って行動する必要があるため、明確な合図が求められた。反乱勢力の予定では、平野の東側をふさぐ山の両端から、すなわちランベのシャボー農園とアキュル＝デュ＝ノールのレ・マンケ農園から火の手が上がるはずだった。いずれも、トゥサン・ブレダが内情をよく知っていた農園だ。その作業所の状況は劣悪だったため、すぐに反乱が起きるはずだった。というのも、トゥサン・ブレダは、計画を実行に移すには信頼できる人間が必要であること、反乱に消極的な分子が必ず存在すること、すべての奴隷が一斉に立ち上がるわけではないことを理解していたからだ。計画は動き始めた。

確かに、複数のグループによる行動は一体となっていたとは言えない。そして、農園で働く奴隷全員が参加したわけでもまったくない。一部の者は奴隷主に忠実であり続けたし、都市部の奴隷は動こうとしなかった。それでも、数日で植民地の誇りは灰燼に帰した。示威行為だったはずの計画は白人の虐殺となり、容赦のない弾圧が開始された。竜騎兵の分遣隊は、レ・マンケで奴隷監督ジャン＝ジャックおよびヴァンサンという者に監視されて捕虜となっていたクレマン農園の支配人と他の白人たちの救出に成功した。逆に、反乱側のこの二人が囚われの身となり、ル・キャップまで強制連行された。一方、元捕虜の白人たちは、竜騎兵に保護されてル・キャップに到着した。レ・マンケのデュメニル支配人殺害の共犯とされた二人の「監視人」は、裁判も行われないまま銃殺された。反乱者の追跡作戦では、予想されたように激しい衝突が起こった（こうした衝突の一つでは、九月にブレダ農園の支配人シルヴァン・ド・ヴィルヴァレイが死亡した）。しかし、別のケースでは、無分別な復讐も見られた。たとえばクレマン農園では、蜂起の翌日には奴隷主たちから病気と見なされた男八人と女二人の奴隷が、診療所の柱にくくりつけられて、一夜を過ごすこととなった。この不幸な人々は、他の者の犯した残忍な行為への償いとして犠牲になったのだ……。恐ろしい暴力の連鎖だった。

✽未知の世界へ

反乱発生後の数日間、トゥサン・ブレダはどうしていただろうか。彼が陰でどのように行動していたかは知るよしもないが、ある言い伝えでは、彼はブレダの元支配人を反乱側の暴走から守るべく、ランベのバイヨン農園に向かったという。隣接するブラン農園（クレオールの植民者ブラン・ド・ヴィルヌーヴの所有）の奴隷監督ポール・ブランがランベの反乱に深く関与し、バイヨンを保護した可能性もある。事実、バイヨン・ド・リベルタは家族とともに、十九日間の彷徨の末、疲れ果てて、それでも無事で、徒歩にてル・キャップにたどり着いた。

同時に、証拠はないものの、ブレダ・デュ・オー＝デュ＝キャップでは、洗濯女シュザンヌが大混乱に乗じて子供たち（プラシド、イザークと乳飲み子のサン＝ジャン）とともに事実上の自由を獲得した可能性が非常に高い。彼女の夫は、これと無関係ではなかっただろうと考えられる。こうした例は、シュザンヌだけではなかった。ブレダ・デュ・オー＝デュ＝キャップの奴隷のうちに、闘争の先頭に立つ何人かの名前があった。当時十九歳のモイーズと、その兄弟ザモール（ともに、シュザンヌの親戚にあたる）、あるいはムラートのティモテ（十三歳）である。トゥサン・ブレダは弟のうち最も年少の二人、ポール（三十一歳）とピエールを仲間に引き入れた。有色自由民で運動に加わった者には、ごく若いシャルル・ベレール（十三歳）がいた。彼の一家は老ブレーズ・ブレダと親戚関係にあり、シュザンヌとも親戚だったかもしれない。

慎重なトゥサン・ブレダは、指導者として姿を現すことはなかった。彼は、そうした名誉ある地位はジャン＝フランソワあるいはジョルジュ・ビアスーに譲り、自らは「薬草医」の技能を持つことから、「国王軍の軍医」と称した。

しかしながら、状況は思い通りではなかった。事態の重大さを前に、ブランシュランド総督は一切の交渉を拒否し、反乱側に対して農園に戻り、「狡猾な連中と悪党ども」を引き渡すよう命じた。反乱側は立て直しを図り、大急ぎで陣地を作り、武器を調達し、絶えず警戒を行わなくてはならなかった。厳しい報復戦争が始まったからだ。ビトゥサン・ブレダは、結局よく知っているグランド・リヴィエール地区のラ・タヌリー小郡に陣地を築いた。ビアスーは、グラン・ブカン（プレーヌ＝デュ＝ノール地区）に陣地を設営した。しかしながら、リーダーたちは頻繁に移動していた。白人民間人を捕虜にし、書記として働かせたほか、交換用の人質に使うこともあった。反乱勢力には、何人かの神父も含まれていた。他の白人たちはそれを見て眉をひそめた。反乱の精神的な保証人、さらには反乱を奨励するものだと見たからだ。たとえば、カシュタン神父は、反乱勢力のうちにとどまり福音を伝え、ジャン＝フランソワと妻のシャルロットを、「アフリカ人の王と王妃」として戴冠した（何らかの圧力があったのだろうか）。ル・キャップに戻った神父は、フランスに送還された。

何よりも、リーダーたちは意見を一致させることがなかなかできなかった。ジャノ・ビュレが捕虜を虐待し、ポール・ブランなどの他のリーダーたちにも乱暴を振るい、不服従が目に余ったため、ついにジャン＝フランソワは彼を処分するに至った。十一月には、ブクマンとその一派は、多くの植民者が逃げ込んだル・キャップへの進軍を無謀にも試みた。この部隊は白人部隊に皆殺しにされ、ブクマンの頭部は槍の先に突き刺され、不吉なトロフィーのようにして町の通りを回され、身体は焼き払われた。これは、他の反乱者たちへの見せしめになっただろうか。そうはならなかった。しかし、政治的には膠着状態となり、彼らに従いながらもある種の落胆を覚えつつあった多数の奴隷を、指導者たちは制御しきれなくなっていた。

その間、十一月末には、立憲議会から派遣された三人の民政官（ミルベック、サン＝レジェおよびルーム）がル・キャップに到着した。派遣の目的は、五月十五日付政令（有色自由民に選挙権を付与した）の廃止に伴い、九月二十四日付で成立した、白人植民者のみに権力を付与する政令の施行である。自治拡大派は歓喜したが、民政官到着のニュースはやがて反乱派指導者の耳にも届いた。民政官は国民議会が行った、騒乱事件に関与した「植民者、農園主、市民、有色民および自由黒人」を対象とした特赦の決定の通知書も携行していたから、彼らの注意を引いたのである。この特赦は、十二月五日に公表された。

その前日、一七九一年十二月四日、歴史家トマ・マディウーによれば反乱派の指導者たちは民政官に宛てて書状を発出し、服従と引き換えに解放を求める提案を行った。秘書役を務めることになったのは、十月末にヴァリエール（フォール＝ドーファン近くの小教区）でジャノに捕らえられ、その後ビアスーの監視下に置かれた白人弁護士グロである。この弁護士が著した『捕虜体験記』（一七九二年出版）を読むと、グロがビアスーの副官だと見ていた人物の影響力を計る材料を見出すことができる。たとえば、反乱側のリーダーたちが何百人もの奴隷解放を要求したのに対し、グロは、そのような条件は受け入れられないだろうと述べたという。そして、次のように続けた。

我々はブレダの黒人トゥサンについて擁護の証言をしましたが、もし彼がいなかったら、会議は不成功に終わっていたでしょう。彼［ビアスーのことか、それともトゥサンか］は当初、三百人を自由にするよう要求し、これに加えて家族の解放も求めていました。そして、長時間に及ぶ困難な議論の末に、私は彼にその数を五十人にまで減らすよう決意させるに至ったのです。

その時、特赦の知らせは急速に広まった。奴隷は特赦から除外されていたが、この点について交渉の余地はないものだろうか。反乱側の指導者たちは、この予期しなかった出来事を捉えて、十二月九日に「国王の民政官殿への書状」を送り、奴隷のことを忘れないよう、敬意をこめて要請した（特に、ジャン＝フランソワとビアスーの母親は、いずれもル・キャップで奴隷だった）。その三日後、十二月十二日に、彼らは重要な長文の書簡をもって、最初の解放要求の数を縮減した（最初の書状で五十人の解放を求めたとするマディウーの説が正しければ、ではあるが）。十二月十二日付のこの書簡にはジャン＝フランソワとビアスーの二人の将軍が署名しているが、これは同時に「トゥサン」の署名がある、こんにち残っている最初の文書でもある（さほど重要でない役割の二人の人物、オベールとマンソーも署名している）。

この十二月十二日付書簡は、部下に対する指導者の立場が不安定になっていることを明記し、「戦闘状態を終了させる」ばかりでなく、協力することも提案している。その前提として、彼らは民政官に対してこう告げている。

我々にそれぞれの家に帰るようにとの命令は、実現不可能なだけでなく、危険でもあります。武器を取った者は十万人もおります。そして、私たちがそのうちの八十分の一だとしても、それは大きな数字です……（中略）……我々は、一般意志に従属するものですが、沿岸部の多数の黒人の意志とは何でしょうか。彼らは、フランス語の単語をかろうじて二つ知っているくらいですが、彼らは祖国では戦うこと、それも激しく戦うことに慣れていたのです。

この危険に注意を喚起した後で、彼らはこう続けた。

したがって、我々だけでなくあなた方自身のためにも、我々が自由に指名する一定の数の指導者を解放する、指導部の全員を自由にすると約束しなくてはなりません。選択は将軍たちに任せるべきです。なぜなら、誰が黒人奴隷たちに影響力を持っているかを彼らが知っているからです。つまり、彼らだけが影響力を持ち、彼らだけが奴隷たちを農園に戻らせることができ、その上で協力する用意があると言っているのである。

植民地議会宛てに提出申し上げた我々の書状の最初の事案［解放と特赦の件］についてご同意いただけるなら、我々は幹部たちの助力を得て、仕事にかかる所存です。

そして、この条件が満たされても、事態は容易ではないことを再度述べている。

しかしながら、隠してはならないのは、この計画には危険が伴うということです。それは、不正確な方針、たとえば王が週三日の休息を奴隷たちに認めたと伝えられるなら、奴隷たちは頑なになって、自分たちは騙されたと言い、計画をよほど注意深く進めなければその結果は不幸なものとなるでしょう。そのため、我々は幹部全員に自由を与えることが有利であると信じるものです。

多数の奴隷を動員した風説は消えた！　この数行を信じるなら、風説は確かなものではなかったのだ……。残念ながら他に証拠はないが、大衆に対してどの程度の工作が行われたのか、と疑問を呈することもできる。実際、疲弊したリーダーたちが語ったのは、要望が聞き入れられたら、事態が鎮静化するとの希望である。書状の中で、彼らは善意であると強調している。

我々には、国王軍の助けが必要です……（中略）……隠さずに申し上げますが、我々は長期にわたりいくつもの小教区に分散して暮らさなければならないでしょう。多くの奴隷が森に逃げ込んで、荒らしまわるでしょう。危険を冒し、疲労にも拘わらず、粘り強く彼らを追跡しなくてはならないでしょう。しかし、我々はあなた方が将軍や指導者たちに自由を与えられるよう望んでいますが、それは重要な利益を守るためであり、彼らはあなた方とともにこのつらい仕事に取り組むでしょう。そうすれば、かつての幸福が再び訪れることでしょう。

プレーヌ＝デュ＝ノールの反乱を奴隷すべての解放を求める一体となった運動と捉える向きには意外に思われるかもしれないが、指導者たちは部分的な解放（親族および支持者について）が行われ、反乱に参加した者たち全員に特赦が認められるなら服従してもよい、と言っているのだ。

民政官たちはこれらの書状を植民地議会に伝達した。しかしながら、待ち受けていたのは大きな失望だった。反乱側指導者の代表、ムラートのレイナルと黒人奴隷デュプレシは、植民地議会議長から次のように告げられたのである。

議会は、法によりかつ法に基づき、法に反して、あらゆる法に反して武器を取った者と交渉することはできない。議会は、罪を犯したが悔い改めて再び義務を果たそうとする者については、特赦を与えることができる。自らの意志に反して行動に引き入れられた者は、名乗り出るよう期待する。議会は、愛情と正義をいかに用いるか、適切に判断することができる。退出してよろしい。

この拒絶に直面して、いささか困惑した民政官たちは、調停を試みて、反乱側代表にジャン＝フランソワと面会する用意があると告げた。

山中では、十二月十六日にビアスーが議会の回答を知った時、トゥサン・ブレダの影響力の強さが再確認されることになる。ビアスーは激怒し、グロは自身および人質となっている他の白人たちの証言として、次のように記した。

　憤激した彼は、武器を手にすると、我々を集めて一列に並ばせた。銃殺するためである。この非常に危険な集会において、ビアスーの副官トゥサン・ブレダは、危険を顧みずに我々を助けようとした。たとえ、彼自身が指揮官の激しい怒りの犠牲になるとしても。彼は、我々がこのようにして殺されるべきではないと説明し、軍法会議を開いて、そこで我々を裁くべきだと主張したのである。この提案が採択された。

これによって、裁判なしの処刑は避けられた。単なる「副官」にしては、上司と思われる人物を困惑させるとは、ずいぶんと大胆だ！　ビアスーは即決を避け、二百人の兵士がサーベルを抜いて刃を光らせ、明日盛大な葬儀を行うとの脅し文句が叫ばれる中、直属の兵士たちに捕虜の服を脱がせるように命じた。捕虜にとっては幸いなことに、夜の間に興奮は醒め、ビアスーも議会の意向に怒りを覚えたのだと認めたのだった。

一七九一年十二月二十一日、ジャン＝フランソワはミルベックとサン＝レジェ両民政官と会見した。民政官には、植民地議会が指名したオブザーヴァー四人が同行した。反乱派の総大将と見られていたジャン＝フランソワを認めると、オブザーヴァーの一人、弁護士のギヨーム・ビュレ（バイヨンの義兄弟）は彼に跳びかかるようにして、乗馬用の鞭で一撃を加えた。これは、問題を招く、いや、深刻な結果をもたらす行動だった。ジャン＝フランソワは茫然としてこれには反応せず、サン＝レジェ民政官に向かって解放と反乱派奴隷に対する特赦の範囲に関する要求を繰り返した。サン＝レジェは、白人捕虜を解放することを条件に、保証を与えた。それは、事実その通りになった。十二月二十四日、グロとその仲間の捕虜は釈放され、護衛つきでル・キャップまで送り届けられた。彼らにとって幸いなことに、護衛隊を指揮していたのはトゥサン・ブレダだった。というのは、途中で、捕虜が釈放されたことに納得できない反乱派の一隊と遭遇したからだ。これは、指揮官が兵士たちを従わせることの困難と、反乱派内部の緊張を物語るものだ。以下は、グロの証言である。

タヌリーまで来たところで、黒人の集団がサーベルを片手に我々の方をめがけて走ってきた時の驚きは大きかった。彼らは、我々の頭部だけをル・キャップに送り届けると脅し、和平と自分たちの指揮官に対して悪態をついた。我々が命を長らえることができたのは、護衛隊の断固とした対応のおかげだった。

人質はこうして、この一件を終わらせたいと考える指導者たちの善意の証しとして解放された。しかしながら、トゥサン・ブレダは植民地議会の議長からこのように聞かされた。

あなた方の改悛の証しを示し続けなさい。また、あなたを代表として送った人々に、同様に後悔している旨を民政官の方々に伝えさせなさい。あの方々の仲介なしには、議会はあなた方に対する措置を決めることはできません。

特赦についても、解放についても、言及はなかった。議会はすべての要求を拒否し、民政官を本来の立場に戻した。彼らは一切の決定権を持たなかった。鞭の一撃の後、政治的な衝撃と、騙されたとの苦々しい印象が反乱派にもたらされた。

トゥサン・ブレダは、調停による合意への最後の希望が打ち砕かれたと感じた。この屈辱的な拒絶によって、この白人たちと交渉することは不可能だと、彼は理解した。彼らは「山賊たち」は立場が変わるわけでもなく、どのような運命が待っているのか確信もないまま、ただおとなしく引き下がるべきだと考えていた。宥和を図る機会が訪れたにも拘わらず、頑なな拒否にあったのだ。ただ一回の機会が無駄になったのだ。こうして交渉を拒絶することで、植民地議会は反乱側にただ一つの選択肢しか残さなかった。武力と、力比べと、無謀であっても前進するという選択肢である。危険は――貿易商ポンシニョンが手紙に書いたように、一部のより明晰な頭脳を持つ白人が予感していたことだが――、最終的にはより人数の多い側が勝利を得るかもしれない、というものだった。

✽高まる緊張

一七九一年末、トゥサン・ブレダと彼と行動をともにする者たちにとって、政治的不安定と放浪の日々が本格的に始まった。地下に潜伏した彼の活動の実態はわからないし、彼の思索についてはさらに知られていない。彼は、絶えず追われているグループの指導者として経験を積み、情報提供者のネットワークを構築し、以前にも増して状況を注視した。

植民地は、あらゆる方面からの政治的振動に揺れていた。プレーヌ＝デュ＝ノールでの蜂起に先立ち、ポルトープランスでは自治拡大派の「小白人」が市街地を支配して当局の代表者たちを震撼させ、武装闘争を開始したムラート――彼らは自由の身になり、武装した「スイス人」と呼ばれる三百人の奴隷の援護を受けていた――とのいかなる合意も拒否していた。一七九一年八月末、過激派白人とムラートはクロワ＝デ＝ブケで衝突した。九月と十月には、緊張を和らげるために、当事者間でいくつもの合意書に署名が行われたが、この脆い平和は十一月に過激派白人がポルトープランスからムラートを追放し、討伐に乗り出したことで瓦解した。彼らは、「スイス人」――きわめて危険な前例となった連中――の一部を追い詰め、船でジャマイカへの逃亡を余儀なくさせた。しかし、上陸を拒否され、この不幸な人々はサン＝ドマング北部のモール・サン＝ニコラにたどり着き、ここで死を迎えるしかなかった。それでも、プランテーションからは他の奴隷グループが逃亡し、西部と南部をさまよっていた。

一七九二年七月、ブランシュランド総督はジャン＝フランソワ、ビアスーおよびシャルル・ベレール（トゥサン・ブレダの「甥」で、当時十五歳である。彼の署名については年齢のため若干の疑問がある。背後に叔父の存在があったのだろうか）が署名した書簡を受け取った。隣接する植民地を領有するスペインの保障の下で、自由と全員に対する特赦を求める内容だった――スペインの保障を求めている点が、運動の過激化を示唆していると思われる。しかし、総督には別に気にかかることがあった。本国に忠実な部隊とムラートの支援を得て、総督はついに（七月五日）ポルトープランスを武力で奪還し、七カ月に及ぶ自治拡大派白人による激しい騒乱に（一時的に）終止符を打った。しかし、この成功の直後に待っていたのは重大な苦境だった。八月六日、南部をさまよう逃亡奴隷と反乱奴隷の一隊が、通称プラトンと呼ばれる場所で、総督が派遣した部隊を敗走させたのである。この新たな問題は、情勢の不安定化を招いた。一七九二年末には、島の南部にあるレ・カイユ平野はすっかり荒廃していた。

同じころ、植民地の問題について判断しかねていたフランス本国は、またしても有色自由民と白人の関係の見直しを行った。立憲議会の後を継いだ立法議会は、一七九二年四月四日、自由民間の平等、すなわち有色自由民に対し選挙権を認める政令を成立させた。三名（ポルヴレル、ソントナクスおよびアイヨーの各委員）からなる民政委員会がサン゠ドマングに派遣され、この論議を呼ぶ措置が適切に施行されているか監督することとなった。三人は一七九二年九月十七日に、増援部隊の兵士六千人とともにキャップ゠フランセに到着した。この委員会に同行した軍人のうちには、後に重要な役割を果たすことになるエティエンヌ・メナール・ビズフラン・ド・ルヴォーがいた。

委員には、三つの任務があった。四月四日の政令の施行、既存の議会の解散と自由民による新議会の発足、そして「山賊」による反乱の収束である。九月二十日、増援部隊の到着に歓喜した植民地議会は、委員たちを熱烈に歓迎した。熱血漢のレジェ゠フェリシテ・ソントナクス委員は、立法議会の考え方を説明した。彼自身は奴隷制廃止論者（もっとも、段階的廃止論者だが）だったが、現下の情勢を踏まえて彼は高揚して奴隷制維持を主張する演説を行った。奴隷制度については自由民が判断を下し、奴隷の待遇改善法を決定し、必要と判断された場合には段階的に奴隷制廃止を進めるべきだと述べたのである。これが、この時点で彼が提唱する政策だった。

さしあたり、偵察隊が広大な平原を往来し、秩序の回復に努めていた。しかし、言うは易く行うは難し、である。証言は多数あるが、その中にはジャック・ドゥヌス大佐（アリエージュ県の旧家出身）のものがある。大佐は、ブレダ・デュ・オー゠デュ゠キャップ農園内に設営された宿営地に駐屯する千五百人からなる部隊を指揮していた。この宿営地は町を守備し、プレーヌ゠デュ゠ノールを監視する上で理想的な位置にあった。到着直後、この将校は義理の兄弟に次のように書き送った。

この乞食のような黒人の山賊どもをやっつけてやりたいと思っています。というのも、毎日火災や惨状を見せつけられて、一層奴らのことが憎らしく思えるようになりました。できるだけ早く彼らを攻撃するのが、農園主たちの望みであり、兵士たちの望みでもあります（一七九二年九月十八日）。

しかしながら、姉妹に宛てた手紙では、彼はすぐに無力を告白している。

我々がやって来たことで、黒人たちはかえって大胆な行動に出るようになりました。周囲は破壊され、火災が広がっていますが、進撃の命令はまだ出されないままです。この世界で最も豊かな農園が、我々の目の前で炎に包まれています（一七九二年十月二十七日）。

つまり、主導権を握ったのは反乱側だった。ランベからウアナマント（スペイン側境界近く）に至る地帯が、反乱側の支配下にあった。

さらに深刻なのは、フランス側の内部における緊張だった。委員たちは前総督のブランシュランドを議員たちの手に委ねるために収監し、その後任となったエスパルベス・ド・リュサン将軍を、複数の将校とともにすぐに解任した。ドナシアン・ド・ロシャンボー（ヨークタウンの勝者の息子）が、暫定的に総督となったが、間もなくマルティニクに向けて出発してしまった。王政廃止の知らせの後、国民公会による共和国樹立宣言が植民地にもたらされ、新たな政治的局面が開かれた。ポルヴレルとソントナクス――この二人は、どちらかと言えば進歩派である――はこの新たな状況に容易に適応したが、本国との連絡に時間がかかることと現場における緊張のために独裁的な姿勢を取り、植民地をジャコバン派のフランスの勢力圏内に維持すべく、一方的な決定を行った（他の二人の委員と意見の相違が大きくなりつつあったアイヨーはフランスに帰国し、委員会書記のデルペッシュが後任となった）。委員会の最初の重要な仕事の一つは、四月四日の政令に基づき白人と有色自由民の和解を図ることだった。当時「四月四日の市民」と呼ばれた人々を対象とした「アファーマティヴ・アクション」の一環として、ソントナクスは何人かの黒人（その中には、影響力があるジャン＝バティスト・ベレイもいた）とムラートを民兵団幹部に登用した。一部の白人は、有色自由民に指揮されるのが不満で怒りの声を上げたが、ソントナクスは反乱を押さえ込むのに成功した（一七九二年十二月二日）。彼は、白人農園主たちが、結局のところ力が弱く孤立していることを認識した。

委員たちは植民地を地域ごとに分担することにした。ソントナクスが北部、ポルヴレルが西部、デルペッシュが南部を可能となり次第、担当することとした。情勢を検討した結果、彼らは市民により選ばれた議会を設置するとの当初の計画を断念し、軍事力と有色自由民の支持を背景に、フランスの名において独裁体制を敷いた。

✽〝山賊〟側の視点

反乱側では、警戒感が強かった。一七九二年十二月、王政廃止と共和国樹立の知らせが伝わると、ビアスーは王政復古が行われるまでの間自ら「副王」と称し、それを反乱側の運動に加わったドンドン小教区の司祭で、一七九一年にジャノに捕らわれて以来反乱派と行動をともにし、ミサを挙げてきたドラエー神父に宣言させた。トゥサン・ブレダは正式に「次席」に任名された。

反乱派の指導者たちは反射的に王党派の立場を取ったが、それは国王が白人自治拡大派による虐待に対して奴隷の「保護者」であることを彼らが忘れていなかったからだ。しかし、それはまた委員たちが奴隷制度の維持を宣言したことに対抗するためでもあった。彼らにとって、革命による変化に関わる白人たち（自治拡大派であれ、ジャコバン派であれ）はアンシャン・レジームよりも敵対的に思われた。彼らは国王を仲裁者、司法の代表者と見て、混乱をもたらす存在ではないと認識していたのだ。しかるに、白人たちは混乱と、奴隷に対する不公正のイメージを与えていた。ルイ十六世処刑の知らせに接した時、反乱派の指導者たちは、国王を追悼するミサを挙げさせた。

これに加えて、宗教的次元があった。どの派に属するにせよ、白人指導者たちはしばしば、アフリカ人には理解不能な反宗教的な態度を取っていたが、アフリカ人にはなぜ生きる者を見守る精霊、祖先、霊的な力の存在に異議を申し立てなければならないのか理由がわからないのだった。反乱派内部では、指導者たちはカトリックの儀式を重視していた（ビアスーにとっては、聖ルイの日のミサが特に重要だった）。アフリカの宗教儀式も、あまり目立たない形であれば、行われていなかったと考える理由はない。

しかしながら、「山賊」にとって状況は悪化していた。権力基盤が強化された委員たちが攻勢に出たからだ。一七九三年一月半ば、ラヴォー将軍指揮下の白人とムラートからなる部隊が、反乱勢力をタヌリー、グラン・プレおよびドンドンの陣地から排除した。指揮官と兵士たちはスペイン側との境界に近い山中に逃げ込んだ。反乱派が完全に敗れたわけではなかったが、大きな打撃ではあった。ジャン＝フランソワ、ビアスーとトゥサン・ブレダは簡単にはあきらめなかった。地理的にル・キャップからより近い一帯では、ピエロとマカヤのような中堅指導者たちがまだ動き回っていた。

西部と南部でも、シナリオは同様だった。ポルヴレル委員とラ・サル将軍はプラトン地域の逃亡奴隷を撃破し、「山賊」三百人が戦死した。しかし、プラトンでは沈静化したものの、こんどはキュル＝ド＝サック平野で奴隷の反乱が起き、ポルトープランスでは「小白人」が再び頭をもたげてきた。二月末、事態は深刻化し、ソントナクスはポルヴレルを支援すべく西部地方に向けて出発した。四月には、ポルトープランスでも平野部でも、フランス革命政府の代表者たちが力を盛り返した。

植民地全体にほぼ平静が回復されたため（「山賊」が残るのは北部だけで、それも一部の地域に限定されていた）、委員たち――彼らには、その二カ月前に国民公会から立法の権限が付与されていた――は一七九三年五月五日に奴隷制を維持するとともに、「黒人法典」の原則を再確認する政令を公布した。政令はクレオール語訳され、奴隷たちに読み上げられた。それはまた、奴隷たちは自身が法の保護下にあることを知った、ということを示している。虐待を受けた奴隷が裁判所に提訴できるとする一七八四年十二月三日の勅令についても、同様の措置が取られた。共和国は、王政下で制定された既存の法令も活用した。

しかしながら、キャップ＝フランセに戻ったソントナクスとポルヴレルを待っていたのは、困難な状況だった。政令によって魔法のように消えるわけではない有色自由民と白人の間の緊張関係に加えて、騒乱と多数の人の流入のためにこの町の活動は混乱していた。というのは、この町の白人人口の半分は農園から避難してきた人々であり、四分の一は商業に従事していたが、商業活動は混乱していて、生活必需品は現実に不足していた。町は過熱して、白人は軍を支持せず、俸給が支払われず、物資の不足が深刻なため、兵士の士気は低下した。

そうした中、一七九三年五月七日、予期されていなかったが、国民公会が派遣した新総督のフランソワ＝トマ・ギャルボー・デュ・フォール将軍が到着した。彼は本物の共和主義者だったが、砂糖プランテーションの所有者で、入植者たちとつながりがあった。新総督の着任は、ソントナクスとポルヴレルに、自分たちの立場が不安定なことを示した。ギャルボーが委員会の取る措置を厳しく批判し始めただけに、総督と委員たちの間の競合は避けがたかった。一七九三年六月十三日には、委員会は総督のそれまでの決定をことごとく無効にした上で、島を離れるよう命じた。

六月二十日、ギャルボーは避難している農園主の一部と兵士や水兵の不満分子の支持を得て、委員たちに対して強硬手段に打って出た。ギャルボーの支持者は、町における権力の象徴である行政府庁舎を襲撃したが、ジャン＝バティスト・ベレイ率いる有色自由民部隊に押し返された。この危険を前にして、委員たちは町の奴隷、さらにはル・キャップ近辺の反乱派の諸集団（まず、距離的に近いピエロとマカヤのグループ）に、自由を与えると約束して支援を求めるという大胆な策に出た。するとすぐに、町では次のような声が上がった。「皆自由だ！この国は我々のものだ！」。翌日、「委員たちの指揮の下、共和国のためにスペインおよび内外の敵と戦う黒人戦士たち」に自由を与えるとの宣言が正式に発表されると、ソントナクスとポルヴレルに多くの援軍がもたらされた。町の奴隷たちばかりでなく、ピエロとマカヤの指揮する集団もこれに加わった。しかし、六月二十一日、西部警戒線と呼ばれる防衛線の指揮官がビアスーおよびトゥサン・ブレダと交渉するためにバッサン・カイマン陣地に派遣されると、これに対し、二人の指導者とその部下たちは停戦しか受け入れないとして、次のように回答した。

民政委員の権威と権限は認められないため、彼らと交渉することは決してない。また、従来、他の同胞たちとともに国王の大義のために戦ってきたところから、死に至るまで変わらぬ忠誠を誓ったブルボン家のために最後の血の一滴まで戦うであろう［一七九三年六月二十五日付の回答文書。トゥサンは「国王軍の将軍」、ビアスーは「国王の総督」と署名した］。

その間、六月二十三日に委員たちは勝利を収めたが、町は荒れ果てて燃やされ、一方では何千人もの白人——ギャルボーとその支持者、軍人、逃亡を余儀なくされた市民、安全な避難場所を求めてきた一般の植民者——および奴隷主に忠実な奴隷たちは、米国に向けて出港した。この壊滅的な出来事は、それまでの繁栄の終わりを告げるものだった。そればかりか、スペインの同盟国イギリスがフランスと戦争状態に入ったことから、スペイン軍部隊は国境を脅かし、イギリスは遠征部隊の派遣準備を終えようとしていた。

そのころ、トゥサン・ブレダはどうしていただろうか。彼はまだ逡巡していた。彼は、ラヴォー将軍に宛てた一七九四年五月十八日付の手紙で、婉曲に事件に触れてこう書いた。

ご記憶と思いますが、ル・キャップが破壊される前、貴殿と連絡を取った時、私はフランスの敵と戦うために力を合わせ、この植民地のフランス人同士の争いをやめさせることを目的にしていました。すべての人々にとって不幸なことに、私の提案した宥和への道は拒絶されたのです。

彼の説明によれば、ギャルボーと委員たちが決定的に対立する以前、スペイン側の資料によるなら一七九三年四月—五月以前の時期に、彼は仲裁の提案を行ったというのである。しかしながら、彼の王党派寄りの傾向が、結局共和派フランス人との間に乗り越えがたい壁を築いたのだった。特に、北部におけるソントナクスの立場は不安定だったから、なおさらである。ル・キャップでの六月の出来事の後、フランスのために戦う戦士を解放するとの約束はスペイン側の提案を超えるものではなく、しかも委員たちの着任当初の発言と矛盾しており、単にその場しのぎのまやかしと受け止められた。なぜなら、委員たちは不本意ながら解放を約束したが、いまだに自分たちがこの島の指導者であると主張していたからだ。彼らは、黒人奴隷がすでに自らの手で自由を獲得し、この解放という措置が何ら利益をもたらさないことを理解していただろうか。さらに、この不信心者らが支持する共和国には、何の意味があるだろうか。

トゥサン・ブレダは、むしろスペインへと傾斜していた。スペイン側は、ヨーロッパではフランス共和国が諸王国の連合に敗北し、パリは落城して王政が間もなく復活するとの噂を執拗に流していた。スペインの方がより確固たる力を持っていると思われたし、スペインは奴隷制度維持の立場ではあったが、現地にいるスペイン人はごく少数で、奴隷制維持にはまったく不十分だった。歴史にとって不幸なことに、この当時のトゥサン・ブレダの考え方を明らかにする資料はまったく残されていない。彼が、理性的に考えた末にスペインと同盟を結ぶ選択をしたとの仮説を立てることぐらいしかできないのである。しかも、その決定に至るまでには、長い時間を要した。彼は、七月から八月にかけては、まだ迷っていたようだ。

当時、状況は混乱をきわめていた。反乱勢力は、北部でも、西部でも、南部でもまったく統一が取れていなかった。無数の小規模グループのリーダーと、何人かの「有力」な指導者がいたが、彼らは皆自分の勢力を守ろうとしていて、相互の連携はまったくなかった。トゥサン・ブレダは、フランスもスペインも反乱を鎮圧することはできないと見ていたのだろうか。彼は、この当時から反乱勢力を統一し、自らその指導者として認められたいと考えていたのだろうか。実際、彼は救世主的人物として、最後の頼みの綱として、人々を統一することのできる中心人物となるにふさわしい名を名乗って姿を現した。以後、彼はトゥサン・ルヴェルチュールとなるのである。

第10章 「わが名はトゥサン・ルヴェルチュール」

ルヴェルチュール！〈開くこと、開始、開口部などの意〉どこに向かって、何に対して、誰に対して開かれているというのだろうか。この偽名についてはいろいろな説が書かれたが、使われているうちに定着して、通常 Louverture と綴られる姓になった。その由来とされるもののうち、彼の前歯の間隔が広く開いていたためとする奇妙な説は退けて差し支えないだろう。彼が敵陣を突破し、敵陣に道を切り開く兵士だったとする、叙情的（かつ時代錯誤的）な、ラヴォー将軍によるとされる説も退けてよいだろう。解釈は、むしろ二重の意味を持つ単語だとする方向に向かうことになる。

一七九三年八月二十日のエティエンヌ・ド・ポルヴレルの、山賊を非難する声明には、こう書かれている。「最近になってルヴェルチュールと名乗るようになったブレダのトゥサン……」。これはどういうことか。情報が行きわたるのに必要な時間を考慮すれば、彼がルヴェルチュールと名乗るようになったのは一七九三年七月から八月初めにかけての時期であり、ソントナクスが手を差し伸べた後のことだと見るのが確実だろう。それに対する回答が、この名だった。政治的な協力関係（ouverture politique）、それをトゥサン・ブレダは同時代の人々に提案し、自分についてくるよう求めたのだ。彼こそ、未来を切り開く人物だ。とはいえ、これは確実とは言えない賭けだった。作家のマディソン・スマート・ベルの考察によれば、それは精神世界に対して開かれることでもある。トゥサン・ブレダが熱心なカトリックだったことを私たちは知っているが、彼がブードゥー教と対立のない世界に生きていたことも確かだ。それが政治的に見て有利な場合、彼自身、ブードゥーとの関係を利用することもあった。果たして彼は、さまざまな傾向が交差する地点に立ち、十字路の主であるレグバから霊感を得て、正しい方向に進むよう導くことができる指導者としてのイメージを与えたかったのだろうか。そうだとすれば、政治的と精神的の二つの面で開かれている（double ouverture）と見るべきだろう。この二つは対をなし、ともに歩む関係である。

また同時に、トゥサン・ルヴェルチュールが元奴隷たちから十字路の主と見られたいと欲していたことも、何らかの予感によるものだろうか。彼は、元奴隷たちが決定的な役割を果たすことを感じとっていた。彼が炎のような赤いマドラス生地のスカーフを頭に巻くようになったのは、この時からだろうか。この問いに明快な答えは得られないが、方向性を見失った大衆には、こうした象徴が有効に働く場合もあるのだ。

政治的には、反乱側の主要な指導者たちはいずれの陣営につくかを決めていた。ソントナクスは彼らを味方につけようと試みたが、それは無駄な努力に終わった。ブラマント・ラザニやピエロのようなリーダーたちはフランス側に与することを選択し、そうした呼びかけを行ったが、彼らは例外で、大半の指導者は拒否した。スペインの魅力のほうが大きかったのである。スペインは王国で、カトリックで、フランスと戦争状態にあったからだ。以前はフランス派だったマカヤは、意見を変えた。一七九三年七月二日には、ジャン＝フランソワが正式にスペイン側についた。直後に、ジョルジュ・ビアスーも同様の行動を取った。彼らとともに、一万人の戦士がスペイン側についたことになる。スペイン軍の兵力はわずかだったが、新たな援軍の登場で状況は一変した。加えて、サント＝ドミンゴ総督のホアキン・ガルシア・モレノは、国王に忠誠を誓うフランス人をスペインの公式な保護下に置くと決定した。王党派の入植者や軍人たちは、スペイン側につくことを決意した。

そして、トゥサン・ブレダはどうしただろうか。彼はまだ逡巡していたようだ。ソントナクスは再び攻勢に転じ、七月初めにはタヌリーの野営地を返還させさえした。ル・キャップには自由の木が植えられ、味方についた戦士たちの家族にも自由が与えられた。しかし、老練なリーダーのトゥサンはまだ譲歩しようとはしなかった。衝突が何回か繰り返された。八月末には、民政委員が全員に自由を与えるのではないかとの噂が流れ始めた。

そこで、一七九三年八月二十五日に、彼は有色自由民、名士たち、土地所有者たちなど、各陣営から誘われている周囲の人々に対して影響力を持つ者たちに宛てて、次の回答を発表した。

我が同胞と友人たちへ

諸君の意図はどのようなものなのだろうか。いくつもの小教区で明白になっているように、諸君は諸君にとって有利となるように努力している同胞たちに向かって執拗に抵抗しようとしている。諸君が仲間を相手にして戦っているのは全員の自由という思想のためだが、この思想の基礎を築いたのはいったい誰だろうか。我々こそが、それを最初に考え出したのではないだろうか……（中略）……共和国代表という肩書を持つ二人の人物は、共和国そのものが揺らいでいる時に、諸君にとって一体何なのだろうか。フランス王国がかつてのように君主制に戻れば、我々には平和が訪れることになろう。そして、平和を得るために働くことは、仲間を殺傷するような品位を落とす行為ではない。親愛なる友人たち、諸君がしているように血を流させることは、神のいかなる掟によるものだろうか。友人たちよ、思い出してほしい、懲罰を怠ることのない神の前では、諸君はこの現世でのよい行いも悪い行いも考慮しなければならないことを。その時はきた、私は恐れとともに諸君に告げよう。平穏のあらゆる敵に対して、どこで決定的な打撃を与えるのかを。親愛なる仲間たちよ、我々に合流したまえ。両目をふさいでいる目隠しをはずせば、ものごとの真実が見えるだろう……（中略）……自由とは、自然が与える権利だ。平等は、自由から派生する。それは、国民議会が支持し、決定したものだ。

諸君はこれから、諸君の将軍の願いにより、この二つの事項を支えて行こうとしている。そのことを覚えていてほしい。

まず、私がそのために努力しなければならない。私は常に自由と平等を支持してきたし、それらを一番に支持すべき立場にあるからだ。私には譲歩することはできない。始めた以上は、終わらせなければならない。私とともに歩むならば、より早く権利を享受することができるだろう……（中略）……私が霊感を得てこの大義のために没頭することができたのは、最高存在のおかげだと感謝しなければならない……（中略）……帰りたまえ、友人たちよ。これ以上待つことなく。諸君が私たちに合流するのを頑なに拒むのを見るのは辛いことだ。私は自分の性質に反した行動を取らざるを得なくなってしまうだろう。

親愛なる友人たち、諸君の心持ちを一時忘れるようにしてほしい。そして、私に満足のいく回答を与えてほしい。

諸君に愛着を抱く謙虚な下僕たる
トゥサン・ルヴェルチュール、国王軍の将軍

ついに、二年にわたる逡巡に終止符を打ち、彼は舞台裏から表舞台に登場した。そして、民衆と指導者をつなぐ立場の人々に、自分とともに歩むよう呼びかけたのである。彼は、「友人たち」そして「同胞たち」に向かって話しかけた。さらに、彼はこの二つの言葉を繰り返し使用した。彼の言葉には、明らかにキリスト教の用語が使われていた。彼はまた、自分の誓いだけが間違いのない真実の誓いだと述べた。彼が「最初」に主張したのであり、一七九一年八月の反乱の背後にいたというのである。彼が目的とするのは全員の自由であり、情勢に乗じ

て白人たちから新たな措置を勝ち取る以前から、自由を求めてきたのだという。白人たちは、彼の見るところではもともと改革に消極的で、しかも彼らはヨーロッパでは敗北したとされる共和国の体現者だった。したがって、彼は自分についてくるよう求め、妨害しようとする者には制裁を加えると脅したのである。肝に銘じておくように……。冷酷になることもできる彼の専制的な一面が窺える。

ソントナクスはそれでもまだ彼をフランス側に引き戻す希望を捨てていなかった。彼は新たな使者として、有色自由民の将校アントワーヌ・シャンラットを派遣した。トゥサン・ルヴェルチュールの回答（一七九三年八月二十七日付）は、返書の末尾が示しているように、痛烈だった。

私たちのもとでは、真の人権と正義が支配しているのです！　私たちは誰であっても、それがたとえ自らにとっての最も残忍な敵であっても、人間的に、兄弟愛をもって迎え入れています。私たちは喜んで彼らを赦し、優しさをもって彼らを過ちから正しい道に引き戻すのです。

トゥサン・ルヴェルチュールは、もはや後戻りできない地点まで来ていること、そして寛大な姿勢を示しているのは自分であることを、明確に理解させようとしているのだ。しかしながら、彼が完全な自由の支持者だと考えるのは間違いである。大衆は、恐らく解放されるべきなのだろう。この点については、彼の考え方は変化し、自由を支持するようになった。しかし、大衆は基本的に成熟していない。彼らには、進むべき方向を指し示し、指導する必要がある。トゥサンには、その指導ができる。見識を持った協力者、すなわち少数の権力者の力を借りることで。そして、二日後には彼はこんにちでもよく知られる新たな声明文を発表した。

テュレル野営地にて、一七九三年八月二十九日
同胞たち、そして友人たちへ

私はトゥサン・ルヴェルチュール、この名前は皆さんもご存知かもしれない。私は復讐に着手した。私は、サン＝ドマングに自由と平等が広がることを望むものだ。私は、その実現のために努力する。我らの下に結集するのだ、同胞たちよ。そして、同じ大義のために、ともに戦おうではないか。

諸君の謙虚にして忠実なる僕
トゥサン・ルヴェルチュール
公益のために、国王軍の将軍

彼が着手したという「復讐」を、どう解釈したらよいだろうか。「復讐」とは、いかにも非キリスト教的な言葉である。何について、誰に対して復讐しようというのか。特に、この声明文は全般的にわかりにくく、謎めいている。それというのも、彼がいかなる政治的傾向を支持しているのか明言していないからだ。曖昧さの練達、ということだろうか……。

✽条件つきの自由

ところが、奴隷の境遇については大きな変化があった。この同じ一七九三年八月二十九日、ソントナクスは思い切った決断を下した。彼が行政権を持つ北部地域における奴隷制度の全面廃止を宣言したのだ。その意図は明確だった。小規模な武力衝突とジャン＝フランソワの攻勢の脅威を前にして、ソントナクスは黒人たちを最終的に共和派に鞍替えさせたいと考えた。しかしながら、当初、この措置の効力は限定されていた。彼が注意を引こ

うとした対象は二年前に自由を得ていた上、ソントナクスは同時に農園に所属している元奴隷はそこにとどまり、耕作に従事するものと決定したからだ。

とはいえ、一つの原則が公然と宣言されたことには間違いがない。島の北部で奴隷制廃止が決定すると、他の地域にも波及した。早くも八月二十七日（ソントナクスの決定より二日早く）、ポルヴレルは西部の財産保全の対象となった農園における奴隷の解放を宣言した。ここでも奴隷に農園での仕事を続けるよう命じたのではあるが。しかし、ソントナクスが全体的な措置を取る中で、ポルヴレルも段階的前進の政策を放棄して、その対象を拡大した。九月二十一日には、西部地域全域で奴隷制が廃止された。一七九三年九月二十七日にデルペッシュ委員が死亡すると、ポルヴレルは権限の及ぶ範囲を拡大し、十月三十一日には南部でも奴隷制を廃止した。この時点で、フランスの支配下にある全域で奴隷制は廃止された……。フランスで、国民公会がこの決定を承認することが前提ではあったが。それまでの間、委員たちにとっては、「旧自由民」（一七九三年六月の事件以前からの自由民）と、人口の大半を占める「新自由民」がいるだけだった。

委員たちは、「新自由民」には選択肢を与えなかった。プランテーションに残って、混乱発生以来困難な状況にあった農業の再出発に加わるか、あるいは軍に入隊（「自由部隊」という名の、名称は叙情的だが、兵士たちの実態は乞食と同然の貧しいものだった）するかのいずれかである。一部の者は、スペインと英国を相手に戦うことに惹かれたが、大半は大地に張りつけられたままだった。したがって、彼らは以前と同様に働き続けた。いずれにしても、フランソワ・ブランパンが研究で示したように、自由とは混乱を指すものではなかった。

それでも、言葉の使い方には変化が見られた。「奴隷監督」（コマンドゥール）は使われなくなり、「現場監督」（コンデュクトゥール）と呼ばれるようになった。「奴隷」はいなくなり、「耕作者」になった。それでも、条件つきの自由と労働を義務とする制度の下で、仕事の分担は以前と変わらなかった。それでは、実態的には奴隷制下と何ら変わりはなかったのだろうか。そうではない。ソントナクスは、作物から得られた総収入の四分の一を賃金として与えることを考え、この仕組は「耕作者分の四分の一」として知られるようになった。一方、ポルヴレルは共有化した土地を共同組合方式で耕作する仕組を考えた。委員たちは、緊急に対処する必要から協議することもできず、それぞれの担当地域で独自の対応を行っていた。両者の対応には、対立する面があった。ポルヴレルは共同運営方式、労働時間の調整、そして平和が戻ったら農園の一部を元奴隷の所有とする案を検討していた。ソントナクスは違った。彼は、農園主たちの力を信じていた。

最終的には、その後の数カ月で政策調整が行われ、新たな施策が決定した。一七九四年二月七日の声明により、革命以前にサン＝ドマングの繁栄をもたらした生産方式である大規模農園の維持が宣言された。個人所有の土地は狭いままだった（一カロあたり十六区画の菜園に分けられ、よって個人耕作地は最大八百六平方メートルとされた）。サヴァンナ（牧草地）と林は共有とされた。食料、衣服、住居にかかる費用は、プランテーションの総収入のうちから支出され、理事会（耕作者たちが選出する管理者と現場監督により構成）が管理した。一人ひとりの収入は、仕事ぶりに応じたもので、週六日働いた（週五日にすることもできたが、その場合収入は半分になった）。一七九四年二月二十八日の別の声明は、生産高に応じた利益の配分を奨励し、業務分担を決定し、生産単位における規律を定めていたが、それは軍隊式のものだった。結局、耕作者たちは権威には従わねばならず、好きな時に仕事をするわけにはいかなかった。一七九四年三月三十一日の声明は、監察官が各プランテーションを検査して回り、当局が取った措置の適用状況を監視し、作業所間の競争を促進する任務を負うと明記している。

理論的には、そういうことだった。現実は、その後の数年で異なる方向へと進んで行った。

❇戦う指導者

この間、英軍は島の岬の先端部に上陸を始めた。南部ではジェレミーに（一七九三年九月二十日）、北部ではモール・サン＝ニコラに（九月二十二日）。一方、スペイン軍部隊は東部に進出を始めた。興味深いことに、この二つの進攻には異なる動機があった。英軍が白人奴隷主を支援していた（有色自由民に与えられた市民的平等を認めていなかった）のに対し、スペイン軍は元奴隷のグループとその指導者たちを頼りにしていた。ジャン＝フランソワ、ビアスー、トゥサン・ルヴェルチュールは貴重な補佐役だった。特に、トゥサンである。残る二人は、当初に残虐にして派手な活躍の後、栄光を手にして気を緩める傾向にあった。攻勢に転じたトゥサン・ルヴェルチュールは、依然としてフランス施政下にある北部（ル・キャップとプレーヌ＝デュ＝ノールはヴィアラットが、ポール＝ド＝ペは総督でもあるラヴォーが守備していた）と西部および南部（この両地域では、ムラートのボーヴェ、ペティオンおよびリゴーが抵抗を続けていた）を分断し、ドンドンからゴナイーヴ（十二月に攻略した小都市で、彼はここに小規模なスペイン軍部隊を駐屯させた）に至る西部警戒線を補強した。フランス共和派軍からのマルムラード攻略は、ムラートのアンドレ・ヴェルネ大佐と、白人将校デュビュイソンが率いる元ベアルヌ連隊の兵士三百名からなる部隊がトゥサンに合流するという結果を生みもした。この部隊は、いまやスペイン軍大佐となったトゥサン・ルヴェルチュールの「ベアルヌ親衛隊」を形成した。

これらの成功は、将来につながるものだっただろうか。そうではなかった。なぜなら、見かけとは異なり、すぐに混乱が訪れたからだ。ルヴェルチュールの上官にあたるマティアス・デ・アルモナが交代し、サン＝ラファエルの守備隊長として彼に好意的でないリェオナルト氏が着任すると、彼はスペイン側内部での支持を失った。シュザンヌと子供たちは厳しく監視され、野卑で尊大なビアスーとジャン＝フランソワが重用された。トゥサン・ルヴェルチュールは自由に行動しにくくなり、ビアスーではなく、スペイン側指導部と直接やり取りすることを求めていたにも拘わらず、下位の者の役割しか与えられなかった。黒人指導者間では緊張が高まり、対立が常態化した。一七九四年二月に、スペイン王から三人に対して金のメダルが贈られたが、それでも彼は先行きの不透明感を忘れるわけにはいかなかった。

しかも、一七九四年初め、理論的にスペイン側の支配下にある地域でも、プランテーション内での秩序は乱れ、作業所の奴隷たちは行動を起こし始めた。フランス側地域の現状が知られ始めたため、耕作人たちは俸給を与えられることとなった。スペイン側を支持するようになったフランス人農園主はプランテーションへの帰還を求めたが、効果はなかった。トゥサン・ルヴェルチュールが反乱を支持したため、農園主たちは抗議の声を上げた。彼を批判する者によれば、彼は本拠地とするゴナイーヴ近辺のプランテーションの作業所の奴隷に対し、不服従を呼びかけたとされる。

二つの原則の衝突だろうか。スペイン側では、処罰としての鞭打ちが許されていた。さらに、ジャン゠フランソワとビアスーは、以前の約束を反故にして、捕虜にした共和派の黒人女性と子供、あるいは陣営内で不満を口にし始めた「不良分子」をスペインに売り渡すのに躊躇しなかった。これらの捕虜たちは、「国王の利益」として売りさばかれた。二人の指導者は、代金を自らの軍勢の強化に用いていた。ビアスーは、奴隷制度の復活に賛同すると宣言した。

トゥサン・ルヴェルチュールと二人の間の対立は、いまや公然かつ激しいものとなった。一七九四年三月二十日から二十六日までの間には、バラード（ゴナイーヴから近い、ラヴィーヌ゠ア゠クルーヴルの郊外）の宿営地で兵士による反乱が起こった。千五百人の反乱兵が、トゥサン・ルヴェルチュールを取り囲んだ。死闘の末、彼は負傷し、待ち伏せしていた兵士たちからかろうじて逃れた。弟のピエールは運悪く、ここで落命した。ジャン゠フランソワとビアスーが、この罠の背後にいたのだろうか。トゥサン・ルヴェルチュールにとって、それは疑いようがなかった。彼は匍匐するようにしてサン＝ラファエルにたどり着き、リェオナルトに二人の黒人指導者の行動についての批判を述べた後、ビアスーの陣地を破壊して復讐した。ビアスーは逃亡して、生き長らえることができた。この殺害の試みにより、彼はスペイン側についても期待される結果が得られるものではなく、実際には袋小路に入り込むだけだと理解した。しかも、四月四日には、ビアスーを支持するフランス人入植者の陳情書が公表され、その中で入植者の利益に反する行動を取っていると見なされたトゥサンの死刑が要求されていた。四月半ばに、リェオナルトはルヴェルチュールとビアスーの和解を試みたが、真剣な取り組みとは言えなかった。

その上、フランス共和国は持ちこたえていた。スペイン側が流した噂は、事実ではなかった。状況は改善に向かい、風向きは変わったように思われた。確かに、英軍はモール・サン＝ニコラ（北部）、ジェレミー、グランド・アンスとティビュロン（南部）、さらにはサン＝マルクを含む西部の海岸部を占領していたが、これらは橋頭堡でしかなかった。英軍が陣地を構えた土地では、奴隷制が復活した。確かに、英軍は「モンタランベール部隊」のような入植者の補助部隊の支援を受けていたが、その効果のほどは疑問だった。黒人のジャン・キナの指揮する一隊も英軍を支持していたが、英軍は足踏み状態だった。一七九四年三月末、彼らはジャン＝ラベルの陣地を奪われ、四月にはボンバルド、五月初めにはテール＝ヌーヴとポール＝ア＝ピマンを失った。北東部では、フランス軍がガルシア総督とジャン＝フランソワを敗走させた。トゥサン・ルヴェルチュールにとって、スペイン側支配地域の実情は明らかだった。フォール＝ドーファン、ミルバレ、ゴナイーヴ、アルティボニト平野とル・ボルニュにいくつかの部隊が分散されているにすぎないことを、彼は見ていた。しかし、スペイン側が攻勢をかけることはなく、リーダー同士が互いに対立する黒人補助部隊の支援でようやく持ちこたえているだけだった。加えて英軍とスペイン軍の間には、まともな連携がなかった。

✽トゥサンの豹変

一七九四年五月四日、サン＝マルクの英軍司令官はゴナイーヴから逃亡したフランス人ないしスペイン兵五百人がやって来るのを認めた。四月二十九日には、スペイン軍の黒人またはムラート補充兵がフランス王の名において攻撃し、百五十人ほどの人々が殺されていた。プティト＝リヴィエール＝ド＝ラルティボニトでは、ムラートと黒人が白人衛兵たちを殺害した。この悲劇的事件の背後にいたのは誰なのか。トゥサン・ルヴェルチュールはゴナイーヴ襲撃の責任は認めたが、虐殺を止められなかったことを後悔した。スペイン側に宛てた五月五日付の二通の書簡では潔白を主張し、農園主と司祭に帰還を呼びかけた。彼は真剣だったのか、それとも芝居を演じていたのか。五月五日夕刻、トゥサン・ルヴェルチュールは姿を見せることなく、平野部を去って山中に入った。翌日、彼はフランス側についていた。

彼の豹変について説明するには、仮説を立ててみる以外にはない。ビアスーとトゥサン・ルヴェルチュールが激しく衝突した直後の四月六日から、トゥサンがポール＝ド＝ペを守備するラヴォー将軍と接触を図った可能性はある。英軍とスペイン軍の後退、スペイン側内部における彼自身の立場、さらにさまざまな考慮の末に至った、黒人の自由を前進させられるのはフランス側だとの認識、といった要素が影響したと思われる。その三カ月前、国民公会は正式に奴隷制の廃止を決定していた（一七九四年二月十六日）。五月五日に、奴隷制廃止を定める政令がグアドループに届いた。ラヴォーが非公式ルートを通じて、この情報を得ていた可能性もないではない。そして、トゥサン・ルヴェルチュールと交渉する中で、正式な通報が（一カ月後の六月八日）サン＝ドマングに届く以前に、これを決定事項として伝えたかもしれない。何よりも、反乱開始当初の不確実な要素は氷解していた。委員たちによる奴隷制廃止宣言と、プランテーションの生産再開の方針により、反乱側の指導者に対しても、その部下たちに対しても、報復措置は消滅した。トゥサン・ルヴェルチュールにとっては、フランス側についても何ら不安になる要素がなくなったどころか、むしろその逆だった。彼には、投獄（もしくはより厳しい措置）の可能性が消え、部下たちには奴隷に逆戻りする危険性がなくなったのだ。デイヴィッド・ゲッガス――彼は、このトゥサンの豹変の起きた文脈と個人的な動機を詳細に研究した――が強調するように、彼の人物像は「謎」であるため、真実がどうだったかはわからないが、事実は五月六日以降、彼の支配地域で、青・白・赤の三色旗を掲げさせたことだ。彼は、ルヴォー宛ての一七九四年五月十八日付の書簡にこう書いた。

やや遅まきながら、ある経験がこの不実な保護者に対して私の目を開かせてくれました。彼らのいかさまと悪徳に気づいた私は、私たちが殺しあうことで人数を減らし、生き残った者は鎖につないで再び奴隷にしようと彼らが考えていたことを知ったのです。彼らには、決してこの忌まわしい目的を達成させません！そして、我々はこのあらゆる点において軽蔑に値する連中に復讐するつもりです。我々は永遠に団結し、過去は忘れて我らの敵を打ち破り、そして何よりも極悪な隣人たちに復讐しようではありませんか。

ここでもまた、彼は攻撃をかわす文体で、復讐について語っている。結局のところ、ピエール・プリュションは「この野心家は、おそらく全面的な自由の神話に与すると宣言することで、奴隷制を堅持するスペイン側においてよりも、指揮官としてはるかに高い地位を得られると理解した」のだと考えている。それは厳しい評価ではあるが、恐らく正しいのだ。

✽放蕩息子の帰還

常識的には、悔い改めた者は過ちを償うべく、熱意をこれ見よがしにして働くところだろう。トゥサンは、少なくとも七月まではそうではなかった。というのは、彼はスペイン側と連絡を取り続け、忠実であると保証し、衝突を避けたからだ。彼は、奴隷制廃止の正式な通知があるまで、時間を稼ごうとしたのだろうか。一七九四年六月八日、奴隷制廃止の正式通告が行われた。ソントナクスとポルヴレルは、これと同時に、国民公会が彼らの任務を一時停止し、帰国を命じたことを知った（この噂は、すでに英国側から流されていた）。島の統治権は、ラヴォー総督が独占することとなった。しかし、その数日前に、英軍はポール＝レピュブリカン（この時、旧名ポルトープランスに戻った）に進出することに成功し、さらにキュル＝ド＝サック平野まで支配地域を拡大した。トゥサン・ルヴェルチュールがフランス側についたことで、フランスは徐々に西部警戒線の支配を回復した。彼は兵士四千名からなる部隊を指揮し……部隊はその命令に従った。彼が陣営を乗り換えるにあたり、必要な権威と説得力を備えていたことを証明するものだ。この地域では、スペイン側とその支持者は完全に排除されるか、あるいは裏切りを非難しながらようやく逃げ出したのだった。三カ月後には、事態は明確になっていた。しかし、彼は英軍支配下のサン＝マルク攻略には失敗した。

こうした状況下でラヴォーは、今度はジャン＝フランソワがフランス側につくことを望んでいた。しかし、一七九四年十一月二十日付の書状で、ジャン＝フランソワは自由と平等の宣言は「ラヴォー氏および同氏と同ランクの他のフランス人が娘を黒人と結婚させるまでは」信用できないとして、これを拒否した。膠着状態である。この間、トゥサン・ルヴェルチュールはスペイン領内に攻め入り、サン＝ミシェルとサン＝ラファエルを占領した。スペイン軍による圧力は弱まり、結論は外交官にゆだねられた。一七九五年七月二十二日のバーゼル条約により、フランスは島のスペイン領部分についても主権を獲得した。フランスは、当面スペイン側地域を実効支配する手段を持たなかったが、ビアスーとジャン＝フランソワへのスペインによる支援は実態として消滅した。一七九五年末、ビアスーはいったん英国に与した後、フロリダに避難した。ジャン＝フランソワは、穏やかな日々をカディスで過ごすことになる。スペインと手を組んでも、結果は袋小路だった。トゥサン・ルヴェルチュールの勘は鋭かった。

しかし、だからといって展望が開けたわけではない。英軍はまだサン＝ドマングに駐留していて撤退する様子はなく、カリブ海域においてフランスに対抗していた（英軍はマルティニクを占領し、国民公会が派遣したヴィクトル・ユーグによってグアドループから撤退を余儀なくされたばかりだった）。フランス支配地域では、引き続き政治的混乱が見られた。この間、トゥサン・ルヴェルチュールは得点を稼いだ。一時は彼を警戒していたラヴォーが、トゥサンを右腕と見なすようになったのである。

✽シュザンヌ

この非常に多くの出来事が集中した時期に関して、珍しく、しかも意外な資料が残されている。シュザンヌが「夫」と呼ぶ人物に宛てた、一七九四年七月十三日付の手紙である。この時、シュザンヌは恐らく三人の子供とともに、マルムラードにいた。混乱が始まって以来、彼女らがいかなる道をたどったのか、詳しくはわからないが、トゥサン・ルヴェルチュールが安全な場所に避難させたと考えていいだろう。手紙は音声をそのまま表記する形で書かれ、文字も不器用で、トゥサンの筆跡を思わせる。二人は一緒に、同じ人物から読み書きを習ったのだろうか。その可能性はある。彼女は、次のように書いた。

我が親愛なる夫へ
あなたが書いた手紙を先ほど受け取りました。あなたが欲しがっていたタオルを送ります。あなたの持っていたタオル五枚と、袋が一枚です。あなたと皆さんに挨拶を送ります。ヴェルネ少佐にはたくさんのお礼を申し上げます。皆が、あなたによろしくと言っています。パンを四つ送ります。
以上です。親愛なる夫へ、愛情を込めて。
親愛なる夫よ、さようなら。

トゥサン・ルヴ夫人より

妻としての親密な関係と愛情を表現するとともに、洗濯女としての能力を失っていないことを示した手紙だ。そしてまた、セシルについての疑問がわいてくる。この時、彼女は亡くなっていて、そのためシュザンヌは「夫」という言葉を用いているのだろうか。宗教的に結婚していたとしてのことではあるが。だが、それはどこで、いつのことだろうか。

第11章　〝草原のケンタウロス〟から〝黒人の筆頭者〟へ

山と谷を越えて、騎手と馬はもはや一体化していた。トゥサン・ルヴェルチュールは同時代の人々にめまいを起こさせた。彼は至るところに出現し、予想外の時に姿を見せ、畏怖の念を起させた。少なくとも、彼はそうした印象を与えようとして……それに成功した。そのため、彼は「草原のケンタウロス」の異名を取った。この一七九五年から一八〇〇年に至る慌ただしい年月に、彼があまりにも馬と一体化していたからだ。公人としての活動については、トゥサン・ルヴェルチュールのさまざまな伝記が事実や行動の詳細に至るまで分析している。ここでは、彼の飛躍に関して、大筋だけを追って行くことにしたい。

✽流星のように

一七九五年は、本書の主人公にとって、公的な地位を確かなものとしたことで、最初の一歩を踏み出した年だった。彼は、新たにスペイン軍の陣地二カ所を攻略した。三月二十五日、彼はラヴォー総督から大佐の任命書を受け取り、西部警戒線の指揮を託された。彼は、ゴナイーヴの拠点を強化した。彼の指揮下にある将校のうち何人かは、名を知られるようになっていた。ジャン＝ジャック・デサリーヌ、アンリ・クリストフ、甥のモイーズとシャルル・ベレール、弟のポール・ルヴェルチュールである。

トゥサン・ルヴェルチュールは、ソントナクス、ポルヴレル両委員が導入した共和国的秩序の適用に配慮した。

「新自由民」は耕作者向けの規則に従わなくてはならなかったが、それに不満を持つ向きもあった。事実、大佐に昇進したトゥサン――彼にとって、この規則は好都合だった――は、一七九五年六月にはマルムラードで耕作者の反乱が起きた時に介入した。彼は反乱を鎮圧し、服従させた。フランス領内では、自由であるとしても、市民は責任を負い、法には従わなくてはならなかった。自由を強化するためには、制限する必要もあった……。また、経済再生のためにも。

一七九五年七月二十三日、国民公会は政令によりトゥサン・ルヴェルチュールを准将に昇進させた。フランス軍で、黒人がこれほど高い階級についたのは初めてだった。三人のムラートも、同じ階級に昇進した。キャップ=フランセの勇敢な守備隊長ジャン=ルイ・ヴィラット、アンドレ・リゴー――この血気盛んな人物は、南部で影響力を増していた――とルイ=ジャック・ボーヴェである。リゴーは、特にボーヴェの支援を得て、英軍を苦しめていた（一七九四年末にレオガーヌとティビュロンを奪還し、英軍部隊をキュル=ド=サック平野に追い詰めていた）。西部では、ルヴェルチュールは再びサン=マルク攻略に失敗したが、英軍撤退後にミルバレを占拠させた（一七九五年八月）。

一七九六年には、新たな段階を迎えた。ムラートのグループは、ラヴォーが自分たちよりも黒人を重用しているとして、公然と疑問を呈するようになった。一七九六年三月二十日、ル・キャップで反乱が起きた。ヴィラット将軍とその一派がラヴォーを二日間にわたり監禁したのだ。トゥサン・ルヴェルチュール配下のピエール・ミシェル、ピエロ両黒人大佐が介入して、ラヴォーを解放し、その数日後に大部隊を率いたトゥサン・ルヴェルチュール自身が救世主のようにしてル・キャップに入城することで、ようやく事態は沈静化した。その結果、ラヴォーは「レイナルが到来を予言した黒いスパルタクス」に敬意を表し、トゥサン・ルヴェルチュールを植民地の副総督に任命した（三月三十一日）。一方、ヴィラットと二十三人のムラートの将校が逮捕され、その三カ月後には裁判にかけられるためフランスに移送された。

五月初め、ル・キャップに総裁政府の代表がフランスから到着した。その中には、レジェ＝フェリシテ・ソントナクスとムラートのジュリアン・レイモンが含まれていた。彼らは総裁政府の制定した新憲法を携行するとともに、特に鉄砲三万丁を持ち込んだ。これは、再び攻勢を強める英軍に対して、強力な援軍となった。旧スペイン領内でのフランス政府の代表はグレナダ生まれのフィリップ＝ローズ・ルーム・ド・サン＝ローランで、フランソワ＝マリー・ペリシュー・ド・ケルヴェルソー将軍（彼は、すぐにトゥサン・ルヴェルチュールを警戒するようになる）がその補佐役だった。

しかしながら、当面は植民地で次席の高官にとって、すべては順調だった。一七九六年八月十八日、総裁政府はソントナクスの推薦に基づき、トゥサン・ルヴェルチュールを少将に昇進させた。ラヴォーの「救出」と、五月にポール＝ド＝ペ地方の耕作者の再度の反乱を鎮圧した手法も、彼に有利に働いたのだろう。さらに、彼が大衆に語りかける際の言葉も、フランス政府の代表者を安心させたと思われる。たとえば、一七九六年四月二十五日の声明で、法は守られねばならないと、彼は訴えた。

同胞よ、よく注意したまえ。この植民地には、有色民と白人を合わせたよりも多くの黒人がいる。そして、何らかの混乱が起きたなら、共和国は我々の責任を問うことだろう。なぜなら、我々が最も強く、また我々が正しく行動することで秩序を維持し、平穏を保たなくてはならないからだ。私は指導者として、すべての出来事に責任を持つ。もしあなた方が理性の声を聞くことを、混乱に対処することを拒否するなら、私を信頼することで我々に多くの恩恵をもたらしたフランスに対して、私はどのようにして責任を取れるだろうか。

この言葉は、黒人による権力樹立を求める黒人指導者のものだろうか。それとも、ただ秩序を維持するために自らの権限を行使し、年長者への敬意を求めているだけだろうか。いずれの解釈も可能だ。

一七九六年は、彼が養子のプラシドと息子のイザークをフランスに送った年でもある。別れは容易ではなかっただろうが、将来を考えるべきだった——次の世代に、しっかりした教育を与えなくてはならないのだ。一七九六年五月十四日の声明で、総裁政府が派遣した委員たちは植民地に公立学校を開設することと、最も優秀な子供たちには、フランスに渡ってより高度な教育を受ける可能性が与えられると宣言した。トゥサン・ルヴェルチュールはこの機会を逃さなかった。ソントナクスも、それを奨励した。七月三日、プラシド（十五歳）とイザーク（間もなく十二歳）は、ルヴェルチュール一家が居を構えていたゴナイーヴにほど近い山がちなエヌリー地区を離れ、その二日後にル・キャップで未知の世界に向けて出港した。目的地は、パリのリアンクール校（後にラ・マルシュ中学）である。

トゥサン・ルヴェルチュールにとって、二人の少年をフランスに送ったのは、彼のフランス共和国への忠誠を疑う者に宛てた忠誠の証しでもあった。というのは、副総督の態度は疑問を抱かせもしたからだ。彼が前進するための政治的障害となりうるものを、彼が次々と排除していたからだ。一七九六年九月十四日には、共和国の立法院へのサン＝ドマング選出議員を選ぶ選挙が行われた。トゥサンは影響力を行使して、ラヴォーを元老会の、ソントナクスを五百人会の議員として選出させようとした。一七九六年十月十四日、ラヴォーはパリに向けて島を離れた。これに対してソントナクスはサン＝ドマングにとどまり、これが黒人指導者をいら立たせた。数カ月が過ぎると、二人の関係は悪化していた。一七九七年五月三日、ソントナクスはトゥサン・ルヴェルチュールを「サン＝ドマング植民地総司令官」に任命する——すなわち、軍事面での権限が確認されたわけだが——根本的な部分がうまく収まったわけではなかった。特に、立法院はついに総裁政府が派遣した代表者の帰国を求めてきた。

ソントナクスはトゥサン・ルヴェルチュールを懐柔しようと考えていたのだろうが、待っていたのは失望だった。トゥサン・ルヴェルチュールは運を賭けて行動に出た。彼は、ソントナクスが独立を志向したとして、告発させることに成功したのだ！ 一七九七年八月二十四日、トゥサンはソントナクスに議員の義務を果たさせるべく、フランスに向けて出発させた。トゥサン・ルヴェルチュールと向き合う共和国の代表は、ムラートのジュリアン・レイモン一人となった。彼も一定の役割を果たそうとしていたが（彼は、ソントナクスの出発に動じなかった）、動ける範囲は限られていた。トゥサン・ルヴェルチュールは彼をプランテーションの再編成の役割に封じ込める一方、自分では新たな施策を打ち出していた。ルヴェルチュールは、総裁政府に宛てた書簡に次にように記した。

現在、もはや内部に混乱が起きる理由はありません。私個人の責任において、我が同胞の黒人たちが秩序に服従し、フランスへの忠誠を誓うことを保証するものです。市民たる総裁の皆様、近い将来によい結果がもたらされると期待していただいて差し支えありません。しばらくすれば、私がした約束とあなた方の期待が無駄なものだったかどうか、おわかりになるでしょう。

この調子から、大仰な約束の背後に、自尊心が、強い野心家の姿が透けて見える。

トゥサン・ルヴェルチュールは、一七九八年三月十日に立法院議員の選挙が再び行われる機会に、ジュリアン・レイモンが当選するよう工作した。その一週間後、将軍は本国の意向を確認しないまま、英国側に和平交渉を提案した。しかし、英国側からの回答はなかった。回答はしなかったものの、英国はサン＝ドマングを支配下に置く試みは失敗だったと認識していた。足踏みするばかりで、戦闘だけでなく特に熱病のために、すでに一万三千人を失っていたのである。

その時到着したのが、総裁政府の新たな代表、ガブリエル・デドゥヴィル陸軍少将だった。ヴァンデ戦争で、ラザール・オッシュの副司令官を務めた人物だ。彼は一七九八年三月二十七日に旧スペイン領地区に上陸し、四月二十日にはル・キャップで任務に就いた。しかし、英軍のメイトランド将軍は新任の政府代表を避けて、直接トゥサン・ルヴェルチュールと連絡を取った。ルヴェルチュールがそれをデドゥヴィルに報告したのは……翌日になってからだった。総裁政府代表は交渉に同意したが、彼はやがて既成事実を突きつけられることになる。英国側と交渉し、合意文書（一七九八年四月三十日付）に署名したのはデドゥヴィルではなく、トゥサン・ルヴェルチュールだったからだ。彼はその後、八月三十一日にメイトランドと秘密協定締結について交渉した。英仏両国は、公式には戦争状態にあったにも拘わらず。

この間、ルヴェルチュールとデドゥヴィルの関係は非常に悪化した。一七九八年十月十六日、北部で兵士と耕作者の反乱が始まった。これはトゥサン・ルヴェルチュールの裏工作によるもので、その目的は総裁政府代表を追い出すことだった。そうした圧力の下、もはや手におえない状況だと判断したデドゥヴィルは、十月二十二日にサン＝ドマングを離れた。それは、いまや権力が黒人将軍の手中にあることを意味した。明らかに、植民地を統治するのは、少なくとも北部および西部においては「フランスの白人」ではなくなっていた。ルーム・ド・サン＝ローランがデドゥヴィルの後任者として指名されるが、彼は政治的重みに乏しかった。しかし、ここで重要な問題が現れた。島を離れる前、デドゥヴィルは南部地域軍司令官であるムラートのアンドレ・リゴー将軍を、「トゥサン・ルヴェルチュールの指揮下から除外した」のである。それは、起爆装置に火がつけられたことを意味した。

✽最後の障害

南部を支配するアンドレ・リゴーは、トゥサン・ルヴェルチュールと同じだけの決意を持っていた。彼は英軍と戦うことで地位を築き、ボーヴェやペティオンら、他のムラートの支持を受けていた。直情的で短気な性格のリゴーは、ソントナクス委員と衝突する機会が増えていた（彼の目には、黒人を優遇し、ムラートに冷たく見えた）。八月二十七日には、総裁政府代表に対する反乱が勃発した。レ・カイユでは、共和派白人百八十人が虐殺されるという深刻な事件が起きた。リゴーとその一派は総裁政府と袂を分かち、フランスに来て立法院に出頭せよとの命令を無視した。こうした状況が約一年続いた後、一七九七年十月に、南部と他の地域との統一につきトゥサン・ルヴェルチュールとリゴーが交渉することとなった。ジュリアン・レイモンは、共和国の正式な代表者であるにも拘わらず、これには関与しなかった。しかし、これは純粋に戦術的な行為で、両指導者間の競争は激しさを増すばかりだった。権力闘争にあっては、二人のいずれかが余計であり、両者は正面から対立することとなった。肌の色は重要な問題点ではあったが、それだけではなかった。リゴー――彼は競争相手よりも二十歳近く年少だった――は恐れることなく声高に主張する人物で、船で一日の距離にある英領ジャマイカに早く革命をもたらそうと焦っていた。ルヴェルチュールは無言のまま、戦略に忠実なチェスの棋士のように前進し、リゴーが拒絶する英国との交渉を進めた。しかし、彼は南北アメリカでは、奴隷制を維持する強国三カ国の勢力が強いことを理解していた。スペイン、英国、そして独立後間もないアメリカ合衆国である。彼は、これら強国と争うよりも、自らの権力基盤の強化を優先した。

✽支持者の人脈

トゥサン・ルヴェルチュールは、政治的進出のこの段階で、公式な指示に反することで、彼の恩恵に浴した人々のきわめて広いネットワークを形成していた。総裁政府は、植民地を離れた入植者の財産を凍結し、しかも厳密にこの措置を実施しようとしていた。トゥサン・ルヴェルチュールにとっては、それはどうでもよかった。彼は英軍の補充兵として戦っていた者をすべて特赦すべく、英国側と交渉していた。彼は、特赦をスペイン側についた者に広げるとともに、南北アメリカの他の地域、特にアメリカ合衆国に逃れていた入植者を呼び戻した。この和解の精神は、現実主義に裏打ちされていた。ルヴェルチュールにとって、優先すべきは経済の再生だった。この目的のためには、いかなる能力も、いかなるエネルギーも有益だった。法の順守を求める人々はこれに反発したが、その無力さは抗議の激しさに反比例するものだった。「新自由民」も、かつての主人たちの帰還に反発した。それというのも、彼らはいまやトゥサン・ルヴェルチュールのお蔭で以前の地位を回復できたからだ。

最も奇妙な例は、アントワーヌ・バイヨン・ド・リベルタのケースだ。彼は（一七九八年末に？）ポール＝レピュブリカン（旧ポルトープランス）に到着すると、その日の夕刻に早くもかつての奴隷と面会するために、彼の正式な本拠地を訪れた。ラクロワ将軍の報告によれば、次の通りだ。

彼は走り出して、誰もが彼の恩人だと言っている人物の両腕に身を投げ出そうとした。しかし、恩人は後ずさりし、全員に聞こえるように、重々しい口調でこう言った。支配人殿、落ち着いてください。いまのあなたと私の間の距離は、以前のあなたと私の距離よりも離れています。ブレダ農園にお帰りください。公平かつ厳正であってください。黒人たちによい仕事をさせてください。あなたのささやかな利益が、黒人の筆頭者であるサン＝ドマング総司令官が統治する地域全体の利益に加わるように。

バイヨンがブレダで犯した過ちは問わないことにしよう。彼は、自身のサトウキビ農園を作った後で解任されていたではないか。しかしこの間違いは、彼が長年にわたりブレダ・デュ・オー＝デュ＝キャップで過ごしたことから説明できるかもしれない。何より、ここで見られるのは、力関係が変化したことだ。いまやトゥサン・ルヴェルチュールが支配者なのであり、彼にはもはや打算的で「私利私欲」のために動く「小白人」と無理に付き合う必要はなかったのだ。したがって、バイヨンもその他の人々もおとなしくしているべきだった。

ムラートも、「新自由民」もまた従わなくてはならなかった。彼らに対しては、トゥサン・ルヴェルチュールは、彼らの指導者としてより受け入れやすくなるために、自分の過去は話さなかった。何より、トゥサン・ルヴェルチュールは頭脳明晰、あるいは少なくとも慎重だった。それを示すものとして、シャルル・マランファンが一八一四年に書いた、ポール＝レピュブリカンの白人女性に関するエピソードがある。この女性は、一七九八年に、自分の息子の名付け親になってほしいと彼に依頼した。

奥様、なぜ私があなたの坊ちゃんに名前をつけなければならないのでしょうか。この行為の目的は、私があなたのご主人に何らかの地位を与えること以外にはありません。なぜなら、あなたは心の中で、あなたのしていることに反対しているからです。――将軍様、本当にそのようにお考えですか。夫はあなたを敬愛しています。すべての白人があなたに愛情を持っているのです。――奥様、私は白人の何たるかを知っています。もし私が白人の肌をしていたなら、そうでしょう。しかし、私は黒人です。そして、私は白人が我々を嫌悪していることを知っています。あなたは私に依頼していることについて、よくお考えになりましたか。もし私が依頼を受け入れたとしたなら、坊ちゃんが物心ついて名付け親が黒人だと知った時、あなたを責めはしないでしょうか。――将軍様、でも……。――奥様（空を指さして）すべてを支配しているお方だけが永遠なのです。私は確かに将軍ですが、黒人です。私の死後、我が兄弟たちは再び奴隷にされて、白人に鞭で打たれて死ぬことになるかもしれないのです。人間の作ったものは、長くは続きません。白人入植者は、黒人の敵なのです。フランス革命は、ヨーロッパ人の目を覚まさせました。我々は、彼らから、愛され、同情されています。もしあなたがご主人のために地位を求めるなら、ご主人が求める地位を与えましょう。もしご主人が正直な人間なら、そして私にはすべてを見ることができなくても、神は何ごとも見逃さないと知っているならば。私には、お子さんの名付け親になることはできません。入植者から責められるでしょうし、いつか坊ちゃんからも責められるかもしれないからです。

泡立つ波の下に、深い流れがあることをトゥサンは知っていた。彼は、かつて何度も経験したために、人間の精神構造は簡単に変わるものではなく、多くの白人とムラートが心の底に革命以前の意識を持ち続けているのを知っていた。黒人は所詮黒人であり、低い存在だったのである。力関係が逆転しても、それは変わらなかった。均衡は脆弱で、日和見的な理由で鞍替えした者も多かっただけに、トゥサン・ルヴェルチュールとしてはそれを誠実だと見ることはできなかった。それに加えて、将軍は自分の立場が微妙なことを知っていた。過去に逆戻りしてしまうのではないかと心配し、彼は「新自由民」に向けてはその心配を利用した。そのため、彼は自分の指導者としての立場と自分が優位にあることの重要性について高い意識を持っていた。彼はいまや「筆頭者」だった。誇大妄想の傾向が現れた。

✽二重外交

歴史家が確認したところでは、トゥサン・ルヴェルチュールはほぼ単独で、一七九八年十一月から一八〇二年二月までの三年四カ月間統治した。多くの障害があり、奴隷制下の地域に囲まれ、正式にははるか遠い白人の共和国の支配下に置かれ、将来が不確実な中では、かなりの実績だと言える。黒人であるトゥサン・ルヴェルチュールにはムラートの競争相手がおり、自分が死んだら島はどうなるのかという疑問を抱いていた。彼にとっての最優先事項は、自らの権力を強固にして、国際的な認知を得ること、フランスを怒らせずに世界の列強と対等に話し合うことだった。歴史家フィリップ・ジラールは、この観点からルヴェルチュール外交を再検討した。その外交の導きの糸となったのは、リゴー排除だった。

彼にとっては、陸においても……海においても、最強である必要があった。有効なフランス艦隊が不在だった以上、英米の海軍は彼にとって非常に重要だったが、フランスを怒らせてはならなかった。というのは、重大な障害があったからだ。一七九四年十一月以来フランスと戦争状態にあった英国は、米国に対して中立的立場を捨てて、フランスへの資材（主として武器と弾薬）の売却、ヨーロッパへの熱帯産品の輸送、フランス海賊の米国への寄港の禁止を求めて、それを実現させたのである。その結果、カリブ海域における「資材調達戦争」が激しさを増すにつれて、緊張は高まった。特に、一七九七年三月に総裁政府がフランス船舶による北アメリカ商船の検査と、それが運搬する英国由来の積み荷の没収を許可して以来そうだった。これにより、フランスと米国は「疑似戦争」に突入した。他方で、英国はこの海域を制し、植民地産品の貿易を支配していた。

こうした閉ざされた状況を打開するために、トゥサン・ルヴェルチュールはいくつかの手段を講じた。

英国からは、好意を持たれるようにすることが肝心だった。一七九八年五月初め、彼は英軍がポルトープランスから出港できるよう便宜を図り、大砲を船に積み込むことを許可した。しかる後に、彼は勝ち誇ってこの町に入城した。一七九八年八月三十一日、モール・サン＝ニコラの近くで、彼はメイトランドと、サン＝ドマングとジャマイカに関する英仏の相互不可侵を定めるとともに、英国とサン＝ドマングの通商再開を決めた秘密協定――通称ポワント・ブルジョワーズ協定――に署名した。しかし、メイトランドが彼を国家元首のようにして迎え、モールにある一軒の家を贈って英国の保護の下に独立を宣言するよう勧めたにも拘わらず、トゥサン・ルヴェルチュールはこれを拒否した。英国残留部隊の撤退は、一七九八年十月一日に、支障なく完了した。英軍支配下にある数カ所では奴隷制が維持されていたが、これはいまや無効となった。一七九九年一月には、英政府は欧州での戦争が続く中、フランス領サン＝ドマングとの通商再開を承認した。

米国は、一七九八年六月に、「擬似戦争」のために、議会がフランス海賊の攻撃への報復としてフランスおよびその植民地との通商を禁止した。しかし、サン＝ドマングは、フランスの船舶が不足しているために、北米の船舶を必要としていた（一七九八年八月から一七九九年六月の間に活動していたフランス船はわずかに十隻だった）。それがなければ、食料不足が起きるだけでなく、島にとって重要な砂糖とコーヒーの輸出ができないために、経済が破綻しかねなかった。米国は、貿易による利益と地域戦略の間で、すでに選択をしていた。より強かったのは、革命が自国の奴隷に伝染することへの危惧である。ジョン・アダムズ大統領とティモシー・ピカリング国務長官は、通商を再開したいと考えていた。もし、トゥサン・ルヴェルチュールが独立を宣言するなら……。

黒人将軍は、今後のリゴーとの戦に際して、武器と補給を必要としていた。彼は、一七八九年以前に入植者がしばしば口にした二つの要求を利用した。自由貿易と、政治的な自治である。彼は、ノルマンディー出身（ポン＝トードメール生まれ）の貿易商で、シュザンヌと親しい関係にある自由黒人女性マリー＝フランソワーズ・エステーヴ（もしくはムトン）の夫、ジョゼフ・ビュネルを代表として派遣した。トゥサンが信頼する人物の一人だったビュネルは、黒人将軍がアダムズ大統領に宛てた、米国とサン＝ドマング間の通商再開を希望する内容の友好的な書簡を携行していた。この使節は成功を収めた。一七九九年二月九日、米議会は「トゥサン・ルヴェルチュール条項」と呼ばれる決定により、サン＝ドマングに対する通商禁止措置を解除したのである。これまで長期にわたり植民地における米国の非公式代表を務めていた貿易商ジェイコブ・メイヤーに代わって、エドワード・

スティーヴンス医師が領事の官職で、トゥサン・ルヴェルチュールに独立を促す任務を帯びて着任した。

この最初の成功に気をよくした将軍は、アダムズに二通目の書簡を送り、米国船舶をフランス海賊から守ることを申し出た。彼は、それを実現するために、法的な術策を用いようとした。私掠行為を禁じることなく、海賊を港まで呼び戻し、船が接岸したら私掠免許を更新しない、というものだ。私掠行為は停滞し、その一方トゥサンはルームに対してフランスへの愛着を表明した。一七九九年五月に戻ってきたメイトランド将軍は、英国が現実的な立場から米国と同じ利益を得たいとして、トゥサン・ルヴェルチュールと新たな交渉を開始した。リゴーは英国と激しく対立していたので、判断に時間はかからなかった。メイトランドは、老黒人を見下していたものの、彼は友好的関係の維持と、ジャマイカへの侵攻を妨げるべく船舶の航行を監視する任務を帯びていたからだ。その結果は、一七九九年六月十三日にゴナイーヴで（すなわち、ルームに知られないように）署名された秘密協定だった。これは、キャップ＝フランセとポール＝レピュブリカンの両港における、正式に許可を受けた船舶（外交旗を掲げた英国船、あるいは米国船）による通商の再開と、沿岸貿易の許可、私掠行為の禁止と英領の不可侵を定めるものだった。トゥサン・ルヴェルチュールにとって、これを受け入れることは重要だった。リゴーに対抗するには、英米の支援が必要だったからだ。同時に、米国代表ばかりでなく、事実上の英領事チャールズ・ダグラスがサン＝ドマングに着任することとなった。

ここでもまた、黒人将軍がこの秘密外交の成果についてどう考えていたのかは不明である。しかし、事実は彼が国際舞台で存在を示し、奴隷制維持の両国にとって有効な対話の相手となるのに成功したということだ。彼の当初の目標は達成された。通商は再開され、同時に戦闘を開始しようとしている指導者に対する英米の物資面での支援が確保されたのである。

✽"南部の戦争"

一七九九年二月のルームによる仲裁は、何ら結果をもたらさなかった。黒人とムラート間の対立が繰り返される中で、両ライバル間の緊張は高まっていた。そうした中、六月十五日に、リゴーは一七九八年のルヴェルチュール・メイトランド協定を糾弾したのである。これは秘密協定だったが、英国側の不手際により、一部の人々に知られるところとなったのだった。その三日後、リゴーは攻勢をかけ、以前彼の支配下にあったが、鎮静化の印としてルームがトゥサン・ルヴェルチュールの監督下に移したグラン＝ゴアーヴとプティ＝ゴアーヴを奪取した。最初はムラートの軍勢が優勢だった。南部の港で何十年にもわたり行われてきた密貿易により、武器と食料が豊富だったからだ。

当初のトゥサン・ルヴェルチュールの立場は困難なものだった。というのも、彼の軍勢が七月初めにリゴーとの戦いを開始する一方で、彼は全速力で北上し、リゴー派の彼に対する反乱をポール＝ド＝ペ、モール・サン＝ニコラおよびル・キャップで鎮圧しなくてはならなかったからだ。弾圧は容赦ないものだった。背後が安泰となると、彼は決定的な前進を開始した。ルヴェルチュールの部隊は、ジャクメルの町の攻囲戦で頑強な抵抗に出会った。トゥサンはこの町を攻略するため、またリゴーの補給路となっている他の港を封鎖するために、海上からの支援を必要とした。

彼は英国に対して、銃の供与と艦隊の支援を要請し、これを得るためにジャマイカ侵攻計画の準備が進んでいることを通知した。彼は、この計画を支持していたのであるが。ルームもケルヴェルソーもともに疑い深い人物だったが、いずれもこの錯綜した状況を解くには至らなかった。英国側は、ジャマイカで上陸準備に当たっていた二人のスパイを逮捕した。そのうちの一人、バルテレミー・デュビュイソンは知っている情報を提供し、命は助かった。もう一人のイザーク・サスポルタスは沈黙を守ったため絞首刑になった（一七九九年十二月二十三日）。

しかしながら、仲間同士の戦いで両陣営とも疲弊する中、トゥサン・ルヴェルチュールの要請を英国側は巧みにかわした。英国側は供与できる銃は持っておらず、黒人指導者が南部の港を封鎖するために武装させた小艦隊の艦船には、一七九八年の協定では許可されていないとのもっともらしい理由で立ち入り検査を行ったのである（その当時、トゥサン・ルヴェルチュールは――戦闘開始時にもそうだったが――北部と西部しか支配下に置いていなかった。南部はフランス支配地域で、そのため英国とは戦争状態にあるというのである）。

時間稼ぎを狙う英国の態度への失望を抑えつつ、トゥサン・ルヴェルチュールは米国の助力を仰いだ。米国はこれに応じて、海外の紛争における米海軍の最初の作戦行動として、艦船を派遣した。効果的な砲撃と港湾封鎖により、ジャクメルは一八〇〇年三月十一日に陥落した。あらゆる面において決定的なこの勝利に続いて、トゥサン・ルヴェルチュールは次々と他の拠点を攻略した。一八〇〇年八月一日、彼はレ・カイユに入った。残酷で容赦のない紛争が終結したのである。リゴーとアレクサンドル・ペティオンら腹心の仲間は、大急ぎで島を離れた。

恐ろしく、また辛い戦いだった。抗い難い、不可避の戦いでもあったのだろう。それほど、両派の対立は激しかったのだ。リゴーは、「自分は黒人に服従すべき人間ではない、白人と有色自由民が元奴隷の黒人の権力に屈するのは恐ろしいことだ」（一七九九年九月三十日付ジュリアン・レイモン宛書簡）と考えていた。一方、ルヴェルチュールは南部の「新自由民」向けの宣伝活動を丁寧に行っていた。彼が紛争の最中に行った演説が、こんにち残されている。

皆さんは私のことをよく知らないでしょう。それは、私がル・キャップにいたためです。ル・キャップには、より早くから自由のために戦った黒人はいませんでした……。皆さんのことを奴隷にしようとしたのは私ではなく、リゴーとムラートたちです。奴隷を所有していた人々が、皆さんが自由なのを見て不快に感じているのです。私は違います。皆さんと同様に、奴隷だったのですから。

結局、権力は最も巧妙で、白人エリートと力のある海外列強の支援を受けた人物の手中に落ちたのである。

✽土地と作物栽培制度

銃声がやみ、植民地が一つの統治機構の下に統一されて外部の脅威から解放されると、トゥサン・ルヴェルチュールは経済の再建に取り組んだ。このセルフ・メイド・マンが作り上げた自己のイメージは強烈で、彼の農業政策が農園主の帰還と接収した農園を一部の支持者に専有させ、大規模農園を優遇したことをこんにちでもなお一部の人々は容易には信じられないでいる。これに加えて、彼は農園に属する耕作者に関する制度を厳格化した。

トゥサン・ルヴェルチュールにとって、問題は簡単だった。奴隷制は廃止すべきだが、大き過ぎる自由は怠惰につながりかねない。そして、結果として、社会全体の豊かさが失われ、単に生き延びることだけを可能にする経済になってしまうのだ。したがって、解決策は一つだけ、美徳と見なされる労働を厳しく組織することだ。将軍は、かつての豊かさを経験していた。それが彼にとってのモデルであり、迷わずにその再現を図ろうとしたのだ。事実、ソントナクスとポルヴレルの規則が適用され、軍は厳正に監視を行うよう命じられた。「私は、海岸部の黒人だというレッテルは貼られたくない。他の人と同様に、私もこの土地の資源を活用できるはずだ。黒人の自由は、農業の成功を通じてしか強固なものとはならないのだ」と彼は語っている。軍隊式の強硬なやり方で農業従事者は管理されたが、これは後に「軍隊式農業」呼ばれた。これは、自分の土地を、自由に耕したいとの農民たちの希望とは正反対だった。

歴史の皮肉である。一七九八年七月二十三日、デドゥヴィルが前任者の定めた規則を明確化して、耕作者は三年間以上同じ農園にとどまらなければならないと決定した時、トゥサン・ルヴェルチュールは、この比較的長い期間を実質的な奴隷制復活だと受け止めた耕作者たちの怒りを煽ったのである。この時、将軍は総裁政府の代表を動揺させるべく動いた。しかし、その二年後に唯一の指導者としての立場を確立すると、彼は一八〇〇年十月十二日の決定で、兵士が兵舎を離れることがないように、耕作者も農園を離れてはならないと定めたのだった。耕作者は終生一つの農園に属するとされ、放浪（かつての脱走）は罪とされ、処罰の対象となった。また、道徳的で、品行方正であることが保証されるべきだった。それは、次のような具合である。

父親と母親には、子供に対する義務を果たすとの強い意識を持つよう求められる。その義務とは、子供たちをよき市民とすることであり、そのためには品行方正となるよう、キリスト教に基づき、神への畏怖とともに育てなくてはならない。あらゆる点において、子供に教育を与えるだけでなく、生活を立てることができ、また必要がある場合祖国を助けることができるようにしなくてはならない。（第五条）

あるいはまた、

各農園の支配人あるいは監督は、地区の軍司令官および郡長官に対し、所属する耕作者たちの行動について報告するものとする。（第七条）

したがって、文民が軍に従属していたわけだ。トゥサン・ルヴェルチュールは、この監督全般をジャン＝ジャック・デサリーヌに委ねた。

この強制的な措置の結果は、良否が入り混じったものだった。プランテーションの経営改善は見込まれたが、二つの重大な問題も見えてきた。まず、一部の脱走奴隷の農園への帰還拒否があった。彼らは自由の道を選んだのであり、それがたとえ黒人の決定によるものだとしても、以前の厳重に管理された体制下に戻るつもりはなかった。トゥサン・ルヴェルチュールは、西部のラムール・デランスのような一部の反抗分子を、最後まで排除することができなかった。しかし、何よりも「新自由民」と彼らを教導しようとする指導者との間の溝は、大きくなるばかりだった。耕作者は、小規模農場の所有者になりたいと望んでいたのに、賃金労働者の立場に据え置かれ、しかも給与は定期的に支給されなかった。彼らにとっては望ましくない状態だが、それでは何をすべきなのか。抗議の声に対して返ってきたのは、剣の一撃だった。

その一方で、大規模農場は維持されていた。フランスで教会と亡命者の財産が没収されたように、サン＝ドマングでは亡命した入植者の農園が接収され、その数は混乱の最盛期には全体のおよそ三分の二に上った。革命法に基づき、所有者が戻ってこなかった、ないしはフランスに居住していない農園は、段階的に小作地となった。「小作人」は当初は黒人もしくはムラートの将校のうちから選ばれた。その最初は黒人将軍本人――これについては後述する――と、その側近たちだった。小作人は農園を耕作可能な状態まで回復させ、共和国に借料を支払わねばならなかった。それが原則ではあったが、実際にはフランスはほとんど借料収入を得ず、小作人は農場主のように振る舞い、所有権を要求した。

✽古くからの関係の復活

これらの重要な出来事以外に、トゥサン・ルヴェルチュールにとって、家族あるいは友人との関係において重大な出来事が起きていた。

最初に、彼はレ・カイユで、ごく幼いころに離れ離れになっていた異母姉ジュヌヴィエーヴ・アフィバと再会した。オー＝デュ＝キャップの日曜市で最後に会って以来の再会である。彼女は、弟のオーギュスタンとともに外科医のモヌロン・ラフォンテーヌ氏に連れられて、南部のトルベックで暮らしていた。二人は、一七七六年に、ともに主人によって解放されていた。ジュヌヴィエーヴは、ベルナール・シャンシーと結婚していた。島の南部、アキャンで生まれた白人のベルナールは、シャンセイ（ノルマンディー地方のアヴランシュ近辺）出身の一家に属していた。彼女には、すでに娘が一人いた（マリー＝オーギュスティーヌ、通称ココ）。その父親が誰かは、よくわからない。ジュヌヴィエーヴ・アフィバとベルナール・シャンセイの間には、八人の子があった。アデライード、ローズ、アンリエット、エリザベート、ジャック、ベルナール、エレオノール、そしてルイーズ＝カトリーヌである。

一七八二年に未亡人となると、それまでかなり苦労していたジュヌヴィエーヴはトルベックを去り、トゥサン・ルヴェルチュールが入城したばかりのレ・カイユにやって来た。彼女は、トゥサン・ルヴェルチュールが、かつてオー＝デュ＝キャップで会ったトゥサンではないかと疑っていたのである。二人の再会がどれほど感動的だったかはわからないが、恐らく強い感情がこもっていただろう。将軍は、異母姉とその子供たちの面倒を見ることになる。この一家は、悲しみの中にあった。リゴー派の将校だったジャックが、戦死していたのである。鎮静化とムラートとの和解のために、トゥサン・ルヴェルチュールは次男のベルナール（通称キャデ・シャンシー）を迎え入れて、自分の副官にした。

もう一つの事件は、その数カ月前に起きた。一七九九年四月八日にロンドンで書かれた一通の手紙が、ジャマイカ経由で届いたのだ。差出人は、古くからの知己、ノエ伯爵だった。

親愛なるトゥサン、あなたが我々の元支配人バイヨン氏にしたことを知りました。あなたの最近の公的な言動から、私は自分があなたに関して思っていたことが正しかったと確認できました。これは、あなたが長年にわたり愛着を持っていた人々を忘れていなかったことを証明するものです。これらを見ると、私は現在の窮状について説明すれば、あなたは私を助けてくれるだろうと、安心して考えることができます。革命がもたらした不幸によって、私は大きな財産を剥奪されて貧窮し、高齢に達したいますべてにこと欠くありさまです。このひどい革命さえなければ、私は子供たちとともに農園で暮らし、そこで最期を迎えるところでした。農園での私の最大の喜びは、あなたもご存知の通り私と私の両親が植民地滞在時にそうしたのですが、私の下にあるすべての人々を幸福にすることです。しかしながら、不幸にしてこの計画は実現できそうにありません。それでも、可能性がまったくないとは言えません。私が信じようとしているように、もしあなたが持っている権限と手段によって、私とあなたもご存知だった私の両親の農園を復活させられるのであれば。そしていま私が滞在している国に、私と子供たちの生存の助けとなる物資を届けていただけるのであれば。

さようなら、親愛なるトゥサン！　私は、あなたからの返信を、必要としている生活必需品と同じように待ちわびています。私はあなたを評価していましたし、私と私の両親があなたを信頼したことが正しかったことが証明されると信じています。よき黒人のブレーズや、その他の何人かの善良な者など、我が両親と我が家族と関わりのあった人々についても同様です。

ノエ伯爵

追伸　ブレダ農園の元所有者の、私の妹ポラストロン伯爵夫人の子供たちと、従兄弟のビュトレール伯爵も、財産を没収されて私と同様の不幸な境遇にあります。ビュトレール伯爵はサン＝ドマングであなたを存じ上げていましたが、私がこうして手紙を書くことを知っているので、本人からは書状は差し上げません。あなたからの返信は、本状をお送りしたのと同じ経路をたどれば、私の手もとに確実に届きます。

親愛なるトゥサン、あなたが私を助けるために現金、もしくは砂糖を送ってくれると信じています。ここに、ジャマイカにある貿易会社の住所を付記します。この会社宛に物資等を送っていただけるなら、間違いなく私に届けられるはずです。

ボーブル・アンド・ジョップ商会
キングストン、ジャマイカ

レ・マンケ農場の元農園主からの奇妙な書簡である。彼は一七九一年にフランスを離れて、最終的に一文なしでロンドンにたどり着き、三十年ほども前に世話をしたとの理由で援助を求めているのだ！　当時の状況からすると、ノエ伯爵が正確な情報を持っており、よい結果が期待できるとの自信がなければ、このような書状を送ることはできなかっただろう。

トゥサン・ルヴェルチュールがどのような返答をしたか、具体的にはわからない。しかし、ノエ家はトゥサン・ルヴェルチュールを常に高く評価してきたし、所有するイル＝ド＝ノエ城には何十年にもわたって黒人将軍の持ち物だったリグナム・ヴァイタ〈中央アメリカ南部から南アメリカ北部、カリブ海に見られる小さな常緑樹〉製の杖が保存されてきた。この杖は、アフリカで王権を象徴する王杖だったと見るべきだろうか。もし、トゥサン・ルヴェルチュールがノエ伯爵のために何もしなかったのだとしたら、貴族の一家が革命を体現し、白人大農園所有者を没落させた人物に敬意を表したとは考えにくい。ノエ伯爵の息子は、トゥサンが書いた一通の書簡――こんにちでは失われてしまった――を好んで引用した。「運命は私の立場をすっかり変えてしまった。それでも、私の心は変わっていない」とトゥサンは書いていた。したがって、普通に考えれば、黒人将軍はノエ伯爵を助けるために援助金・物資を送ったものと推論できる。これによって、彼はこれまでの恩を返し、またこの機会を捉えて英国と良好な関係にある王党派と保守派からよい印象を持たれるようにしたのである。

第12章　〝サン＝ドマングの終身総督〟

ナポレオン・ボナパルトはトゥサン・ルヴェルチュールの行動をよく観察し、彼が政治的にますます自由な行動を取るようになっているのを見ていた。しかしながら、それまで制海権を握る英国との戦争と、黒人将軍の忠誠を誓う言葉の間で、中央政府はいかなる態度を取るべきか決めかねていた。そして一八〇一年になると、トゥサン・ルヴェルチュールはさらに大きな行動の自由を得る。

✽サント・ドミンゴの戦い

一七九五年以来、島の東部の旧スペイン領は正式にはフランス支配下にあったが、当時フランスは実効支配するための手段を持たなかったため、スペイン側行政機関に代表者を送り込んだにすぎなかった。この状態は、トゥサン・ルヴェルチュールには異常と思われた。彼は、一八〇〇年の一年間を通じて、奴隷制度との戦いの名の下に（旧スペイン領では、奴隷制が維持されていた）、公に併合の必要性を主張した。併合に正面から反対したため（併合は、トゥサン・ルヴェルチュールの権力をさらに増大することにならないだろうか）、ルームは一八〇〇年十一月に、非常に厳しい条件下で、ドンドンの刑務所に投獄された。彼は、八カ月余りを牢獄で過ごした。一八〇一年一月四日、トゥサン・ルヴェルチュールは軍を動員して、島の東部を支配下に収める作戦を開始した。散歩のように楽な軍事作戦だった。一八〇一年一月二十六日、黒人指導者はサント・ドミンゴに入城した。彼は、支配地域を島の全域に広げたのである。この旧スペイン支配地域では、彼は宗教と、住民の生命と、財産を尊重することを誓った。実際、正式な奴隷解放はなかなか行われず、強制労働は維持された。

フィリップ・ジラールが明らかにしたように、ボナパルトはサン＝ドマングについて、二つの選択肢の間で長いこと揺れていた。現地を支配し、フランスがアメリカにおける英国あるいはスペインの拠点を攻撃する場合に、貴重な助力になるであろう大規模な軍隊を配下に持つトゥサン・ルヴェルチュールと手を結ぶのか。あるいは黒人将軍が独立を宣言する前に介入して自ら事態を掌握するか、いずれかの選択である。この二つの可能性のうち、彼は前者に傾いていた。何より重要なのは、地理的戦略の問題だった。一般に考えられているのとは異なり——そして、はるか後に彼自身がセント・ヘレナで、最終的な決定の重要性を矮小化するために述べた説とは異なり——、ボナパルトは奴隷制復活を求めるパリに避難した入植者たちの声には、聴く耳を持たなかった。特に、この要求は入植者全員の賛同を得ていたわけではなかった。他の農園主は時代の変化を受け入れて、過去に戻ることを求めていなかった。当面、ボナパルトはトゥサン・ルヴェルチュールを慎重に扱うべき味方だと見て、一八〇一年三月四日、直接書簡を送り、総督（capitaine général）に任命すると通知した。サン＝ドマングのフランス側における最高権力者、ということだ。この書簡を受け取ると、トゥサン・ルヴェルチュールはついに国家の最高幹部から認められたと大喜びした。

ところが、それからひと月もたたない三月二十九日、ボナパルトは意見を百八十度変え、密かにトゥサン・ルヴェルチュールの名を軍の幹部名簿から抹消し、彼を政治的に抹殺することを決意した。トゥサン・ルヴェルチュールがボナパルトに宛てた二通の書状が、彼を苛立たせたのだ。一つは、サント・ドミンゴ侵攻に反対したルームの態度を非難し、もう一通は島の旧スペイン領部分を実効支配の下に置いたことを知らせるものだった。ボナパルトにとって、これは受け入れ難かった。トゥサン・ルヴェルチュールが、配下の部隊の軍旗に「勇敢な黒人たちよ、フランス国民のみが汝らに自由と平等の権利を認めたことを忘れるなかれ」との言葉を縫いつけなかったことにも、不快感を覚えていた。ボナパルト自身が、明示的にそう命令を下していたにも拘わらず。命令に従わなかったのは、黒人将軍が自由をもたらしたのは自分がだと思わせようとしていたからだ、と考えられた。

✽目的にかなった憲法

革命暦八年の憲法（一七九九年十二月十三日）は、フランス植民地における政治制度は特別法により定められるとし、立法議会には植民地選出の議員が存在しなくなったため、黒人将軍はこの状況に合わせて、島に独自の憲法を制定することとした。パリから与えられるのではなく、現地で起草される憲法である。ただし、一八〇一年二月四日にトゥサン・ルヴェルチュールが憲法制定のために召集した委員会は、白人とムラートの土地所有者で構成されており、当面の支配者の要求を満足させる方向で作業に当たった。ラクロワ将軍の報告によれば、トゥサン・ルヴェルチュールは人々にこう語っていたという。

> 私は鷲の住む地帯から飛び立った。地上に降りるにあたっては、慎重にならなくてはならない。私はいまや、岩山の上に立たなければならず、その岩山とは私が生きている限り権力を保証する憲法でなくてはならない。

一八〇一年七月七日に公布されたルヴェルチュール憲法は、どのような特色を持っていたのだろうか。それは、象徴的な存在である指導者を、前面に押し立てていた。トゥサン・ルヴェルチュールは自由に後継者を指名できる終身総督と宣言された。彼は中心的な位置を占め、行政権と立法権を混同する傾向にある幅広い権限を有し、フランス政府に対してのみ責任を負った。カトリックが公式な宗教とされ、品行が重んじられた。新たな行政・司法組織（しかし、基本的単位は小教区であり、市町村ではなかった）および現地人による軍隊が設けられた……。この憲法を仔細に検討すると、サン＝ドマングの政治的独立はただ一人の指導者の下で成り立っており、その指導者は本国との関係を絶たないように配慮していた、との結論にたどり着く。これは独立・協同（indépendance-association）関係であり、最終的な断絶ではなかった。

この憲法は、プランテーション方式の農業が基幹産業であり、経済は輸出を指向するものと明記した。しかし、食料生産を重視する農民と、権力側が進める大規模農園による農業との間の溝が深まった上に、きわめて重大な人口に関わる問題が明らかになっていた。革命に伴う事件により、少なくとも人口の二十%が消滅したからだ。それも、主として若い男性である。憲法は、第十七条によってその解決法を示していた。

サン＝ドマングにおいては、作物栽培の回復と増加のために必要とされる耕作者の招来が実施されるものとする。本憲法は、総督に労働力の増加を容易にし、各種の利害を明確化するとともにその均衡を図り、耕作者の招請に伴う約束の確実な実行を保証する施策を講ずるよう求めるものである。

単刀直入に言えば、この条文は奴隷売買により島に労働力を強制的に導入することで、新たな人口を注入しようとするものだった。その人々には奴隷ではなく、何よりもまず現実主義的観点から「耕作者」の身分が与えられるはずだった。理論よりも現実を優先した、ということだろうか。トゥサン・ルヴェルチュールは側近のビュネルをジャマイカ総督のもとに派遣して、英国の奴隷貿易船のサン＝ドマング寄港を要請したことが知られている。公式回答は、奴隷貿易船は存在しない、というものだった。しかし、密貿易については何も明らかになっていないのである……。

トゥサン・ルヴェルチュールは憲法を至急フランスに送付することとし、この困難な役割を彼が評価していたシャルル・アンベール・ド・ヴァンサン大佐に託した。大佐は革命前に島にある城塞の検査を行う任務についていたため、この土地と住民をよく知っていた。彼は、トゥサン・ルヴェルチュールの他の側近、たとえば弟のポール、甥のシャルル・ベレール、あるいはジョゼフ・ビュネルなどと同様にフリーメーソンだった（ここで生じる疑問は、トゥサン・ルヴェルチュール自身もフリーメーソンだったのではないか、というものだ。しかし、これについては何もわかっていない）。

トマ・マディウーは、終身総督とその使者との間の、意味深長な意見交換を伝えている。

フランスに向けて出発しようとしていたヴァンサン大佐は、本国政府の同意を求めるため、（憲法を）伝達する役目を負っていた。彼は印刷ではなく、手書きで、押印の上で封印したものを先方に手交するよう主張した。フランス政府が熟考し、要すれば変更できるように、である。

――すでに植民地全域で公表済みだ、とトゥサンは答えた。

――それは慎重を欠きましたね、とヴァンサンは応じた。フランスの同意を待つべきでした。恐らく、フランスはあなたの憲法への同意を拒否するでしょう。なぜなら、サン＝ドマングの法を定め、総督を任命できるのはフランスだけだからです。

トゥサンは不機嫌な口調で言った。

――もしあなたがこの任務を果たしたくないのなら、私は米国に依頼して、第三国の船で運んでもらうつもりだ。

総督にものごとを率直に伝え過ぎたと察したヴァンサンは口を閉ざし、包みを手に取ると、恭しく礼をして退出した。

ヴァンサンは忠実に、ボナパルトの前でトゥサンを擁護した。しかし、パリでは風向きが変わっていた。一八〇一年秋には、トゥサン・ルヴェルチュールを警戒する人々は、ルームやケルヴェルソーのように、自分たちの見解を明確に語っていた。いわく、専制的で、脅迫的で、二枚舌で、敵と内通の疑惑があるなど。ボナパルトには事情がよくわかっていた。それ以前に、フランス当局はシャンラットやソントナクスなど、すでに排除されていた人々から話を聞いていた。情報を統制し、高潔にして忠実な人物のイメージを本国に与えるためのトゥサン・ルヴェルチュールの努力に、国家の中枢部は騙されなかった。

ケルヴェルソーあるいはルームは、手遅れにならないうちに主導権を回復すべく、軍事遠征の計画を推奨していた。ヴァンサンは、軍事遠征は失敗に帰すと考え、この計画を勧めなかった。いずれにしても、第一執政（ボナパルト）はすでに決断していた。単なる救援部隊の派遣と見られたものは、共和国が計画した大西洋を越えての最大の軍事作戦へと変貌を遂げた。英国との和平交渉が結実しそうな状況にあったことも、それを後押しした。予備条約がロンドンで一八〇一年十月十九日に調印されたことで、障害は取り除かれた。

✽終身総督として――公と私

無冠の帝王トゥサン・ルヴェルチュールは、憲法が公布されるや否や、熱に浮かされたように次々と法律を制定した。六つの県を置き、カトリックを唯一公認された宗教と定め、司法機関を設け、国民軍を組織し、財政機構を整備し、個人債務に関する法律、亡命者に関する法律、軽犯罪法……などを定めた。

目立たぬように、彼は英国との交渉を継続し、結局英国はメイトランド協定の対象区域を島の南部まで拡大することに同意した。これによって、島の南部での英国との通商が可能となった。一方、ジャマイカに避難したフランス人には、サン＝ドマングへの帰還が許可された（一八〇一年十一月）。

終身総督は、歴史的な任務を負ったとの意識を持って、死に物狂いで働いた。ラクロワ将軍の回想によると、彼におもねる者に対しては、「自分はサン＝ドマングのボナパルトだ、自分がいなければ植民地は存在できない」と応じた。ラクロワと、自然誌学者でサン＝ドマングに関する記録を書いたデクルティィルは、トゥサンの衛兵と公式儀礼の豪華さを詳細に描写したが、新たな時代になったにも拘わらず古くからの習慣は消えなかったようだ——彼は白人女性には「奥様」（madame）、ムラートと黒人の女性には「市民」（citoyenne）と呼びかけた。夕刻に少人数を招いた会合では、風変わりな服装をしていた——かつての入植者のような薄手の白い布のズボンと上着を着用し、赤いマドラス織を頭に巻いていた。そして、人の言うことを信じやすい者に対しては、大きな影響力を行使することができた。ラクロワは書いている。

我々は、判事ポストを求める黒人と有色民に向かって、彼がこう言うのを聞いた。よろしい。あなた方は、ラテン語ができますね。——いいえ、将軍様——ラテン語ができなくて、なぜ判事になりたいと思うのですか。そう言うと、彼は詩篇集などで覚えた、まったく無関係なラテン語の言葉を浴びせかけた。白人たちは笑いをこらえていた。トゥサン・ルヴェルチュールの前では、笑ってはならなかったからだ。

これらの白人は躊躇せずに特別な配慮を要請していただけに、従わなくてはならなかった。終身総督の支援者だった彼らは、所有する土地を支配するにとどまらず、行政機関、秘書部門、各種委員会などに入り込んでいた。

軍の将校には、むしろムラートと黒人が多く、その中にはトゥサンの一族や親しい友人が含まれていた。もう一つ重要なのはトゥサン・ルヴェルチュールが白人女性に人気があったことだ。これについても、ラクロワ将軍が、トゥサン・ルヴェルチュールが政治の世界から排除された後で、彼のエヌリーのプランテーションをブデ将軍とともに調査した際に、終身総督の持ち物にあった小箱の二重底に秘密の証拠品が隠されていたのを発見したと伝えている。

あらゆる色の髪の毛の束、指輪、矢の突き刺さった金製のハート、小さな鍵、化粧用具、記念品、そして年老いたトゥサン・ルヴェルチュールが恋愛において成功していたことを明確に示す無数の短い恋文が入っていた。

二人の将校には、これらの証拠品を海に流してしまうだけの思いやりがあった。しかし、黒人指導者が唱道していた道徳は、奇妙な攻守の逆転によって否定されていたのだった。サン゠ドマングの白人男性にとって、女性――特に女奴隷――を自分のものにできることは権力のしるしだった。権力の頂点に達したトゥサン・ルヴェルチュールと白人女性の情事は、無意識の、あるいは秘密の復讐のごときものだったのだろうか。

✽もう一つの勝利――地主となること

革命以前の「自由黒人」トゥサン・ブレダは大金持ちとはまったく言えなかったが、栄光の絶頂にあるトゥサン・ルヴェルチュール将軍は大地主になっていた。身柄を拘束されてから押収されたわずかな個人的資料、こんにちまで保存された若干の公正証書、さらにイザーク・ルヴェルチュールと妻のルイーズ・シャンシーが一八二二年にハイチ政府を相手取って行った財産返還請求を突き合せてみると、一つの結論にたどり着く。政治的な立場が固まるのにともない、トゥサンとシュザンヌのルヴェルチュール夫妻は、かなりの土地を持つようになっていた。その中身は、どのようなものだっただろうか。ガブリエル・ドビヤンによれば、まず何軒かの家屋があった。モール・サン＝ニコラに一軒（英国から贈られたもの）、ル・キャップに邸宅が一軒（一七九九年にシュザンヌが購入）、より小さな建物がアルティボニト県プティト＝リヴィエールとエヌリーの町に一軒ずつ、さらにポルトープランスに更地の土地を所有していた。次に、牧草地を島のスペイン領側に持っていた。サン＝ミシェル＝ド＝ラタライのプティ＝フォンに牧草地とマホガニーの木の林を、サン＝ラファエルに牧草地を、通称ロピーヌと呼ばれる場所に牧草地を、さらにはバニックに豚三百頭を飼う豚舎があった。これらの土地の面積は知られておらず（かなり広かったと思われる）、またこれから整備すべきものではあったが、資産価値は高くなる可能性があった。念のため、アルティボニト県プティト＝リヴィエールにあるラクロワ・プランテーション（リグナム・ヴァイタの林があった）を買い取ったことも付け加えておこう。しかし、資産の主要な部分は、ルヴェルチュール夫妻がゴナイーヴ、より具体的にはグランド＝リヴィエール小郡（一時期、トゥサン・ルヴェルチュール小郡と呼ばれた）に所有するコーヒー園だった。テュルパン・ド・サンセイ農園（二百カロ、すでに一七九五年に購入）、ピノワ農園（一七九六年）、広大なロシニョル・デ・カオ農園（五百五十六カロ、一七九九年購入）、さらにバシェール・ド・ボワジュリ（百五十九カロ、一七九九年）、ラ・ヌーヴィル（六十一カロ、一八〇〇年）、ルフリエ（荒れた状態で、一八〇一年ごろ購入か）の各プランテーションが加わった。

これらのプランテーションは少なくとも計九百七十六カロ、すなわち千二百六十ヘクタールの土地を有し（ピノワとルフリエについては、面積についての情報がない）、斜面にコーヒーの木が植えられているか、牧草地あるいは木が茂った状態になっていた。農園の状態はまちまちで、サンセイは最良の状態にあったが、デ・カオでは購入時にコーヒーの木が植えられていたのは十五カロにすぎなかった。しかし、この農園には大きな潜在力があり、場所も魅力的だったため、夫妻のお気に入りだった。他方、ルフリエは耕作されておらず、他の農園の状態についてはほとんど知られていない。古くから魅力を感じていたゴナイーヴの高台に加えて、土地の肥沃さと、平和が戻った時に富裕な名士として暮らせるだろうとの見通しが加わって、トゥサン・ルヴェルチュールが農園経営に乗り出したことは明白だ。

それでは、彼はどのようにしてこの財産を形成したのだろうか。ルヴェルチュール夫妻は、その絶頂期にコーヒー園に狙いを定めた。砂糖プランテーションと異なり、多額の投資を要しないため、整備と生産活動の再開が容易だったからだ。公証人作成のすべての売買契約書で、購入に際しては価格の半額以上が即金で支払われ、残額は数カ月以内に支払われている。同時代の人々からは、これだけ経済的に余裕があるのはおかしいと疑われた。将軍としての給与でこれだけの買い物ができただろうか。終身総督として、どれほどの手当を受け取っていたのだろうか。残された資料が少なく、本人もこの点について多くを語らなかったため、トゥサン・ルヴェルチュールが秘密の資金を利用して個人資産を増やしたとする空想的な説が繰り返し唱えられた。実際には、多くの農園が没収され、それらの農園の小作権をサン＝ドマングの実力者が取得した、というのが答えのようだ。

政治的地位が上昇する過程で、トゥサン・ルヴェルチュールはいくつもの農園の小作人となった。アキュル＝デュ＝ノールにあるエリクール＝ノエとシャピュイゼの両砂糖プランテーション、トレメ牧場と同じ地区にあるボーモンとサン＝ラザールの両コーヒー園、アルティボニト県のコシュレル農園（サトウキビと綿花を栽培）、ベランジェとビゴの綿花農園、ゴナイーヴのフォールとダヴォーの両コーヒー園およびデュビュイソン牧場、プティト＝リヴィエール＝ド＝ラルティボニトのジェスタス／レ・パルミスト農園、クロワ＝デ＝ブケのダミヤン砂糖プランテーション、レオガーヌのサン＝メナンおよびオトマンスの両砂糖プランテーション、メイエール＝デュヴァル砂糖プランテーション、さらにはジャクメルのデマラットおよびミシェル両農園、カイユ・ド・ジャクメルのシャール農園などである。恐らく、このリストはすべてを網羅していない。

資料の不在と行政の混乱のため、老将軍は何のやましさも覚えず、逃亡した所有者の財産を厳正に管理する手段を持たない共和国に一サンティームたりとも支払わなかったのではないかと推測できる。彼の弁護を試みるなら、同じように振舞った者は他にいくらでもいた。サン＝ドマング革命での主要な人物（デサリーヌ、モイーズ、クリストフ、ラプリューム……）は躊躇なく農園を奪った（デサリーヌは特に欲深かった）が、同じ傾向はその後のルクレール派遣軍の一部の将校、それも幹部たちに見られた。関係者間の利益の分配に弱肉強食の論理が加わり、事実上の財産の奪取が行われたのだ。その利益を最も多く受けたのは当時の権力者で、自分自身の名で資産を蓄える者もいたが、ダミーとなる人間を通じるか他人の名義を借りて――トゥサン・ルヴェルチュールの場合はそうだった――、あるいは偽名でそうする者もあった。実際、黒人将軍はゴナイーヴにあるフォールとダヴォーの二つのコーヒー園からの収入を間接的な形で受け取っていた。もう一つの手口は、次のようなものだ。弟のポール・ルヴェルチュールは、一八〇一年三月末に、ジェレミーにある二カ所のモリネ・コーヒー園（グランド・プラスおよびプティト・プラス）の小作権を取得していたが、ポールはこの権利をわずか三カ月後に兄に移転した。この機会に、トゥサンはやはりジェレミーにあるベルキエ・コーヒー園の経営権も取得した（ブランシェ農園は手放したようだ）。さらに、ゴナイーヴの「サンセ」農園――恐らく、シュザンヌが一七九五年に取得したテュルパン・ド・サンセイ農園と関係があろう――がジャン＝バティスト・ルヴェルチュールなる人物に小作地として認められたとする一連の文書については、どう考えるべきだろうか。同様に、カオ・コーヒー園には一七九七年十二月末に「最高司令官」の小作権が認められた。トゥサン・ルヴェルチュールはこのコーヒー園をその二年後に買い取っているが、彼が小作制度を一種の先買権と解釈していたものと考えられる。やはり「ジャン＝バティスト・ルヴェルチュール」が小作権を有するゴナイーヴの綿花農園、バス＝テール農園に老将軍が強い関心を示した可能性がある。サン＝マルクのガントン＝ラヴィル綿花農園は「トゥサン」なる人物が小作人だったが、これもまた彼が経営していたものだろうか。一方で、ポール・ルヴェルチュールがエヌリー小郡にあるラ・グラシエールとナジャックの二つのコーヒー園の経営権を取得した際の彼の役割は何だったのだろうか。それはわからないが、ジェレミーでの小作権移転の一件を考えると、その後の経過について疑義が生じる。さらに、トゥサン・ルヴェルチュールはクロワ＝デ＝ブケのブルゴーニュ砂糖プランテーションに関心を示していた。この最後のケースについては、現地に残留した所有者の一人、エクトール＝ルイ・ド・バルバンソワが、一八〇一年末に公証人を通じてプランテーションの再整備のために工事等を行わせたことを確認させ、その結果没収を免れている。これ以外にも、一体いくつの事案が情報不足と当事者の沈黙によって我々の知らないままになっているのだろうか。歴史家は、もつれた糸を解きほぐすのに苦労することになる。八つの不動産を正規の手続きによって取得した他、二十三カ所以上の農園――実際にはもっと多かっただろう――を小作地として入手したことを指摘できるが、さらにこの問題に関しては事実を隠蔽するルヴェルチュールの方法があった。これは政治的な計算に基づくもので、農地の取得はほとんどの場合、シュザンヌの名義で行われていた。歴史家はまた、購入したかもしくは事実上所有する農地が、植民地の各地域に所在していることから、ルヴェルチュール夫妻がこれらの不動産を取得したのは革命期のことで、それ以前ではないことに気づく。将軍は立派な革命の英雄にふさわしい穏やかな人物とのイメージを作るために、沈黙を守ったのだろうか。

こうした状況から、一部の人々がトゥサン・ルヴェルチュールが経済的に恵まれていた理由は何なのか、疑問に感じたことは理解できる。その辺りの事情が不透明だったため――それは現在でもそうだ――彼が裕福だったのは大規模に不在農園主の財産管理を行い、これを主たる収入源にしていたと考えたくなる。しかしながら、崩壊状態にあったプランテーション経済の再生を図るべき時に、サン＝ドマングの支配者の小作地は、実際の生産量よりは、潜在的能力において豊かだった可能性が高い。給与は別としてこれが最大の収入源だったとしても、これは唯一のものだったと言えるだろうか。それは不明である。これに併せて、同時代人の想像力が新たな伝説を生んだ。将軍は、カオのコーヒー園に財宝を埋めるよう命じた後、証言できないように作業に従事した工兵を殺害させたというのである。別の噂では、財宝の詰まった箱が水無川に埋められて、それをカイマンが見張っているとされた……。こうした常識外れな話は、分析してみれば事実でないとわかるのだが、接収資産を利用して工作を行ったとの説は、完璧ではないにしても、ありうる説明ではあった。

✽深まる溝

そうした時に、悲劇が起きていた。一八〇一年十月末から十一月初めにかけて、キャップ＝フランセの平野で、耕作者の一派による反乱が発生したのだ。根本的な変革を求めた彼らは、プランテーションを所有する白人を攻撃した。土地は黒人のものであるべきで、軍隊式の農業はやめるべきだというのである。虐殺が起き、恐らく二百人が犠牲となった。その中には、バイヨン・ド・リベルタもいた。トゥサン・ルヴェルチュールは、殺害者のナイフの背後には妻の甥であるモイーズがいると知った。将軍となっていたモイーズは、大農園中心の政策と、白人入植者への支援に激しく反対していた。

トゥサン・ルヴェルチュールは、家族関係を一時忘れることにした。一八〇一年十一月二十四日、迅速な裁判を経て、モイーズと十三人の仲間が、見せしめに銃殺刑に処された。翌日、彼はきわめて専制的な声明を発して、いつもの主張を長々と述べるとともに、軍人は生命を賭けて耕作に関する規則を的確に適用すべきものとした。つまり、彼の姿勢は非常に強硬だった。

同時に、彼は雲行きが非常に怪しくなっていることを明確に認識していた。それでも、彼には闘う意志があった。一八〇一年十二月二十日のポール＝レピュブリカンでの演説で、彼は次のように述べた。

善意の人々は……（中略）……信じられないでしょう。敵国がこの植民地を奪取しようとしている時に、フランス自らが植民地を見捨てたにも拘わらず、フランスの子供たちがすべての敵を追い払った現在になって、フランスが軍隊を送り、それまでフランスに尽くし続けた人々を倒し、植民地の農園所有者と農園を壊滅させようとしているとは……（中略）……私は軍人です。私は、人間を恐れてはいません。私が恐れるのは神のみです。死ななければならないのなら、私は名誉ある、何ら自ら咎めるべき点がない兵士として死ぬことでしょう。悪意による出来事が我々を脅かす中で、私はいつものように、憲法に従い、人間と財産を尊重させるべく努めます……（中略）……しかしながら……（中略）……悪意ある者どもと公共の安寧を脅かす者どもを追及することが私の責務です。

警告の内容は明快だった。この土地を再び支配しようとしてフランス軍が上陸した場合には、思い通りにはさせない、というのである。上陸の可能性を悪意と言い換えはしたが、彼の決意は固かった。いずれにしても、彼は総督（capitaine général）に正式に任命されたのであり、フランスへの忠誠を誓い続けていたからだ。その最良の証は、彼の息子たちがパリで学んでいたことだ。彼が一線を越えるなら、子供たちは人質になってしまう。それは予定外のことだった。この年の初めに、子供たちに宛てて、彼は書いている（一八〇一年二月十四日）。

君たちを慈しむ家族のもとに戻れる幸せな時が訪れるまでは、これまで以上に勉学に励みなさい。そうすれば、君たちがサン＝ドマングに帰った時、私は君たちの学業に何の不満も持たずにいられるでしょう。

しかし、彼らの不在はトゥサンにはつらいことであり、二人との再会を待ち望んでいた。再会の機会は、間もなく、緊張した状況の中で訪れた。子供たちの後見人で、教育責任者であるジャン＝バティスト・コワノン神父に伴われて、二人は島に向けて船に乗り込んだ。神父はボナパルト——子供たちは出発前、直々に面会していた——からの書簡（一八〇一年十一月十八日付）を携行していた。書簡は派遣軍の到着を告げるとともに、黒人奴隷の解放と、トゥサン・ルヴェルチュールには、フランスに忠実であり続けるならば、敬意と、名誉と、富を約束していた。

✽一歩も引かぬ戦い

一八〇二年一月末、将軍は併合から一年が経過したサント＝ドミンゴを視察中だった。この一月二九日、島の北東部セマナ岬で目にした光景に、彼は戦慄を覚えただろう。水平線を隠すほどの、無数の帆船である。派遣軍がまさに到着しようとしていたのだ。その司令官は第一執政の義弟ヴィクトワール＝エマニュエル・ルクレールである。彼はポリーヌ・ボナパルトの夫で、サン＝ドマング「総督」（capitaine général）の肩書きを与えられていた。すなわち、トゥサン・ルヴェルチュールはその地位を剥奪されたのである。

黒人将軍は、クレルヴォーとポール・ルヴェルチュールの両将軍がフランス軍に降伏したと知ると激怒した。フランス軍は、島の旧スペイン側にやすやすと上陸した。しかし、もともとのフランス側地域ではそうは行かない。彼は全速力で馬を走らせてル・キャップに戻ると、抗戦の準備をし、フランス軍が武力をもって上陸しようとした場合には町を焼き払うようアンリ・クリストフに命じた。二月七日、ルクレールは灰燼に帰した町に入城した。

島の他の地域では、フランス軍は大きな困難もなく接岸することができた（ポール＝ド＝ペを除いて）。部隊は上陸し、主要な拠点を占領した。

トゥサン・ルヴェルチュールにとっていくらか慰めになったのは、プラシドとイザークの帰還だった。彼は一八〇二年二月十日にエヌリーで、絹の飾り紐つきで、共和国の印璽により真正であることが証されたボナパルトの書簡を、金メッキを施した銀の小箱に入れて携行したコワノン神父とともに、二人に再会した。イザークは、この時の様子をこう書き残した。

トゥサン・ルヴェルチュールは書簡を受け取るとすばやく目を通した。その後、子供たちとコワノン氏は、執政がどのようにして彼らを迎え、またすばらしい約束をしたかを説明した。ルクレール将軍が率いる部隊は、敵対的な理由でサン＝ドマングに派遣されるのではないと保証し、同将軍はトゥサン・ルヴェルチュールと協調したいと希望している、と執政は述べたというのである。「コワノンさん」と彼は答えた「あなたは私にとって、わが子の尊敬すべき家庭教師であるとともにフランスからの使者です。第一執政の手紙にある言葉とルクレール将軍の行動が正反対だと認めていただきたい。一方で平和を語り、他方では戦争をしかけてくるのです」。

感情的な面は別としても、政治的には対話はまったくかみ合わなかった。二月十二日に、ルクレールはトゥサン・ルヴェルチュールに宛てた書状で、交渉のために自分に会いにくるよう求めた。黒人将軍は返答しなかった。その結果、一週間後の二月十七日、ルクレールは彼がもはや法の保護下にないと宣言した。トゥサン・ルヴェルチュールは、公式にフランス政府に対して反逆したと見なされた。彼が対決を求めた以上、対決するのだ、というわけである。一方、老指導者は攻勢に転じる前に焦土戦術を取った。彼が期待していたのは、熱病がやがて味方となり、奴隷制を復活させるために派遣されたと彼が宣伝する侵略部隊の兵士たちが、これに侵されることだった。

彼自身は、彼の支配下にある唯一の地域であるゴナイーヴとエヌリーの間の山中の拠点に立てこもった。それ以外の地帯は、ルクレールの支配下にあった。二月二十三日には、ラヴィーヌ＝ア＝クルーヴルで最初の武力衝突が起きた。ロシャンボー率いる部隊は、ルヴェルチュールの部隊を後退させた。次にくるのは、西部地方征服のための最も厳しい戦いだった。二十日間にわたり、フランス軍は突撃を繰り返し、三月二十四日、多大な犠牲を払ってついにクレート＝ア＝ピエロ要砦を攻略した。トゥサンの部下――デサリーヌ、ラマルティニエール、マニー――は勇猛果敢に戦い、撤退に成功した。

しかしながら、両者の力関係はトゥサン・ルヴェルチュールとその味方に圧倒的に不利で、敗北は必至だった。将校たちは、次々とルクレールに鞍替えした。やむなく、一八〇二年五月六日、正装した衛兵に守られて、彼は降伏した。彼は、より強い相手に服従したのである。彼は、自分を補佐してきた将校たち――クリストフとデサリーヌを含む――が、派遣軍上陸以前の指揮官の地位を回復できるよう求め、受け入れられた。彼自身は総督の地位に復帰することはかなわず、軍を指揮することも認められなかったが、陸軍少将の階級は維持された。さらに、サン＝ドマングの未来について助言を行うとの希望も入れられた。トゥサン・ルヴェルチュールはマルムラードで、引退を正式に示すための軍との別れの儀式を行った。彼はエヌリーの自宅に戻った。

ルクレールはなお警戒して、トゥサン・ルヴェルチュールが口述筆記させた手紙を検閲した。そのうちの二通が、当局に没収された。宛先は彼の元副官で、現在はルクレールに近い市民ジャン＝ピエール・フォンテーヌ、手紙の内容はニュー・イングランドから武器を入手したいこと、ル・ボルニュで耕作者が農作業を行わないよう信頼できる人物に監視させてほしいこと、さらには神の恩寵が人々を助けるために訪れたこと――ル・キャップのプロヴィダンス会病院で最初の黄熱病の事例が発見されたことを暗示している――を喜ぶものだった。いずれも、いささか怪しげな文言である。政治から完全に離れるのは、いかに困難なことか！　果たして、彼は自分と権力行使との関係を認識できていただろうか。クレルヴォー、クリストフ、モールパら黒人将軍は、トゥサン・ルヴェルチュールがフランスに送られるよう、ルクレールに強く求めていた（自らの行動の責任を取るため、ということだろうか）。

ジャン＝ジャック・デサリーヌも同様だった。

同じ名前の自由黒人が所有する奴隷で、我々の仲間（入植者）の一人がル・キャップの総督府の門番として知っていた人物は……（中略）……非常に残忍な性格で、そのためにトゥサンに見出された。トゥサンは、刺客であるとともにあらゆる不正行為の責任を負わせるスケープ・ゴートとなる人間を必要としていたのだ。

シュザンヌ・ルヴェルチュールと親しい関係にあった入植者フランソワ・リシャール・ド・テュサックは、ジャン＝ジャック・デサリーヌについて（一八一〇年に）このように述べ、この悲劇の時代にこの人物が果たした必要不可欠な役割を強調した。しかし、トゥサン・ルヴェルチュールが初めて会った時には奴隷で、やや軽蔑して低く見ていたデサリーヌは、陰謀を企てる可能性があるとして、他の将校以上にルクレールの強い注意を引いていた。これは、秘密の復讐だったと見るべきだろうか。ある者には、象徴的な父親殺しのように映っただろうか。その背後には、未来のために力を蓄え、空席となった指導者の位置を占めようという隠された野心があったのだろうか。実際、一八〇二年六月七日に、トゥサン・ルヴェルチュールは、ゴナイーヴ小郡の彼の農園に隣接するジョルジュ農園に出頭を求められた。ブリュネ将軍が、サン＝ドマングの将来について彼の意見を聞きたい、というのである。あるいは何らかの任務が与えられるのではないかと考えたであろう彼は、その日の夕刻、指定の場所に出向いた。ラクロワによれば、彼は二十人ほどの護衛を伴って現れた。彼は屋敷の前に降り立ち、中に入った……。会話が始まったが、途中でブリュネは一時中座し、騎兵中隊長のフェラリが入ってきた。

将軍、と彼は言った。総督の命令により、あなたを逮捕します。護衛たちは全員拘束しました。周囲は我が部隊により包囲されています。抵抗されるなら、あなたを殺さねばなりません。サン＝ドマングでは、あなたはもういかなる地位にもありません。剣をお渡しください。

トゥサン・ルヴェルチュールは、戦うことなくサーベルを中隊長に渡した。屋敷の外では、彼の護衛は抵抗しなかった。この逮捕劇はあまりにあっけなかったために、疑問に感じられる。サン＝ドマングの元終身総督ほど警戒心の強い人物が、罠だと感じることなくこのような会見に出向くことがあるものだろうか。詩人エメ・セゼールは、これを、より若い将校たちに後を託して闘争を再開するための犠牲的な行為だと見た。しかし、より単純に、トゥサン・ルヴェルチュールが先手を取られただけだとしたらどうだろうか。

エヌリーの彼の住居は、あまり褒められない略奪の対象となった。その数日後、彼の財産は、小作権も含めて差し押さえられた。この間に、彼はキャップ＝フランセに向かう船に乗り込んだ。「私を倒しても、黒人の自由の木の幹を切り倒したのにすぎない。木は、その根からまた生えてくるだろう。なぜなら、根は無数にあり、しかも深いからだ」。乗船に際して彼はこう言ったと、ラクロワ将軍は伝えている。しかし、この言葉を聞く者がそこにいただろうか。

第13章　〝自由の木の幹〟

トゥサン・ルヴェルチュールは、一八〇二年六月七日、フリゲート「クレオール」号に乗り込んだ。軍司令官として、彼は食事を艦長とともにした。五日間の航海中、彼は一日八リーヴルの食事代を自ら支払った。キャップ＝フランセが見えてくると、彼は大砲七十四門を備えた「エロ（英雄）」号に乗り移った。妻のシュザンヌと三人の子供（イザーク、プラシド、サン＝ジャン）、姪のルイーズ・シャンシー、召使のマルス・プレジールとヴィクトワール・テュサック（シュザンヌの親類）も逮捕されて、乗船した（家族が戦いを再開するのを妨害するためだろうか）。フランスに向けて出航したのは一八〇二年六月十二日だった。サン＝ドマングの海岸が水平線の向こうに消えていくのを見て、彼は何を思っただろうか。それはわからないが、一つ、歴史家が目にとめることのできる事実がある。逮捕された後、将軍は民衆の支持を得られなかった。若干の混乱を除けば、彼を支持するデモは起こらなかった。指導者と民衆の間に断絶があった印だ。彼は演説や激励を繰り返したが、離反は決定的になっていた。

それから一カ月もたたない一八〇二年七月九日、ブレスト港が視界に入ってきた。彼は厄介な人物であり、その扱いにはいくらかのためらいが見られた。彼は家族とともに、しばらく船上にとどまった。城の牢獄は劣悪な環境で知られていたから、これはむしろよい待遇だった。彼が階級を剥奪されたのを知ったのは、恐らくこの時だった。

非常に長く感じられた待機期間の後、一八〇二年八月十三日に別れの時が訪れた。トゥサン・ルヴェルチュールは召使のマルス・プレジールとともに小型船でランデルノーに移送された。そこから、馬車に乗せられ、ナント、オルレアン、ディジョン、ブザンソンを通過した……。内陸部に奥深く進むと、ジュラ山地へと向かった。この間、激しい性格のプラシドはベル＝イル＝アン＝メール島の要塞の牢獄に収容された。他の家族は、バイヨンヌに向けて出発した（ここで数カ月を過ごした後、アジャンに幽閉された）。この時トゥサンは、二度と家族に会えなくなるとは知らなかった。

✽政治犯として

堅固で険しい外観のジュー城は、十一世紀以来標高千メートルの位置から、ヌーシャテルとローザンヌからの道路が一本に合流する地点を見下ろしていた。夏には、晴れわたった空の下で、緑あふれる自然が起伏にとんだ地形にいくらか華やかさをもたらしていた。しかし、冬が訪れると、空は鉛のような灰色に変わり、特別に厳しい寒さが肌を突き刺した。トゥサン・ルヴェルチュールとマルス・プレジールは、この快適とは言えない巨大な要塞に、一八〇二年八月二十三日に到着した。

規則に従い、要塞の司令官であるバイユ少佐と面会した後、彼は塔の地上階にある独房に案内された。独房は比較的広かった。長さ六・五メートル、幅三・九メートル、天井は半円形のボールトで、床は樅の木の板張り、そして立派な暖炉が備わっていた。しかし、すぐに非常に不便な点があることがわかった。この独房の窓は、五分の四がふさがれていた。外光は高さ三十センチ、幅五十センチほどの開口部からわずかに入るにすぎなかった。鉄格子がはまっているため、さらに暗くなっていた。このため、これまで生涯を陽光の下で過ごしてきた彼は、生まれて初めて薄暗い中で暮らすことになった。警備上の措置だというのが、説明だった。一週間ほど前に、ジュー城に捕らわれていたヴァンデ派の指導者、コンスタン・ド・シュザネとダンディニェの二人が、脱獄に成功していたのだ。アンティル諸島から来た老人が、同じ行動を取らないようにしなくてはならない。それゆえに、窓はふさがれ、野外での散歩は厳禁とされた。トゥサン・ルヴェルチュールにとって、世界はこの石壁に囲まれた空間に限定された。家具といえば、ベッドが一台、穴の空いた椅子が一脚、小机が一台、椅子が二脚と箪笥が一台だった。風呂桶もあった（最初の二カ月間、彼は熱い風呂に入ることができたが、その後この優遇措置は取り消された）。

政府からの指示は明確だった。囚人は丁寧に扱われ、衣服を与えられるべきであり、部屋は暖房がなくてはならなかった。しかし、今後は民間人の服装、より具体的にはフランシュ＝コンテ地方の農民の衣装を身につけなければならず、これが彼を怒らせた。この新たな侮辱に、三つ目の侮辱が加わった。彼は、看守から「トゥサン」とだけ呼ばれたのだ。たった一つの名前で。かつての奴隷がそうだったように。マルス・プレジールは隣の独房に入れられた。しかし、彼にはある程度行動の自由があった。彼は看守や職員と会うことができた。

トゥサン・ルヴェルチュールは、ジュー城に到着するや、インクと、ペンと、紙を求めた。公式には禁止されていたものの、城砦の司令官は要求に応じた。囚人は、「トゥサン・ルヴェルチュール将軍の意見書」と題する長文の報告書を書き始めた。

彼は、独特の音声転写式のフランス語で、クレオール語の表現が混在する、やや混乱しているものの感動的な文体を用いて書いた。イメージ豊かで、近年の行動について事実関係を説明しようとしつつも、ところどころにこの人物の個性が見え隠れしていた。この最初の原稿を第一執政に送るわけにはいかなかったため、彼は口述筆記をしたいと求めた。その仕事は、ポンタルリエの郡庁の書記、ジャナン氏が行うことになった。彼は囚人が述べたことを筆記し、囚人はそれをチェックして、時折余白に訂正を入れた。こうして、少なくとも三部の浄書が作成された。
この闘争心にあふれた報告書において、トゥサン・ルヴェルチュールは彼に対する非難に応えて、これまでの貢献、顎に負った傷、フランスのために戦う中での十七回の負傷を挙げ、彼が逮捕された状況と、家族に対する扱いを厳しく糾弾した。彼は憤っていた。

私は尋問されることも、理由を説明されることもなく、一方的に逮捕され、全財産を没収され、家族全員も略奪を受けた。私の書類は押収され、いまもそのままだ。船に乗せられ、何も持たずに送り出された。私についても、最も残酷な中傷が流布された。それによると、私は地下牢に入れられたのだという。それは、人の足を切断してから歩けと言うのと変わりがない。人の舌を切っておいて、話せと命じるのと同じだ。それは、人間を生きたまま埋めるのと変らない。

しかし、彼の言葉は単なる怒りを超えていた。

これらはすべて、私を陥れ、破滅させ、信頼を失わせるためのものだ。それというのも、私が黒人で無知で、共和国の兵士のうちには数えられてはならないという理由による。私には何の功績もなく、私に対する正義は認められない。この世界では私のために正義がないとしても、もう一つの世界では正義は私のものだ。植民地中あらゆるところで、私を告発する虚偽の証言を見出そうとし、見いだせなければ作り出し、そのためには金を払いもするだろうことを私は知っている。しかし、事をはかるは人、事をなすは神、なのである。

さらに、その少し後に、彼は誇張して書き加えた。「もし私が白人だったなら、私がしたように国家のために働いてきたなら、決してこのような不幸な目に合うことはなかっただろう」。これらの言葉からは、深い心の傷、自分の力だけで出世したが、なお劣等感を抱き続ける元奴隷の心の傷が透けて見える（「私は教育も訓練も受けなかった。ただ、私の素朴な常識が、人間は約束を守らなければならないと教えてくれた」とも彼は書いている）。最終的に、トゥサン・ルヴェルチュールは弁明の中で、政治的に穏健な姿勢を見せた。彼は身をかわそうとはせず、出来事の事実関係を説明しつつ、自己正当化を行い、最終的に主張を聞いてもらえるように求めた。

私は、したがって、裁判もしくは軍法会議にかけられることを求める。ルクレール将軍も被告として出廷させていただきたい。そして、二人の弁論を聞いた後で、判断をしていただきたい。公正、理性、法、これらすべてが、私に対する裁判を拒否できないことを証するのである。

彼は、「意見書」中で二度にわたり、裁判の実施を求めている。

彼は執筆を開始する一方で、第一執政に知らせなくてはならない新事実があると申し出た。この申し出は、直ちに政府中枢に伝達された。ボナパルトは、マリー＝フランソワ＝オーギュスト・カファレリ・デュ・ファルガ将軍をジューに派遣した。将軍が到着した時、トゥサン・ルヴェルチュールは唯一の囚人になっていた。マルス・プレジールは、九月七日にナントに送り返されていた。

カファレリは四度にわたりトゥサン・ルヴェルチュールを尋問した。主題は、サン＝ドマングにおける戦争遂行、英国および米国との間に築かれた関係、そして財政問題である。

二度目の訪問の際に、トゥサン・ルヴェルチュールは、正式なフランス語で浄書され、ようやく完成した報告書を将軍に渡させた。自分用には、自筆の報告書を保存した。彼はまた、カファレリにボナパルトに宛てた報告書の添え状を渡した。その中で、彼は待遇が改善されるよう希望していた。他方で、九月十七日には、家族に関して何の情報も得られず、皆がどうなったかわからないため、シュザンヌに宛てて手紙をしたためた。彼は、この手紙も将軍に託して、渡してくれるよう依頼した。これは、きわめて稀な個人的資料である。

共和国十年フリュクティドール（果実月）三十日、ジュー城塞にて

我が親愛なる妻へ。善良な将軍の許しを得て、近況を知らせます。ここに来た時は体調がすぐれませんでしたが、この要塞の司令官は人間的な人なので、何くれとなく助けてくれました。神様のおかげで、ずっとよくなりました。私が家族を愛していることは知っての通りです。そして、愛する女性への気持ちも。なぜ、近況を知らせてくれなかったのですか。皆に、よろしくと、そして正しい行いをするように伝えて下さい。賢明さと、美徳をもって。あなたは、皆の行いについて、神様と夫に対して責任を負っているのですから。プラシドがあなたと一緒なのかどうか、教えてください。皆を優しく抱擁します。

いつまでも、あなたの忠実な夫。

トゥサン・ルヴェルチュール

カファレリ将軍との最後の面談は九月二十四日に行われた。尋問者側には期待はずれなことに、新たな要素は何も得られなかった。パリに戻ったカファレリは、ボナパルトに宛てた報告書をまとめた。第一執政は、老人が求めた裁判には応じなかった。九月二十八日、尋問者が出発してからわずか四日後に、鉄は熱いうちに打てと言わんばかりに、トゥサン・ルヴェルチュールは第一執政に宛てて再び裁判を求める手紙を書いた。回答が得られなかったため、彼は十月九日にカファレリに宛てた書状をしたためた。

将軍、第一執政の私に関する記憶を呼び覚ましていただくようお願いします……（中略）……私の要求について考え、私をどうするのか決定していただきたいのです……（中略）……返答をいただければ幸甚です。

回答として彼が得たのは、長く、重苦しく、耐え難い沈黙だった。十三日間待った末に、彼は新たな報告書の執筆希望を伝えるとともに、息子のうちの一人を、秘書を務めるとともに彼を慰める目的でジューに来させてほしいと求めた。十月二十六日には、彼は新たにボナパルトに宛てた手紙を書き、「私の今後についてご判断をいただきたい。それによってあなたはより偉大な存在となり、我々の心のうちにある最も秘められた考えをもご存知の最高存在から高い評価を得ることでしょう」と記した。これが、最後の書状だった。囚人がパリから得た唯一の回答は、彼の独房を徹底的に調べ上げ、筆記用具と紙ばかりでなく、見つかったすべての資料類を没収せよとの命令だった。老人は、報告書の下書き、ボナパルト宛ての手紙の写し、そしてもう一つの現在は失われた内容不明の資料（回想録の五つ目の写しだったただろうか）を頭に巻いたマドラス布のスカーフに隠して手元に残すことができただけだった。何よりも、この屈辱的な捜査の後、トゥサン・ルヴェルチュールはもはやいかなる幻想も抱かなくなった。

ところで、この独房の四方を囲む壁の内側で、彼の性質の新たな一面が明らかになった。生涯を通じて、彼は何よりもまずフランス語話者と見られるために大変な努力を払ってきた。奴隷主である貴族や、小白人たちの言語であるフランス語だけが、未来をもたらすと考えたからだ。彼の話すフランス語は、彼が接した白人の話したフランス語だ。彼らは、多くの場合、フランス南西部の出身で、ガロンヌ川岸辺の歌うような訛りがあり、すべての音を発音した。クレオール的なフランス語、「無理して話しているフランス語、社会的地位が向上しつつある人物の話す、身分を隠しているようなフランス語」だったと、わずかに残された彼の手書き資料を分析したフィリップ・ジラールは強調している。しかし、苦労しながらではあっても、彼が話したのは、家族間でもフランス語だった。クレオール語は、必要を感じた時のみ、民衆を鼓舞するために用い、母語であるアフリカのフォン語は意思伝達手段としてごく例外的に、アラダ人の「新自由民」との間で使用していた。

✲トゥサン・ルヴェルチュールの財宝

カファレリ将軍は、面談に際して、どこに財宝を隠したのかトゥサン・ルヴェルチュールに白状させる任務も帯びていた。実際、ボナパルトは老黒人が自治拡大政策を遂行するのに必要な巨額の財産を持っていると確信しており、この巨万の富をどうしても手に入れたいと望んでいた。しかし、この財産とはいったい何のことだろうか。植民地の公金なのか、それともトゥサン・ルヴェルチュール個人の財産だろうか。確かに、この時代には――この時代に限らないが――国庫に手を伸ばして私腹を肥やす事例はしばしば見られた。とはいえ、トゥサン・ルヴェルチュールはカファレリに対して、財宝など存在しないと繰り返した。カファレリはそれを信じようとはしなかったが、何度同じ質問をしてもそれ以上のことを知るには至らなかった。確かに、ルクレールの部隊が島において地歩を固めた時、前総督が独自外交を行うため、および武器の調達のために留保していた資金は回収された。しかし、それは決して宝の山ではなかった。トゥサン・ルヴェルチュールが自分の財産は不動産だと言う時、彼は真実を語っている。しかしながら、彼は自分の財産の実態とその取得の経緯を隠蔽しようとしたために、ボナパルトの使者から長く苦しい尋問を受けることになったのである。しかし、その結果新たに判明した事実はなかった。

✽最期

隔離されたままの老人は、もはや何の希望もないと感じた。時折城塞の司令官が囚人の現況確認のために訪れるのと、抜き打ちで行われる独房の検査以外には何も起こらなかった。こうした物悲しい状況の下で、彼の健康状態は悪化した。十月三十日に、司令官はこう書きとめている。

体内の痛みや頭痛のため、彼は体調不良が続いている。また時々発熱があるが、長くは続かない。暖炉には火が盛大にともされているのに、いつも寒いと不満を述べている。

トゥサン・ルヴェルチュールが十分に薪を与えられていたのは事実だ。食事も、地元の産品（塩漬け肉、ビスケット類、チーズ、ワイン）が十分に供されていた。彼はまた、多量の砂糖も消費していた。しかし、気力は衰え、これが健康にも影響を及ぼした。これについて、バイユ少佐は次のように書いた。「黒人の身体的特徴はヨーロッパ人と大きく異なるため、彼を医師または外科医に診察はさせていない。それはまったく無益だからだ」。これは、政府を満足させるためだったのだろうか。彼がジューに収容された当初には、定期的に医師による診察が行われていた。以後、それは稀になった。

城塞の司令官のメモ――十一月十四日付――によると、彼の独房に薪と食事を運んだ時に、トゥサン・ルヴェルチュールは非常に寒い隣の独房への移動を拒否し、「発熱と頭痛」あるいは「腰の痛みとリューマチによる痛み」を理由に、横になったままだった。その四日後には、彼は全身の痛みと、ずっと下がらない熱を訴えた。

彼は長い日々を、檻の中のライオンのごとくに歩き回りながら過ごした。彼が何を考えていたのかはわからないが、このような暗澹たる状況にあっては、抑鬱的な状態になったとしてもおかしくなかっただろう。彼は意気消沈して、衰弱するのを感じていた。ジュー城の新任司令官、アミオ少佐は、病気の進行を書きとめている。それによると、一八〇三年二月九日には、老人は胃の具合が悪いと訴え、ほとんど食物を口にしなかった。二月十九日には、何回も嘔吐した。三月四日には、彼は「顔がむくみ、ずっと胃痛を訴えていた。咳もひどかった」。三月十九日、胃の痛みと咳はまだ続いていた。「三日前から、彼の声が以前とずいぶん変わったことに私は気がついた。医師を呼んでほしいという要望は一度もなかった」と少佐は書いている。ついに四月七日に、「食事を運んだ時に、私は彼が暖炉の脇で、椅子に座ったまま死んでいるのを発見した」。

こうして、何カ月にも及ぶ苦しい監禁生活の末、トゥサン・ルヴェルチュールの一生は終わった。その二日後、ポンタルリエの医師が外科医の補佐を受けて解剖を行った。その報告書によって彼の身体の状態と死因について知ることができる。

口内と口唇には血の混じった少量の粘液が見られた。横静脈洞左側と軟膜の血管には血が溜まっており、血清状の滲出が脳室の左側に見られる。脈絡膜には小さな包虫嚢胞が多数観察される。胸膜はその大部分が肺の組織に癒着している。右肺と右胸膜に鬱血あり。同じ臓器に膿状の物質が溜まっている。心室の右側に小さな脂肪性ポリープあり。心臓は正常な状態。間膜がやせており、長期に及ぶ病気の場合に見られる病理学的状態にある。

胃、腸、肝臓、脾臓、腎臓、膀胱に異常は見られない。

結論として、卒中および胸膜肺炎がトゥサン・ルヴェルチュールの死因であると判断する。

医学博士　タヴェルニエ

外科医　グレッセ

頭蓋内部の検査により、その後感染は脳にまで及んでいたことが判明した。トゥサン・ルヴェルチュールは飢えと寒さのため死んだとよく言われるが、したがってこの説は成立しない。彼が死んだのは、肺など呼吸器の病気が原因だった。

結論　〝先駆者〟の遺産

トゥサン・ルヴェルチュールが亡くなった時、彼はフランス人だった。ジュー城塞の旧礼拝堂に埋葬された彼の遺体は、現在どこにあるのか判然としない。十九世紀末に実施された要塞の強化工事のため、彼の遺体のありかははっきりしなくなった。したがって、一九八二年には、しばしば用いられる表現によると「独立の先駆者」とされる人物を称えるために、ジューの土が象徴的にハイチへ移送されたのだった。彼の名は、偉人たちを祀るパリのパンテオンにも刻まれている。その碑文は、次のようなものだ。

トゥサン・ルヴェルチュールの記憶に
自由の戦士にして、奴隷制廃止の立役者
ジュー城塞に流刑にされ、一八〇三年に没したハイチの英雄

「ハイチの英雄」という表現は時代錯誤で間違いだ。なぜなら、生前隔離されていたトゥサン・ルヴェルチュールは、彼の逮捕後に起きた、島を独立のための厳しい闘争に突入させた事件を知らなかったばかりか、彼が死んだ時にはまだフランス領だった島の独立を求めたこともなかったからだ。

しかしながら、一八〇二年後半には、奴隷制が存在する植民地においてはこれを維持し、奴隷売買の原則を復

活させ、グアドループとサン゠ドマングの取り扱いを決定するまで政府に十年間の猶予を与えるとする一八〇二年五月二十日の法律の制定を、サン゠ドマングは知ることとなった。英国から返還されたマルティニクでは奴隷制度が現実に維持され、グアドループでは厳しい軍事作戦の末に、鞭打ちの罰が復活した（奴隷制は一八〇三年に正式に再導入された）だけに、人々の動揺は大きくなった。ボナパルトは大アンティル諸島に奴隷制度を復活させるのは状況によると考え、躊躇した。しかし、フランスを支持していた将校たちは憤りと不安から、徐々に反乱側に転じるようになった。

ペティオンとデサリーヌの間で結ばれたムラートと黒人の同盟は、容赦なき戦いの末に、戦意に欠け、熱病で兵士を失い、起伏の激しい土地で消耗し、不十分な補給に苦しめられたフランス派遣軍を破ったのだった。ル・キャップに近いヴェルティエールでのフランス軍の敗北（一八〇三年十一月十九日）とロシャンボー（一八〇二年十一月二日に黄熱病で亡くなったルクレールの後任）の部隊の帰国の後、独立派にとって道が開けた。一八〇四年一月一日、ジャン゠ジャック・デサリーヌはハイチ共和国の誕生を宣言した。ハイチとは、「山がちな土地」を意味するカリブ名だが、この名について書かれたスペイン人の記録を見ても、島の特定の地方を指すのか、それとも島全体を指すのか、判然としない。いずれにしても、この名前は使われることによって定着した。ハイチ独立は、皇帝となる以前のボナパルトにとって、エジプト遠征に次ぐ大きな軍事的敗北だった。この敗北は、若き指導者の栄光を傷つけないために、すぐに沈黙によって隠蔽されたのだった。

✽緩慢な国際的承認

しかし、一八〇四年のハイチは傷だらけの国であり、その未来は不確かだった。十二年にわたる革命闘争により、人口は大幅に減少した。生産活動も大きく低下した。多数の入植者の離島（奴隷とともに去った者もあった）

に加えて、独立後も島にとどまった白人の大半が虐殺された――デサリーヌの命令による、熱病的な復讐だった――ことで、指導的な立場の人々がほとんどいなくなった。また、かつての農園主たちが去ったため、新たな支配者たちとその支持者は、土地を思い通りに分配できたことも付け加えておかなくてはならない。

ハイチは他国の独立運動と連帯し、スペインが植民地における変革を一切拒否していた時期に、一時シモン・ボリバルを躊躇なく迎え入れた。しかし、二十年以上にわたり、ハイチは外交面で孤立し、独立が承認されるまではフランスにより再び征服される不安の中にあった。ようやく一八二五年に、ボワイエ大統領はフランスに革命以前の時期の農業生産の十分の一に相当する賠償金一億五千万フランを支払うとの条件をフランスに受け入れさせることに成功した。

こうした例は歴史上ほかにも見られる、と言うこともできよう。一つだけ例を挙げるなら、その三年前の一八二二年に、ポルトガルはブラジルから賠償金を受け取ることで、その独立を正式に承認している。この時代には、所有権が特に重視されていて、フランスはサン＝ドマングを世界一の砂糖およびコーヒーの産地とするために巨額の投資を行ったと主張できたのである。

ボワイエは、この約束がどのような結末をもたらすかを理解していた。ハイチには何とか困難を切り抜けるための手段があり、五年後には問題が解決するはずだった……。しかし、経済状況と課税の配分の失敗から、賠償金の支払いは困難に直面した。問題解決には、長い時間を要した。一八三八年になってようやく、ハイチの独立を承認する二つの条約が調印され、その一方で賠償金は九千万フランに減額され、これを三十年で支払うものとされた。財政難のために、外国からの借り入れ（したがって負債が発生した）が必要となったが、それでもハイチはこの約束を果たすことに名誉がかかっていると考えた（これに加えて、借入金の利子も負担しなくてはならなかった）。道徳的な視点は別として、純粋に経済的な観点からは、ある資産をその価値の十分の一の価格で取得できれば、それはよい買い物だ。しかし、この賠償金の問題には、もう一つの議論が加わった。それが、その後のこの国の対外債務の増加と関わる議論だっただけに、激論が戦わされた。賠償金の支払いが、ハイチの財政にとって負担になったことは否定できない。しかし、賠償金をこの国の経済的な立ち遅れと、国の発展を阻害する債務の増大の原因だとするのは、また別の話だ。その説は、二世紀にわたる極度の政治的不安定、腐敗、縁故主義、冒険主義、税制上の不公平、暴力の使用と相手によって主張を変える一貫性のなさが、ハイチを貧困の連鎖に落ち込ませたことを忘れるよう仕向けている。しかるに、トゥサン・ルヴェルチュールはかかる習慣と無縁ではなかった。

そして何よりも、問題の本質は別のところにある。賠償金と債務はしばしばすり替えられ、フランスにこそ責任があると非難されたが、それは賠償金が国家全体が自由を得るための税であるとハイチ国民から見なされたことによる。換言すれば、これは象徴的なレベルの問題だった。賠償金には、独立という「原罪」を償うための侮蔑的な、あるいは屈辱的な性質があると受け止められたのだ。しかしながら、「文明国」と称するものの目には、戦場で勝利を収め、対等な立場で交渉しようとする「黒人の一味」が勝ち取ったこの独立は、当時の主要国政府の外交に関する考え方を覆すものと映ったのである。

✽〝黒いナポレオン〟と〝白いルヴェルチュール〟

トゥサン・ルヴェルチュールはきわめて重要な人物であり、アメリカ大陸の偉人のパンテオン（万神殿）に名を連ねるにふさわしい。彼の経歴はボナパルトのそれと比較をされることも少なくないが、その比較は適切である。いずれも機を見るに敏で、権力を奪取して国家を支配できる状況が訪れた時に、うまく機会を捉えることができた。いずれも軍人で、専制的で、政治と行政の分野で手腕を発揮した。いずれも、国民のあるべき姿についてのヴィジョンと大きな希望を持っていた。いずれも権力に酔って現実から遊離し、危険な政策を推進した。いずれも、囚われの身となって生涯を終えた。いずれの名前にも、叙事詩がついてまわる。一方には、アウステルリッツの太陽が、他方には、黒人の自由が。しかしながら、一八〇〇―一八〇三年のフランスという舞台には、役者が一人多過ぎた。そして、勝者は敗者に対して残酷だった。

アンティル諸島の老人が、若きコルシカ人を真似たとする説も聞かれる。それは、無意識のうちに、模範はヨーロッパ人でなくてはならないとする考えがあるからだろうか。だが、少なくとも二度は（避難した入植者を呼び戻したこと、また終身総督就任）、トゥサン・ルヴェルチュールが先行してイニシアティヴを取り、パリの支配者が後になってそれにならったのだった。奇妙なことに、いかなる歴史書にも、当時のボナパルトを「白いルヴェルチュール」と評する表現は見られない。シャトーブリアンが、すでに若者が老人に負っているものを強調していたにも拘わらず（「黒いナポレオンは、彼を真似た白いナポレオンにより殺害された」と、『墓の彼方の回想』第四十部第三章にある）。いささか挑発的だが、あえてその逆の表現を試みてもよいだろう……。

それだけではない。トゥサン・ルヴェルチュールの政治的計画は斬新だった。遠く離れた本国の監督から自立する一方で、扉を閉ざすことはせずに、絶えず維持すべき特別な関係にあることを強調した。ある人々は、ここに独立・協同（indépendance-association）の予兆を見出した。これに対して、第一執政はジャコバン的な本国の権限維持を反射的に図り、その上ローマ帝国の復活を夢見ていた。こうした拒絶から、根本的な困難が発生した。やがて紛争のために血が流れ、武力による独立に至るが、大西洋の対岸ではこの事態は忘れるべきものとされた。そのために、常にジャコバン的であり続けた共和制フランスは、教訓に学ぶことができなかった。しかしながら、もし当時の政治家たちがこの前例に学んでいたなら、インドシナあるいはアルジェリアの問題に関して、大いなる参考とすることができたのではないだろうか。そして、地球の各地域を結ぶあらゆる交流が増大するこんにち、どのような再解釈が可能となるだろうか。

✲善悪二元論を超えて

すべての複雑な人物と同様に、トゥサン・ルヴェルチュールは輝かしい一面を持っていた。実際、政治的な意味で基本的なこの一面がより一層輝くように、彼は多くのことを隠しもした。それが大成功を収めたため、現在なお彼は自由をもたらした革命の正しい英雄とのイメージにより輝いている。加えて、第三世界との連帯の思想と脱植民地化の文脈が、そのイメージをさらに強固にした。しかし、歴史研究の進展により、次第に彼の複雑かつ曖昧な部分が明らかになった。伝説という分厚い外皮の下には、美しいばかりではない実像が垣間見える。節操がなく、誇大妄想的で、専制的であるがために孤立し、権力に酔って時として多くの死者を出す論理に走りもした。これらは、この人物の優れた点とオーラを否定しはしないが、いくらか含みを持たせるものだ。トゥサン・ルヴェルチュールは自身の長所と短所を用いて、その時代の課題に彼のやり方で挑戦した。彼は独学で、人種差別的な奴隷制社会で、苦労しながら経験を重ねることで学習した。サン＝ドマングの実力者となってからは、それが運命であるかのように奴隷制廃止のために長いこと闘ってきたと強調し続けた。なぜなら、「旧自由民」の彼は「新自由民」から受け入れられる必要があったからだ。そのためには、少なくとも奴隷を一人所有していたこと、借りていたコーヒー園で何人もの奴隷を使っていたことには口をつぐんだ。彼が自由をどう考えていたかを理解するための重要な点であるだけに、この問題は論議を巻き起こしている。

不利な状況の下でゼロから出発して頂点にまで上り詰めた彼は、最後には節度を失った。彼は啓蒙専制君主のように政治を行い、困難な状況下で危険を避ける舵取りを行い、その時々の状況に適応可能なイメージを形成した。トゥサン・ルヴェルチュールとは、まず利己的な行為の勝利だった……。その後、失墜することになるのだが。

一方で、フランス革命期における権力闘争は、かなりの部分、出自や婚姻関係などで結ばれた革命家グループによる家族間の一連の争いの様相を呈していた。トゥサン・ルヴェルチュールにとって、こうしたきわめて複雑な情勢の中、人種問題（黒人対ムラート、黒人対白人）、帰属問題（本国派対独立派）、思想的問題（奴隷制廃止派対奴隷制支持派）……そして支援者優遇（利益誘導）の間を遊泳するのは難しいことではなかった。すなわち、利害が対立し、異なる傾向が衝突する交差点にあって、触媒と総合（ジンテーゼ）の役割を果たしたのである。結局のところ、歴史家にとって、この人物についての矛盾するいくつかの見解に直面することは決して意外ではない。時間を経ての我々の期待や、こんにちの価値観を過去の出来事に投影し、我々の期待と現実を混同することが間違いなのである。この人物は、特定のカテゴリーに閉じ込めることができないのだ。

✼扱いが困難な遺産

人物像だけでなく、彼の残した遺産もまた両義的なものだ。彼は革命を勝利へと導いたが、疲弊してすべてを再建しなければならない国の独裁者になることで、革命の果実の味を苦いものにした。

彼は、軍隊式の農業中心主義を確立し、貧しい人々の生活をたいして改善できなかったとして批判された。庶民の目には、革命は白人入植者に代わって黒人入植者が土地を所有するようになっただけだと映った。トゥサン・ルヴェルチュールの足跡を、独立の英雄である新しい支配者たちと、彼らの支持者たちが踏襲した。そして、政治的な権力を奪取し、再創造すべき時期に、彼らは独占欲、物欲、対抗心といった、人間にありがちな悪癖を見せつける結果となったのだった。

代表的な例として、彼の息子イザークの態度を見てみよう。ブレストでの離別の後、ルヴェルチュール一家はどうなったのだろうか。バイヨンヌを経て（プラシドは一時期をベル＝イル＝アン＝メールの要塞で過ごした）、一家はアジャンに集まり、ナポレオンの帝政期を通じてこの町で監視下に置かれた。サン＝ジャンとシュザンヌはここに埋葬された。プラシドは、アスタフォール〈仏南西部の町〉の良家の令嬢と結婚した。イザークは、従姉妹のルイーズ・シャンシーと結婚した。しかし、兄弟のいずれもハイチには戻らなかった。ルイーズだけが島に滞在して、返還要求した不動産の目録を作成した。それ以前にイザークは、一八二一年にフランスの裁判所に訴え、異父兄のプラシドがルヴェルチュール姓を名乗ることを禁止させた。それによって、彼は父と母がハイチに残した財産の唯一の正統な相続人であると主張した。イザークは、かつての不在農園主のように、ハイチにある財産の管理を雇用した支配人に委任した。ハイチ当局にとって、これは好都合だった。彼のような、政治的野心を持つかもしれない重要な人物が島にいるのは厄介なことだったからだ。

しかし、結局のところ、このような善悪の相半ばした評価を踏まえて、トゥサン・ルヴェルチュールは何を残したのだろうか。それは、「先達のイメージ」である。

✽現代に生きる問題

トゥサン・ルヴェルチュールは、立ち上がった民衆を体現していた。彼の名はいまも、反乱と取り戻された誇りの象徴である。父の故郷であるアラダに建てられた彼の像の台座には、「トゥサン・ルヴェルチュール将軍、誇り高きアラダの息子」と記されている。彼はそこで生まれなかったし、暮らしたこともないが、それは重要ではない。黒人世界にとって、彼は当時としては革命的な要求を高く掲げることで、その体現者となったのだ。トゥサン・ルヴェルチュールの名は、アフリカにも、アメリカにも力強く鳴り響いている。同じ人物が、農民たちを兵士の監視下で強制的に労働させたことを考えると奇異に思えるが、事実はそうなのである。彼は何よりも、内にこもった反乱に方向性を与え、後戻りのできない運動に推進力を加えて重大な障害を取り除き、屈辱を受けた人々に誇りを回復させるのに成功したことで、人々の記憶に残っている。

我々は、強力なグローバリゼーションの時代を生きている。このような文脈において、サン＝ドマングの繁栄とその後の独立という歴史の一ページはもはや特殊で、周辺的で、フランス市民には関心のないものと見なされるべきではない。むしろその逆だ。なぜなら、よく言われるこのグローバリゼーションは、経済と金融の側面だけに限られるものではないからだ。換言すれば、人間は単なる生産手段とだけ見なされるべきではない。人間は、パンのみにて生きるものではないのだ。グローバリゼーションが存在する以上、国際関係に関する考察、すなわち民族間の相互理解に関する考察が必然的に行われるようになる。グローバリゼーションは、きわめて重要な文化的次元を内包しており、その結果として――より調和した世界を建設したいと望むなら――「他者」をよりよく知ることが絶対的に必要となるのである。それはまた、自身をよりよく知ることにつながる。この件に関して言うなら、悔悟の念ばかりに陥らずに、しかし紛争とは自然発生的に起こるものではないこと、二世紀を経て両者間のつながりがいまなお存在することを認識しつつ、フランス植民地史の悲劇的だがまた偉大でもある一ページを再訪しなければならないのである。

最後の言葉は、同時代の大科学者に委ねることにしよう。サン＝ドマングの出来事と並行して、プロイセン人のアレクサンダー・フォン・フンボルトとフランス人のエメ・ボンプランは、一七九九年から一八〇四年にかけて、ベネズエラからキューバに、そしてメキシコからペルーに至る、学術的に驚異的な成果を上げる大旅行を行っていた。滞在先の国々を注意深く観察していたヒューマニストである二人の学者は、自分たちの活動の場である社会に目を閉ざしはしなかった。彼らが注目したのは、特に、ヨーロッパ系の主人たちとインディオとの関係、さらに奴隷制の問題だった。アレクサンダー・フォン・フンボルトが何年もかけて刊行した『新大陸赤道地方紀行』

が語っているところは明確だ。プロイセンの大学者の解説は、どのような点に注目していただろうか。

未開人は力によってしか従わせることができないと言う時、誤った比較が行われている。オリノコ川流域のインディアンは、喜びを表現する際、次々と感情を表すために子供めいたところがある。しかし、彼らは大きくなった子供ではない。その点では、彼らは我々の封建制度の野蛮が無知なままに放置した東ヨーロッパの貧しい農民と変わりがない。力の使用を、未開人を文明化させるための最良にして唯一の手段だと見ることは、民族の教育においても、青少年の教育においても誤った原則だ。我々の種の脆弱化と劣化の度合いがいかなるものであれ、完全に失われた能力は一つとしてない。人間の知力には、能力と成長の諸段階が存在するだけなのだ。未開人も子供も、現在の状態を過去の状態と比較する。彼は自らの行動を、盲目的な直感によってではなく、利害に基づく動機によって導き出すのである。至るところで、理由は理性によって説明することができる。

この学者の考察では、インディオにあてはまることは、アフリカから連れて来られた奴隷にもあてはまった。当時、非常に多くの出版物が、奴隷を奴隷主の白人に従う以上のことはできない人間以下の存在と見なそうとしていたのだが。キューバ滞在中（一八〇〇年十一月から一八〇一年三月）およびそれ以降、二人の学者は奴隷の待遇は改善されており、奴隷制廃止論者の言うことは現実をゆがめていると繰り返し聞かされた。それには耳を貸さずに、アレクサンダー・フォン・フンボルトはこのように断定した。

人間性をさいなみ、堕落させるものを実際に間近で目にした旅行者は、逆境の嘆きの声を、助けたいと願う者のもとに届けなければならない。私は、法と、宗教と、国民の習慣が黒人の境遇をより耐えやすくしようとしている国における黒人の状態を観察してきた。それでも、私がヨーロッパで感じていた奴隷制度に対する恐怖は、アメリカ大陸を離れる時にも変わっていなかった。

科学的で、一定の距離を置き、かつ人間的な目で見るならば、結論はしたがって一つしかない。人間の条件は分断できるものではなく、序列をつけられるものでもない。これは、原理原則の問題だ。一部の人々が、別の一部の人々を隷属させようとして多大なエネルギーを費やし、そうした他者の支配を正当化しようとしても、それは結局のところ無駄な試みに終わる。経済的であれ、地政学的であれ、文化的であれ、宗教的であれ、いかなる論理も、科学的根拠のないそうした状況を弁護することはできない。遅かれ早かれ、桎梏は解かれるのだ。

旅行の期間中、フンボルトとボンプランは同時にサン＝ドマングで進行している悲劇に関する噂を聞いていただろう。トゥサン・ルヴェルチュールが体現するに至った悲劇だ。政治の世界でも、芸術の世界でも、この両義的な人物はいまもなお一つのモデルであり続けているのである。

訳者解説

本書は、*Jean-Louis Donnadieu, Toussaint Louverture, le Napoléon noir*, Belin, 2014の全訳である。

トゥサン・ルヴェルチュール（一七四三年頃？―一八〇三年）という人物は、日本ではほとんど知られていない。フランスでも、必ずしも広く知られているとは言えない。しかし、彼の祖国（こう表現してよければ、であるが）ハイチの英雄であり、また父の出身地である西アフリカの国ベナンでも、英雄視されている。

トゥサンは、当時フランス植民地サン＝ドマングと呼ばれた現在のハイチの北部で、奴隷として生まれた。正確な生年月日は知られていない。本書中にあるように、奴隷は動産、すなわち物品と見なされていたため、戸籍に類するものはなく、所属するプランテーションの会計帳簿に記載されるだけだったが、彼についてはそうした書類も知られていない。当然、彼の奴隷としての前半生に関する資料はきわめて少ない。奴隷には姓もなかったため、彼は出生時には単にトゥサンという名があっただけだ。解放されて自由民となり、初めてトゥサン・ブレダ（ブレダとは、奴隷だったトゥサンが属していたプランテーションの名前）と名乗った。彼が、トゥサン・ルヴェルチュールと称するようになるのは、本書第十章にあるように、ハイチ革命が始まってからの、一七九三年のことだ。その後、彼はフランス軍初の黒人将軍*に任じられ、さらにはサン＝ドマング総督にまで上り詰める。奴隷として生まれた黒人にとっては、かつてない出来事だった。トゥサン・ルヴェルチュールは、しかし、本国政府、すなわち当時のフランス執政政府の指導者である第一執政ナポレオン・ボナパルトの事前認可を得ることなくサン＝ドマング憲法を公布したため、ボナパルトの逆鱗に触れた。彼はボナパルトが派遣したフランス遠征軍との戦いに敗れて、一八〇二年には囚われの身となり、フランス・ジュラ地方のジュー城塞に監禁された。ここで、裁判にかけられることもなく、彼は翌一八〇三年四月七日にその生涯を閉じた。ハイチ独立が宣言されたのはその数カ月後、一八〇四年一月一日のことだ。トゥサン・ルヴェルチュールが「ハイチ独立の先駆者」と呼ばれるのは、このためである。

本書の著者ジャン＝ルイ・ドナディウーは、このトゥサン・ルヴェルチュールの生涯を、最新の研究成果を踏まえつつ、できるだけ詳細に記述しようとしている。もちろん、トゥサンの伝記が書かれたのは、これが最初ではない。しかし、トゥサンの前半生にこれほどのページ数を割いた伝記は他にはない。多くの伝記は、ハイチ革命の始まる一七九一年ごろから記述を開始している。この時期以降、トゥサンに関する資料が格段に多くなるからだ。

しかし、ジャン＝ルイ・ドナディウーは、むしろ奴隷としてのトゥサンおよび彼が置かれた環境から説き起こすことを選んだ。そのためには、それ以前の彼の物語、すなわち、彼の父デゲノン＝イポリートが出身地の西アフリカ・アラダから奴隷となってサン＝ドマングに連れて来られた経緯と、その背景にあると思われる歴史的事実を探り、それを通してさらにこの当時の奴隷貿易、奴隷制度全般（一六八五年の「黒人法典」など）、さらにはサン＝ドマングの植民地の実態にも目を向けている。ここに、本書の特徴と意義の一つがあると思われる。

サン＝ドマングが、ハイチ共和国の名で一八〇四年に世界で初めて元黒人奴隷が建国した国として独立を宣言するのは、無論宗主国フランスが一七八九年の革命のために混乱に陥ったことが背景にあるが、それだけではない。この植民地は、すでにその制度、特に奴隷制度を長期にわたっては維持するのが困難な矛盾を内包していたのである。サン＝ドマングは、砂糖、そしてコーヒーの生産によってきわめて豊かであり、それはフランス本国

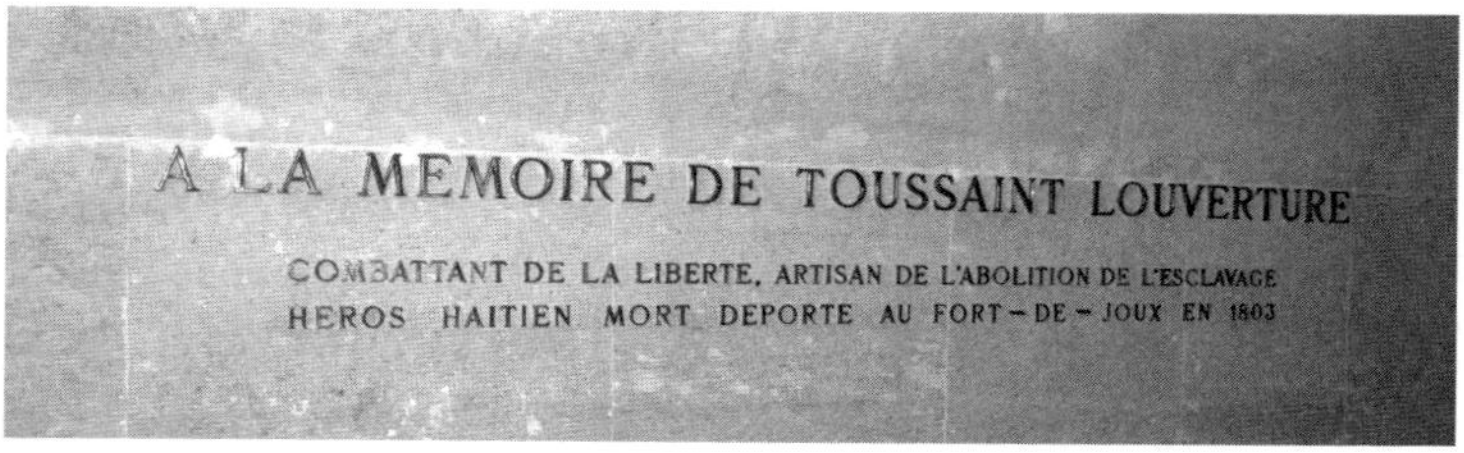
A LA MEMOIRE DE TOUSSAINT LOUVERTURE
COMBATTANT DE LA LIBERTE, ARTISAN DE L'ABOLITION DE L'ESCLAVAGE
HEROS HAITIEN MORT DEPORTE AU FORT-DE-JOUX EN 1803

トゥサン・ルヴェルチュールに捧げた碑文（パリ、パンテオン）訳者撮影

の経済に大きく寄与していた。十八世紀にナントやボルドーなどの港が繁栄したのは、サン＝ドマングとの交易によるところが大きい。その繁栄を支えていたのが奴隷制度である。十八世紀末のサン＝ドマングでは、奴隷人口は少なく見積もっても五十万人を超えていたという。これに対して、白人と有色自由民の数は合計でも数万人程度でしかなかった。しかも、不平等が制度化されているこの社会では、白人と有色自由民は平等でなかったが、有色自由民は一定の社会進出を果たし、白人と同等の権利を求めるようになっていた。一方、白人間では、フランス本国との距離をめぐって対立があった。島で生まれたクレオールは、フランスを祖国とする感覚が乏しく、島の自治権の拡大を求める傾向が強かったのに対し、フランスからやって来た入植者は、財を成してフランスに帰国する計画を持つ者が大半で、島の自治権拡大に利益を見出さなかった。

一七九一年以降、サン＝ドマングでは権利拡大を求める有色自由民が反乱を起こし、白人と対立する中で、奴隷の反乱が加わり、植民地は混乱に陥った。これに乗じて英国やスペインなどの外国勢力も介入したが、そうした状況下で頭角を現したのが当時およそ五十歳になっていたトゥサンである。当初、反乱奴隷は王政が一六八五年の「黒人法典」により奴隷に対して（非常に限定的ながら）一定の保護を与えていること、フランス本国からの情報がなかなか届かず、共和国は劣勢にあるとのスペイン側の情報に惑わされたことなどから王政支持を掲げていた。トゥサンは「国王軍の軍医」を称し、ジャン＝フランソワとビアスーをリーダーに立て、自らは一歩引いたところで動いていたが、やがて二人を排除し、自らが先頭に立つようになる。トゥサンは、比較的早くに解放されたことから、プランテーションにおける奴隷の実情を知っていたことに加え、白人社会の状況にも通じているという強みを持っていたようだ。彼はやがて、総督、次いで終身総督へと階段を駆け上がり、一七九九年から一八〇二年にかけて、三年余りにわたりサン＝ドマングを支配するのである。

トゥサン・ルヴェルチュールに関する著作で、特に知られているのはヴィクトル・シュルシェールの『トゥサン・ルヴェルチュールの生涯』（Victor Schœlcher, *Vie de Toussaint Louverture*, 1889）とエメ・セゼールの『トゥサン・ルヴェルチュール、フランス革命と植民地問題』（Aimé Césaire, *Toussaint Louverture, La révolution Française et le problème colonial*, 1962）の二冊である。いずれも、邦訳はされていない。ヴィクトル・シュルシェール（一八〇四―一八九三）はジャーナリスト、政治家で、一八四八年二月革命後に成立した臨時政府で植民地担当閣外相となり、植民地における奴隷制度を最終的に廃止した人物である。フランスでは、奴隷制度は一七九四年に国民公会により廃止されたが、ナポレオンが一八〇二年に復活させていたのである。シュルシェールの遺灰は、この功績により一九四九年にパンテオンに移葬された。一九八一年五月二十一日、この日大統領に就任したフランソワ・ミッテランはパンテオンを訪れ、ジャン・ジョレス、ジャン・ムーラン、そしてヴィクトル・シュルシェールの墓にバラの花を捧げた。シュルシェールは生家が磁器の製造販売を行っていた関係で、若いころ商取引のためにアメリカ大陸を旅し、その際訪れたキューバで奴隷制の実態を目の当たりにして、以後奴隷制廃止論者となった。シュルシェールは、著書中で、トゥサン・ルヴェルチュールが自由と奴隷制廃止のために戦い、島での生活条件に一定の改善をもたらしたと評価する一方で、専制的とも言える彼の統治法を批判している。

エメ・セゼール（一九一三―二〇〇八）は、マルティニク出身の詩人、政治家で、一九三〇年代からレオポルド・セダール・サンゴールらとともに「ネグリチュード」のコンセプトを主唱して大きな文化的、政治的影響を与えた人物であり、反植民地主義の闘士としても知られる。セゼールは、フランス国民議会議員、マルティニクのフォール＝ド＝フランス市長なども歴任した。

セゼールの著書は、トゥサン個人の考え方や心理などには注目せず、脱植民地化の第一歩としてトゥサンの業績を捉えている。別の表現を試みるなら、セゼールはハイチ革命をフランス革命との深い連関性の中で見ているのである。歴史家フロランス・ゴーティエは、エメ・セゼール以前には、フランス革命研究は植民地の問題に目を向けてこなかったと書いている。**

しかし、このいずれの著作も、歴史書ではない。著者は、ともに政治的立場が明瞭であり、その主張のために書いている。いずれも貴重な作品であることには変わりがないが、歴史的事実の解明を目的とした著作ではないのである。

その点、本書は歴史家の著作であり、またセゼールの著書が出版されてから半世紀を経て書かれていることもあり、その間に進捗した歴史研究の成果を踏まえている。特に、前述の通り、これまでほとんど知られていなかったトゥサンの前半生に光を当てようと試みている。彼がシュザンヌより以前にセシルと結婚し、子供を少なくとも三人もうけていたことは、これまで語られることがなかった。

また、英雄としてのルヴェルチュール神話にとらわれることなく、トゥサンが野心家だったこと、サン＝ドマングの支配者となって多大な個人資産（主としてプランテーションなどの不動産）を形成したことなども記している。

フィリップ・ジラールの序文にもあるように、本書には「それはわからない」といった表現が頻繁に登場する。歴史家の著作としては異例と言えるかもしれないが、これはトゥサンの前半生に関する資料が少ない一方で、著者のドナディウーが一七九一年以前の彼にできるだけ光を当てようとした結果である。著者は、明確な事実と推論を混同しないように書き分けており、翻訳にあたってもその点が理解しやすいように努めたつもりである。
また、本文中には「植民地」および「島」という単語が頻繁に登場するが、これはフランス領サン＝ドマングを指しているので、この点を付記しておきたい。

本書を通じて知ることができる歴史的事実は、トゥサン・ルヴェルチュールという、南北アメリカ史、フランス史およびフランス革命史の中に位置づけられる重要人物の実像だけではなく、フランス革命における植民地の問題、十八世紀後半のフランス植民地における奴隷制度など、かなり広範にわたる。また、革命に伴う経済の荒廃、独立後の諸外国からの承認の遅れ、フランスに対する賠償金の支払い等、若い独立国ハイチが抱えた諸問題についても記述されている。ハイチに関心がある読者にとっても、またフランス史に興味を持つ読者にとっても、有益な情報を提供する、貴重な著作だと思われる。

著者のジャン＝ルイ・ドナディウーは歴史学博士で、歴史の高等教員資格（アグレガシオン）を持つ。現在はフランス南西部の大都市トゥールーズの名門校であるオゼンヌ高校で教鞭を取っている。長くカリブ地域のフランス植民地の歴史を研究し、多数の論文がある。二〇〇九年には『大貴族とその奴隷たち——ノエ伯爵、アンティル諸島とガスコーニュの間で、一七二八—一八一六』(*Un grand seigneur et ses esclaves, le comte de Noé entre Antilles et Gascogne 1728-1816*, Presses Universitaires du Mirail-Toulouse）を出版し、この著書で二〇〇九年度のフェトカン賞（学術研究部門）を受賞した。[***] ノエ伯爵とは、本書に登場する、トゥサンが属していたオー＝デュ＝キャップのブレダ砂糖プランテーションをパンタレオン・ド・ブレダ二世から相続した人物である。

ところで、本書は、二〇一〇年一月十二日にハイチの首都ポルトープランスとその周辺地域を襲った地震から記述を始めている。日本でも、この地震を報道で知り、記憶している人は少なくないだろう。同時に、テレビで放映される映像や、インターネット上の画像で、ハイチのきわめて貧しい現状を知った人々も多いのではないだろうか。実際、現在のハイチは世界の最貧国（国連用語では、後発開発途上国）の一つであり、世界銀行の統計によれば、二〇一三年における国民一人当たりＧＮＩ（国民総所得）は八百十米ドルにすぎない。地震から五年以上を経ていまだに立ち直ることが困難なこのカリブ海の国は、日本との経済関係も希薄で、地理的な距離ばかりでなく、歴史的にも、文化的にも遠く感じられることだろう。

しかしながら、ハイチはその歴史的な成り立ちからしても、文化的に実に豊かな国である。かつてフランス植民地であったため、フランス語と、フランス語とフォン語など西アフリカ諸語がベースとなるハイチ・クレオール語が公用語となっている。文学では、フランケティエンヌ、リオネル・トルイヨ、ダニー・ラフェリエールなど、フランスでも評価が高いハイチ出身の作家がいる。カナダ在住のダニー・ラフェリエールは、二〇一三年にアカデミー・フランセーズ会員に選出されている。

ハイチの住民のほとんどは、アフリカにルーツを持つ奴隷の子孫である。そのため、アフリカ文化の影響は強く、それは特に音楽に現れている。絵画では、一九五〇年代にハイチの「素朴派」絵画が米国や欧州で知られるようになり、一九七〇年代にはブードゥーにインスピレーションを得た絵画に注目が集まった。アンドレ・ブルトンやアンドレ・マルローも、ハイチの美術を高く評価したという。

しかし、こうした文化も日本ではほとんど知られていない。わずかに、ダニー・ラフェリエールらの作品のいくつかが、翻訳出版されているくらいだ。また、翻訳にせよ、日本語での著作にせよ、ハイチに関する出版物も限られる。トゥサン・ルヴェルチュールに関してまとまった記述のある著作は、浜忠雄『カリブからの問い――

ハイチ革命と近代世界』（岩波書店、二〇〇三年刊）、同じ著者の『ハイチの栄光と苦難』（刀水書房、二〇〇七年刊）くらいではないかと思われる。この二つの著作については、本書の翻訳にあたり参考とさせていただいた。C.L.R.ジェームズ『ブラック・ジャコバン――トゥサン＝ルヴェルチュールとハイチ革命』（*The Black Jacobins: Toussaint L'Ouverture and the San Domingo Revolution.* 青木芳夫訳、大村書店、初版一九九一年刊、新版二〇〇二年刊）は、原書が一九三八年出版と古い上、カリブ解放、奴隷解放の視点から書かれた著作である。本書の著者ドナディウーは、前述のシュルシェールとセゼールの著書同様に、ジェームズの作品を主義主張を明らかにした戦闘的な著作に分類している。

しかし、日本との距離はさておき、世界の過去と現在を知る上でハイチを決して無視できないことは、本書を読んでもおわかりいただけるだろう。ハイチはさまざまな面から、植民地主義と奴隷制度の所産である。コロンブスのアメリカ大陸「発見」（コロンブスはその第一回遠征の際に、三カ所目の上陸地点として現在のハイチ北部に降り立ち、この島をイスパニョーラ島と命名した）から始まったヨーロッパ諸国の植民地獲得競争が、諸勢力によるカリブ海地域を含む南北アメリカの分割を生み、さらにアフリカから奴隷を導入してのプランテーション経済が形成された。奴隷制そのものは世界各地に、古代以来存在するが、アメリカ大陸における西アフリカとの組織的な奴隷貿易とプランテーション経済の一体化は、それまで存在しなかった新たな、しかも過酷な奴隷制度を生み出した。そうした背景の中でのハイチの特徴は、元奴隷によって建国されたということだ。しかし、このような成り立ちのために、ハイチは国際的な認知がなかなか得られず、ようやく一八二五年に、王政復古下の旧宗主国フランスから、賠償金一億五千万フランを支払うことを条件に承認されたのである（一八三八年に、賠償金は九千万フランに減額された）。ハイチは、この賠償金の支払いに苦慮し、国内政治も混乱が続いた。一九一五年から一九三四年まで、アメリカ合衆国による占領も経験した。親子二代にわたるデュヴァリエ独裁政権時代（一九五七―一九八六）には、多くのハイチ人が圧制を逃れて国外に脱出している。ハイチは独立したとはいえ、植民地と奴隷制の桎梏から長いこと逃れることができなかった。

その一方で、植民地化によって生まれたフランスとの関係、特にフランス語との関係は現在も続いている。ハイチで日常的に使用されるのはハイチ・クレオール語であるが、フランス語は建国以来の公用語であり、行政と教育の分野では広く用いられている。先に挙げたハイチ出身の作家たちは、フランス語、あるいはハイチ・クレオール語とフランス語の双方で作品を書いている。ハイチは、国際フランコフォニー機関（Organisation Internationale de la Francophonie）にも当初より加盟しており、現在のＯＩＦ事務局長ミカエル・ジャンはハイチ出身で、カナダに移住し、カナダ総督を務めた人物である。アメリカ地域でのフランス語使用国はハイチの他にはケベック州などカナダの一部とマルティニク、グアドループ、フランス領ギアナなどのフランス領に限られるが、アフリカ大陸にはフランス語を公用語とするか、公用語でなくともフランス語を使用する多くの国があり、今後、世界のフランス語話者は増大すると見込まれている。ＯＩＦの統計によれば、二〇一〇年における世界のフランス語話者数は二億二千万人を超え、また将来においては、二〇二五年には四億人を、二〇五〇年には七億人を超えると推計している。[***] 増加分の大半はアフリカの人口増に伴うものだが、フランコフォニー全体が拡大する中でのハイチの位置は歴史的、文化的には決して小さくない。

広い意味で植民地と奴隷制の歴史、フランスの文化、言語、歴史などに関心を持つ人は、ハイチを避けて通ることはできないだろう。そして、本書はトゥサン・ルヴェルチュールという、歴史上稀有な人物を通して、これらの主題へのアプローチを促す入口だということができる一冊なのである。

最後になるが、えにし書房代表取締役の塚田敬幸氏には、本書の翻訳出版を快く引き受けていただいた上、適切な助言をいただいた。ここに、心からの謝意を表する次第である。

二〇一五年　七月

大嶋　厚

* 有色民でフランス軍の将軍に最初に任命されたのは、一七九三年のトマ＝アレクサンドル・デュマ（一七六二—一八〇六、『三銃士』などで知られる作家アレクサンドル・デュマの父）だが、デュマはサン＝ドマング出身のムラート（父が白人、母が黒人奴隷）で、黒人ではなかった。

** Florence Gauthier, *« La Révolution française et le problème colonial : le cas Robespierre »*, Annales historiques de la Révolution française, numéro 288, 1992, p. 169.

*** フェトカン賞（Prix Fetkann）は、記憶、文芸、学術研究、児童文学の分野で、かつて奴隷制度が存在した南の地方の記憶に資する著作に与えられる賞で、二〇〇四年以来授与されている。フェトカンは、クレオール語で「サトウキビの祭」を意味する。

**** http://www.francophonie.org/Estimation-des-francophones

年表

年月日	トゥサン・ルヴェルチュールの生涯	サン＝ドマングおよびハイチの出来事	フランスおよび世界の出来事
一四九二年十二月六日		コロンブスの船隊が現在のモール・サン＝ニコラに上陸。イスパニョーラ島と命名	
一六八五年			ルイ十四世、「黒人法典」を制定
一六九七年		レイスウェイク条約により、イスパニョーラ島の西側三分の一がフランス領となり、サン＝ドマングと命名される	
一七四三年頃	トゥサン、ブレダ・デュ・オー＝デュ＝キャップ農園で生まれる		
一七五七～五八年		マカンダル事件	
一七六九～七五年頃	ノエ伯爵、サン＝ドマングに滞在		
一七七二年	バイヨン・ド・リベルタ、ブレダ農園の支配人となる		
一七七四年頃	トゥサンの父イポリートと母ポリーヌが相次いで死去		
一七七六年頃	トゥサン、奴隷の身分から解放され、自由民となる		
一七八二年頃	トゥサン、最初の妻セシルと離別。その後、シュザンヌと暮らすようになる		

一七八九年			フランス革命。七月十四日、バスティーユ襲撃。八月二十六日、憲法制定国民議会が「人と市民の権利宣言」を採択
一七九一年八月		奴隷の蜂起が始まる	
一七九一年八月二十一日頃		カイマン森の儀式?	
一七九一年十一月		フランス立憲議会派遣の民政官三名がサン＝ドマングに到着	
一七九二年四月二十日			フランス、オーストリアに宣戦布告
一七九二年九月十七日		ソントナクスら、フランス政府が派遣した民政委員三名がサン＝ドマングに着任	
一七九二年九月二十一日			国民公会、王政廃止を決議。翌二十二日、共和国樹立が宣言される
一七九三年一月二十日			ルイ十六世処刑
一七九三年二月一日			フランス、英国とオランダに宣戦布告。第一次対仏大同盟成立
一七九三年三月七日			フランス、スペインに宣戦布告
一七九三年七～八月	トゥサン、スペイン軍に合流し、ルヴェルチュールと名乗るようになる		
一七九三年九月		英軍、サン＝ドマングに上陸	
一七九四年二月十六日			国民公会、植民地における奴隷制廃止を決議
一七九四年三～四月			英国、マルティニクとグアドループを占領

一七九四年四月	トゥサン、フランス軍に合流		
一七九五年三月二十五日	トゥサン、総督ラヴォー将軍より、フランス軍大佐に任命される		
一七九五年七月二十二日		フランス・スペイン間のバーゼル条約により、イスパニョーラ島東側が仏領となる	
一七九五年七月二十三日	トゥサン、准将に昇進。フランス軍初の黒人将軍となる		
一七九六年三月三十一日	ラヴォー総督、トゥサンを副総督に任命		
一七九六年八月十八日	トゥサン、少将に昇進		フランスとスペイン、サン・イルデフォンソ条約を締結し、同盟関係を結んで英国に対抗
一七九六年十月十八日			カンポフォルミオ条約により、休戦が成立。第一次対仏大同盟崩壊。英国は仏との戦争状態を継続
一七九七年五月三日	トゥサン、サン＝ドマング総司令官となる		
一七九八～一八〇〇年			米仏間の対立。いわゆる擬似戦争
一七九八～一八〇一年			第二次対仏大同盟成立
一七九八年八月三十一日	トゥサン、サン＝ドマングと英国の通商再開に関する秘密協定に署名		
一七九九年二月九日		米議会、サン＝ドマングとの通商禁止措置を解除	

一七九九年十一月九日			ボナパルトによるブリュメール十八日のクーデター。執政政府が設立され、ボナパルトが第一執政に就任
一八〇一年一月二十六日	トゥサン、サント・ドミンゴに入城。島の東部（スペイン領）を支配下に置く		
一八〇一年二月九日			仏墺によるリュネヴィルの和約締結。第二次対仏大同盟終結。英は仏との戦争状態を継続
一八〇一年三月四日	ボナパルト、トゥサンを総督に任命		
一八〇一年三月二十九日			ボナパルト、トゥサン排除を決断
一八〇一年七月七日	トゥサン、サン＝ドマング憲法を公布し、自ら終身総督となる		
一八〇二年一月		ルクレール将軍（ボナパルトの義弟）が指揮するフランス軍、サン＝ドマングに上陸	
一八〇二年三月二十五日			フランス、英国、オランダ等の間でアミアンの和約が締結される。英仏間の和平は一八〇三年五月まで続く
一八〇二年五月六日	トゥサン、フランス軍に降伏		
一八〇二年五月二十日			ボナパルト、植民地における奴隷制を復活させる
一八〇二年六月七日	ブリュネ将軍、トゥサンを逮捕し、フランスに向け出航させる		

一八〇二年八月二十三日	トゥサン、仏東部ジュラ地方のジュー要塞に収容される		
一八〇三年四月七日	トゥサン、ジュー要塞で死去		
一八〇三年十二月四日		フランス軍、サン＝ドマングから撤退	
一八〇四年一月一日		デサリーヌ、ハイチ独立を宣言	
一八二五年四月十七日		フランス、ハイチを承認。賠償金一億五千万フランの支払いを要求（後に、九千万フランに減額）	
一八六二年六月二日		米国、ハイチを承認	
一九一五～一九三四年		米国、ハイチを軍事占領	
一九五七～一九八六年		デュヴァリエ親子による独裁政権	
一九九〇年十二月十六日		ハイチ初の民主的選挙により、ジャン＝ベルトラン・アリスティドが大統領に当選	
二〇一〇年一月十二日		大地震がポルトープランス地方を襲い、甚大な被害を受ける	
二〇一一年三月二十日		大統領選挙で、ミシェル・マルテリが当選	

【著者紹介】
ジャン＝ルイ・ドナディウー　**Jean-Louis Donnadieu**
1961年生まれ。歴史家。専門はカリブ海地域のフランス植民地史。歴史学博士、高等教員資格（歴史）所持者。現在、トゥールーズのオゼンヌ高校教員。
他の著書に『大貴族とその奴隷たち――ノエ伯爵、アンティル諸島とガスコーニュの間で、1728 － 1816』（Un grand seigneur et ses esclaves, le comte de Noé entre Antilles et Gascogne, 1728-1816, Presses Universitaires du Mirail-Toulouse）がある。

【訳者紹介】
大嶋　厚　（おおしま・あつし）
1955年東京生まれ。翻訳者。上智大学大学院博士前期課程修了。国際交流基金に勤務し、パリ日本文化会館設立などに携わる。
訳書にミシェル・ヴィノック著『フランスの肖像――歴史、政治、思想』、ヴァンサン・デュクレール著『ジャン・ジョレス 1859―1914――正義と平和を求めたフランスの社会主義者』（ともに吉田書店）がある。

Cet ouvrage a bénéficié du soutien des Programmes d'aide à la publication de l'Institut français.
本書は、アンスティ チュ・フランセ・パリ本部の出版助成プログラムの助成を受けています。

えにし書房
Enishi Shobo

黒いナポレオン
ハイチ独立の英雄　トゥサン・ルヴェルチュールの生涯

2015年 11月5日 初版第1刷発行

■著者　ジャン＝ルイ・ドナディウー
■訳者　大嶋 厚
■発行者　塚田敬幸

■発行所　えにし書房株式会社
〒102-0074 東京都千代田区九段南 2-2-7 北の丸ビル 3F
TEL 03-6261-4369　FAX 03-6261-4379
ウェブサイト　http://www.enishishobo.co.jp
E-mail　info@enishishobo.co.jp

■印刷／製本　壮光舎印刷株式会社
■組版・装幀　板垣由佳

 ISBN978-4-908073-16-8 C0022